“十二五”职业教育国家规划教材
经全国职业教育教材审定委员会审定

U0661895

计算技术与财经技能

（第五版）

新世纪高职高专教材编审委员会 组编
主 编 李 侠
副主编 盛永志 胡志华 唐建宇

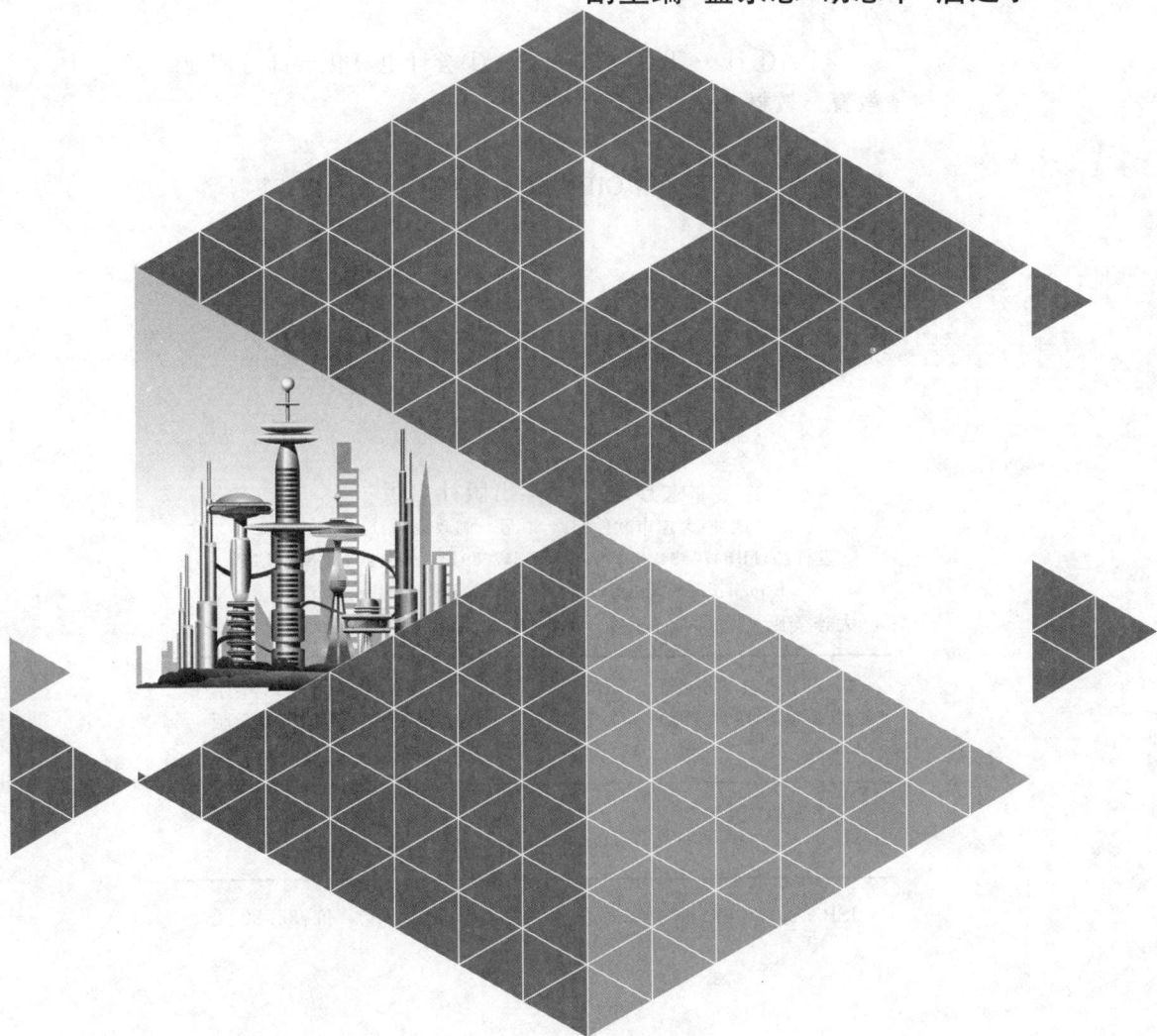

大连理工大学出版社

图书在版编目(CIP)数据

计算技术与财经技能 / 李侠主编. — 5 版. — 大连：
大连理工大学出版社，2014.7(2018.8 重印)
新世纪高职高专会计专业系列规划教材
ISBN 978-7-5611-8449-3

Ⅰ. ①计… Ⅱ. ①李… Ⅲ. ①会计电算化－高等职业
教育－教材 Ⅳ. ①F232

中国版本图书馆 CIP 数据核字(2014)第 009277 号

大连理工大学出版社出版
地址：大连市软件园路 80 号　邮政编码：116023
发行：0411-84708842　邮购：0411-84708943　传真：0411-84701466
E-mail：dutp@dutp.cn　URL：http://dutp.dlut.edu.cn
大连美跃彩色印刷有限公司印刷　　大连理工大学出版社发行

幅面尺寸：185mm×260mm　　印张：15.25　　字数：338 千字
2003 年 6 月第 1 版　　　　　　　　2014 年 7 月第 5 版
2018 年 8 月第 5 次印刷

责任编辑：郑淑琴　　　　　　　　　　　责任校对：孟珊珊
封面设计：张　莹

ISBN 978-7-5611-8449-3　　　　　　　　定价：35.80 元

总序

我们已经进入了一个新的充满机遇与挑战的时代,我们已经跨入了 21 世纪的门槛。

20 世纪与 21 世纪之交的中国,高等教育体制正经历着一场缓慢而深刻的革命,我们正在对传统的普通高等教育的培养目标与社会发展的现实需要不相适应的现状作历史性的反思与变革的尝试。

20 世纪最后的几年里,高等职业教育的迅速崛起,是影响高等教育体制变革的一件大事。在短短的几年时间里,普通中专教育、普通高专教育全面转轨,以高等职业教育为主导的各种形式的培养应用型人才的教育发展到与普通高等教育等量齐观的地步,其来势之迅猛,发人深思。

无论是正在缓慢变革着的普通高等教育,还是迅速推进着的培养应用型人才的高等职业教育,都向我们提出了一个同样的严肃问题:中国的高等教育为谁服务,是为教育发展自身,还是为包括教育在内的大千社会? 答案肯定而且唯一,那就是教育也置身其中的现实社会。

由此又引发出高等教育的目的问题。既然教育必须服务于社会,它就必须按照不同领域的社会需要来完成自己的教育过程。换言之,教育资源必须按照社会划分的各个专业(行业)领域(岗位群)的需要实施配置,这就是我们长期以来明乎其理而疏于力行的学以致用问题,这就是我们长期以来未能给予足够关注的教育目的问题。

众所周知,整个社会由其发展所需要的不同部门构成,包括公共管理部门如国家机构、基础建设部门如教育研究机构和各种实业部门如工业部门、商业部门,等等。每一个部门又可作更为具体的划分,直至同它所需要的各种专门人才相对应。教育如果不能按照实际需要完成各种专门人才培养的目标,就不能很好地完成社会分工所赋予它的使命,而教育作为社会分工的一种独立存在就应受到质疑(在市场经济条件下尤其如此)。可以断言,按照社会的各种不同需要培养各种直接有用人才,是教育体制变革的终极目的。

随着教育体制变革的进一步深入,高等院校的设置是否会同社会对人才类型的不同需要一一对应,我们姑且不论,但高等教育走应用型人才培养的道路和走研究型(也是一种特殊应用)人才培养的道路,学生们根据自己的偏好各取所需,始终是一个理性运行的社会状态下高等教育正常发展的途径。

高等职业教育的崛起,既是高等教育体制变革的结果,也是高等教育体制变革的一个阶段性表征。它的进一步发展,必将极大地推进中国教育体制变革的进程。作为一种应用型人才培养的教育,高等职业教育从专科层次起步,进而应用本科教育、应用硕士教育、应用博士教育……当应用型人才培养的渠道贯通之时,也许就是我们迎接中国教育体制变革的成功之日。从这一意义上说,高等职业教育的崛起,正是在为必然会取得最后成功的教育体制变革奠基。

高等职业教育还刚刚开始自己发展道路的探索过程,它要全面达到应用型人才培养的正常理性发展状态,直至可以和现存的(同时也正处在变革分化过程中的)研究型人才培养的教育并驾齐驱,还需假以时日;还需要政府教育主管部门的大力推进,需要人才需求市场的进一步完善发育,尤其需要高职高专教学单位及其直接相关部门肯于做长期的坚忍不拔的努力。新世纪高职高专教材编审委员会就是由全国100余所高职高专院校和出版单位组成的、旨在以推动高职高专教材建设来推进高等职业教育这一变革过程的联盟共同体。

在宏观层面上,这个联盟始终会以推动高职高专教材的特色建设为己任,始终会从高职高专教学单位实际教学需要出发,以其对高等职业教育发展的前瞻性的总体把握,以其纵览全国高职高专教材市场需求的广阔视野,以其创新的理念与创新的运作模式,通过不断深化的教材建设过程,总结高职高专教学成果,探索高职高专教材建设规律。

在微观层面上,我们将充分依托众多高职高专院校联盟的互补优势和丰裕的人才资源优势,从每一个专业领域、每一种教材入手,突破传统的片面追求理论体系严整性的意识限制,努力凸现高等职业教育职业能力培养的本质特征,在不断构建特色教材建设体系的过程中,逐步形成自己的品牌优势。

新世纪高职高专教材编审委员会在推进高职高专教材建设事业的过程中,始终得到了各级教育主管部门以及各相关院校相关部门的热忱支持和积极参与,对此我们谨致深深谢意;也希望一切关注、参与高等职业教育发展的同道朋友,在共同推动高等职业教育发展、进而推动高等教育体制变革的进程中,和我们携手并肩,共同担负起这一具有开拓性挑战意义的历史重任。

新世纪高职高专教材编审委员会

2001 年 8 月 18 日

前　言

　　《计算技术与财经技能》(第五版)是"十二五"职业教育国家规划教材和新世纪高职高专教材编审委员会组编的会计专业系列规划教材之一,也是高职高专财经专业的基础课教材。

　　根据高职高专会计专业"以就业为导向,以能力培养为本位"的培养目标,我们以校企合作开发为纽带,与行业企业专家共同编写了本教材。本教材将学生职业能力培养的基本规律与教学内容系统化,使学生的能力、知识、素质等协调发展,突出"训、测、赛、用"的设计理念。本教材理论内容以应用为目的,训练技术以项目为载体,着重加强职业能力和职业素质的培养。本教材具有以下特点:

　　1.改变传统模式,体现工学结合,具有实战性

　　本教材的编写从高职高专"以就业为导向"的办学目标出发,根据财经类专业人才的培养目标和课程设置要求,基于财经岗位所必需的技能操作能力,在深入实践和广泛调研的基础上,从框架构建、内容筛选、深广度定位和体例编排等方面都努力以"工学结合"为纽带进行创新建设。

　　2.教材设计体现"练、赛、用"一体化

　　本教材针对高职学生的基础因材施教,突出能力培养,达到国家规定的技能标准,其中实训项目适用于各种竞赛,通过岗位对接,能使学生适应工作需要,具备较强的职业能力。

　　3.内容精准,图文并茂,通俗易懂

　　本教材吸收并整合了该课程的经典内容,避繁就简、循序渐进,使教材内容更加精练、准确,且贴近教学对象。每一部分内容的讲解都配备了图表演示,图文并茂,高度概括出动作要领、运用规律,可读性强,便于记忆,易学易懂。

　　4.知识整体编排与前沿相结合

　　本教材的编写从财经类专业人才求职观念的转变与基本业务技能培养目标着眼,既强调教材内容的整体优化性,又把握信息技术不断发展、教育技术持续更新、信息来源丰富多样的现实,使教材内容更加具有前沿性。

5. 教材内容的选取有利于提高学生的综合素质

珠算、点钞、小键盘的操作都要求学生认真完成，从而培养学生细心、认真、一丝不苟的学习态度及严谨、实事求是的工作作风，树立良好的会计职业道德观念。

本教材内容分两部分：第一部分为技术篇，内容有珠算技能项目、点钞技能项目、会计数字书写技能项目、财经岗位电算化技能项目、会计凭证单据审核技能项目；第二部分为实训篇，内容为全国珠算技术等级鉴定标准及全国珠算技术等级鉴定仿真题。

《计算技术与财经技能》（第五版）由盘锦职业技术学院李侠任主编，哈尔滨金融高等专科学校盛永志、咸宁职业技术学院胡志华、哈尔滨铁道职业技术学院唐建宇任副主编，淄博职业学院的滕学荣老师、盘锦市珠算协会的高级会计师马丽、中国农业银行股份有限公司盘锦分公司的经济师郭玲参加了部分内容的编写。全书由李侠统稿。编写分工如下：上篇技术篇的项目一、项目二由李侠、郭玲编写；项目三由胡志华编写；项目四、项目五由盛永志、唐建宇、滕学荣编写；下篇实训篇由李侠、马丽编写。

本教材在编写过程中，得到了盘锦市珠算协会、中国农业银行股份有限公司盘锦分公司的大力支持，在此深表谢意！

尽管我们在本教材的特色建设方面做出了许多努力，但书中仍可能存在不足之处，恳切希望各相关高职院校的教师和学生在使用本教材的过程中给予关注，并将意见及时反馈给我们，以便修订时完善。

编　者
2014 年 6 月

所有意见和建议请发往：dutpgz@163.com
欢迎访问教材服务网站：http://www.dutpbook.com
联系电话：0411-84706671　84707492

目 录

上篇 技术篇

下篇 实训篇

上　篇

技术篇

项目一

珠算技能

知识目标

- 了解珠算的起源与发展,掌握拨珠指法、会计数字的书写技能;
- 了解加减法运算特点及其算理,理解各种简捷算法的要点,掌握无诀加减法及加减混合运算技能;
- 了解多种乘算方法,掌握定位方法,掌握空盘前乘法及空盘穿梭乘法技能;
- 了解多种除算方法,掌握公式定位法,掌握隔位商除法技能;
- 了解珠算式心算原理及其练习方法,掌握珠脑结合运算加减、乘、除法技能;
- 了解验算方法,掌握查错方法及改错技能。

技能目标

- 能够熟练运用一目三行穿梭法和一目三行穿梭弃9法完成加减运算;
- 能够熟练应用空盘前乘法及空盘穿梭乘法完成乘法运算;
- 能够熟练应用隔位商除法完成除法运算;
- 能够熟练应用珠脑结合运算加减、乘、除法,提高运算速度和准确性;
- 能够迅速查找错误结果并加以改正。

任务一　珠算入门

案例导入 >>>

　　金秋九月,某职业技术学院财经系又迎来了一批新生。作为首先学习的大学专业课程《计算技术》,任课教师介绍了开设这门课程的必要性和重要性,并介绍了珠算的起源与发展,以及珠算的基本知识,让我们也来一起学习吧!

◆ 活动一　珠算的起源与发展

1. 珠算的起源与发展

　　用算盘作工具进行的数值计算叫"珠算"。算盘和珠算是中华民族的一项伟大创造,它在唐、元、明代达到鼎盛,在计算技术领域占统治地位。据《周髀算经》记载,春秋时期就有了用竹条计数的"筹算"方法,后经不断演变有了游珠算盘、串珠算盘。最终珠算取代了筹算,由此创造了我国古代算盘。

　　算盘和珠算到底始于何时,由谁发明,至今仍无足够的证据加以证实。从能够查到的史料《算经》(南宋时期)中看,"算盘"这一名词最早出现于宋代。此外,绘于北宋的《清明上河图》中出现了与现在我国使用的结构相同的穿档算盘图。到了元代,画家王振鹏的《乾坤一担图》中的货郎担上挂有一架完整的现代上二珠下五珠的七珠大算盘。到了明代,工业和商业迅速发展,海外贸易蓬勃兴起,市场日趋繁荣,珠算得到了广泛的应用,珠算的书籍也广泛流传,如程大位所著《算法统宗》一书系统完整地叙述了珠算的算理、算法等内容。明代中叶,我国的算盘经朝鲜传入日本、东南亚等各国,现代又传入美洲和非洲大陆。

　　千百年来,珠算作为传统的应用技术,算盘一直是其独特的计算工具。珠算作为中华民族宝贵的文化遗产,即使在已进入电子计算机时代的当今世界,仍在蓬勃发展,推动着人类的文明与进步。

2. 珠算的价值

当今世界已进入了以电子计算机为标志的信息时代,算盘与珠算受到了电子计算机(器)的挑战。但它仍以结构简单、运算简易、灵活方便等优点,显示出其独特的功用。

电子计算机(器)不能替代算盘,古老的珠算之所以能历久不衰,说明其具有深刻的科学内涵和强大的生命力。随着人们对珠算价值有了新的认识和评价,世界许多发达国家将中国的珠算作为"新文化"引进,如日本规定小学三、四年级的学生都要学习珠算;美国于 20 世纪 70 年代末把珠算作为"新文化"从日本引入美国,并在加利福尼亚大学成立了"美国珠算教育中心"。

(1)珠算的计算价值

计算是人类特有的能力,笔算、心算、珠算都是计算的方法。作为珠算的工具——算盘,是一种简单、方便、无需能源的计算工具。据统计,在经济领域及人们日常生活的计算总量中,加减法的计算约占 80%,用算盘进行加减运算快捷、准确,其效率明显优于电子计算机(器)。

(2)珠算的教育价值

在初等数学教育中,用算盘作为教具,对于建立数的概念、理解数位之间的关系、掌握十进制的计数法等效果十分显著。珠算的特点是能反映整个计算过程,手动珠动、珠动数出,形象、直观,而电子计算器只能给出答案,不能反映计算过程。珠算所蕴含的时间与效率观念,数形结合的巧妙与紧密形式,自动得数的运算机制,集输入、运算、输出为一体,又节省储存空间等特点,被借鉴而用于电子计算机。另外,珠算还能够培养人们良好的品质,如树立准确和效率观念,养成数量分析的习惯,培养严谨、坚毅的作风等。

(3)珠算的启智价值

生理学和医学研究表明,手指和大脑的协调配合是儿童智力高低的标志之一,而珠算是眼、脑、手三者并动的一种循环往复的综合运动,这种运动对启迪儿童的智力,促进思维发展具有特殊的作用。因此,在我国许多幼儿园都开设有"脑珠算"课程。"脑珠算"就是"在脑子里打算盘"。凭借算珠表象,按珠算法则进行运算是形象思维,要用右脑;而凭借数码运算是抽象思维,要用左脑。如果只会凭借数码笔算、脑算,就只是用左脑,没有右脑活动的机会。所以,珠算式脑算可以开发右脑。

◆ 活动二　珠算的基本知识

1. 算盘的种类与结构

随着经济的发展和科学技术的进步,算盘也在不断地被改进和革新,以使其结构简单、运算简捷、携带方便等优点更好地体现出来。

(1)算盘的种类

目前我国常用的算盘有两种:七珠圆珠大算盘和五珠菱珠小算盘。

①七珠圆珠大算盘(如图 1-1-1 所示)

这是我国的传统算盘,目前我国南方各省多有使用。这种算盘的特点是:珠为圆形,有两颗上珠,五颗下珠,体积较大,珠距较长,手指拨动算珠的幅度大,使用时响声大。

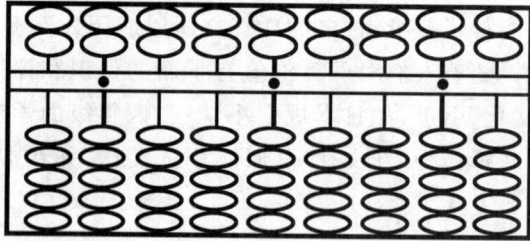

图 1-1-1

②五珠菱珠小算盘(如图 1-1-2 所示)

这是经过改进的算盘,目前我国北方地区使用较多。这种算盘的特点是:珠为菱形,有一颗上珠,四颗下珠,体积小,便于握盘移动运算,珠距短,手指拨动算珠的幅度小,运算速度快,使用时响声小。

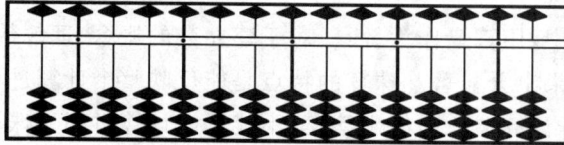

图 1-1-2

(2)算盘的结构

无论哪种算盘,基本结构是相同的,都是由框、梁、档、珠四部分组成。改进后的五珠菱珠小算盘又增加了清盘器、计位点和垫脚等装置。现以五珠菱珠小算盘为例说明算盘的结构名称,如图 1-1-3 所示。

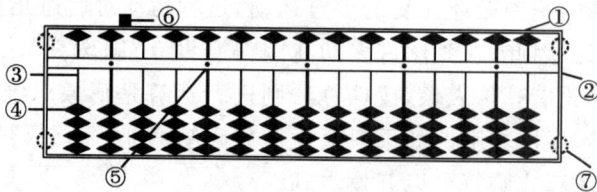

图 1-1-3

①框:算盘四周的木框,也叫边,起固定梁、档的作用。

②梁:连接在左右边框上的一条横木,与上下边平行。梁将算盘盘面分成两部分,其作用是靠梁的珠为有效珠,表示数,离梁的珠为备用珠,不表示数。

③档:连接上下边框并穿过横梁的若干细杆,起串联算珠和表示不同数位的作用。

④珠:也叫"算盘子",梁上部分的叫上珠,梁下部分的叫下珠。七珠圆珠大算盘最上面的一颗叫顶珠,最下面的一颗叫底珠。

⑤计位点:梁上每隔三档标有一小圆点,每点在档之间或档上。主要作用是为计数与看数方便,乘除运算可作定位用。

⑥清盘器:改进的五珠小算盘新加的,安装在横梁下面用以使算珠离梁的装置。它的操作按钮装在算盘的左上端,作用是提高清盘速度。

⑦垫脚:装在算盘左右两边的底面,共四个。作用是使算盘底面离开桌面一定距离,当需计算算盘下面的数字时,推拉算盘防止算珠被带动。

2. 珠算的特点

珠算利用算盘这一独特工具,不同于其他计算方法,有其自身的特点。

(1)珠算是以靠梁的算珠表示数。每一颗上珠当五,每一颗下珠当一,以空档表示零,以档表示数位,高低位从左至右排列。

(2)算盘的每一档表示一个数位。一般是以梁上任意一个有定位点的档作为个位档。从个位档向左依次是十位档、百位档……逐位扩大十倍;从个位档向右依次是十分位档、百分位档……逐位缩小十分之一,这种表示方法与数字书写顺序是一致的。

(3)布数前不能有任何算珠靠梁。布数时,应先定好位,从左到右(由高位到低位)将数字逐档拨珠靠梁。

置数 28 600 如图 1-1-4 所示。

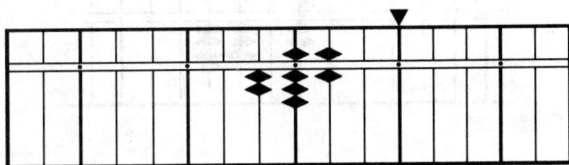

图 1-1-4

置数 906.85 如图 1-1-5 所示。

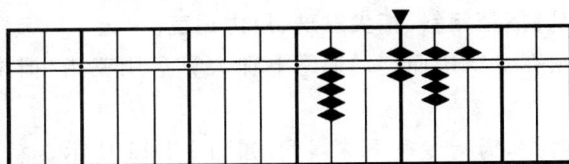

图 1-1-5

置数 500 010 如图 1-1-6 所示。

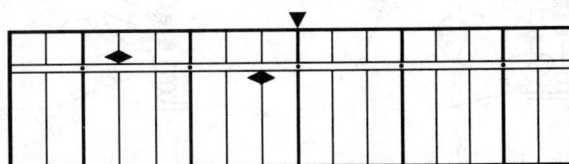

图 1-1-6

(4)珠算在进行加减运算时极为快捷方便,这也是珠算的最大优点。一般珠算加减从左向右进行,边看数边拨珠,如果是连续加减,也可以从左向右加减完后再从右向左拨珠,这也叫穿梭加减,能提高运算速度。

(5)珠算乘除运算采用大九九口诀,既准确又可靠。

(6)珠算计算采用"五升十进"制。由于一颗上珠当五,当下珠满五时,就要用同档的一颗上珠代替,称为五升。当一档数满十向左档进一,称为十进。

对于1、2、3、4的表示,可用算盘下珠靠梁记数,如置数 1 234 如图 1-1-7 所示。

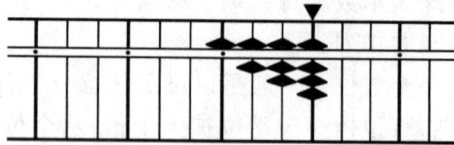

图 1-1-7

对于 5、6、7、8、9 的表示，只用下珠就不够了，还需要借助上珠靠梁来记数，如置数 5 678 如图 1-1-8 所示。

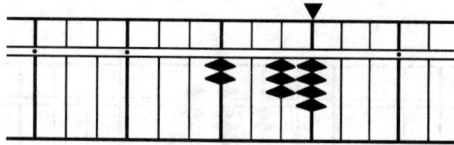

图 1-1-8

对于 0 的表示，则以空档来表示。

例 1　请在算盘上置数 2 034（如图 1-1-9 所示）。

图 1-1-9

3. 拨珠指法

手指对算珠的拨动与分工管理方法叫指法。指法的正确与否，直接影响运算效率。手指拨珠的一般要求是：**指稍倾斜、指尖触珠、用力适度。**

手指分工管理要视算盘结构而定。通常七珠大算盘用三指（拇指、食指、中指）拨珠，如图 1-1-10 所示。

拨下珠用拇指和食指，拇指专拨下珠靠梁，如图 1-1-11 所示。

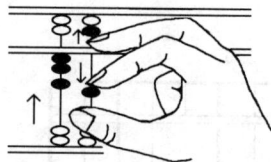

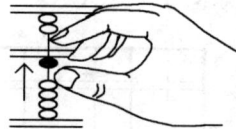

图 1-1-10　　　　　　　　　　　　　　　图 1-1-11

食指专拨下珠离梁，如图 1-1-12 所示。

拨上珠用中指，上珠的靠梁与离梁均用中指，如图 1-1-13、图 1-1-14 所示。

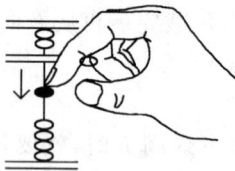

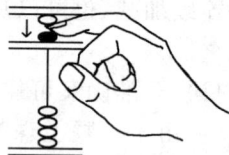

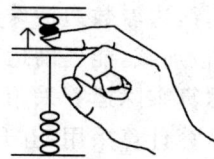

图 1-1-12　　　　　　　　　图 1-1-13　　　　　　　　　图 1-1-14

下面详细介绍五珠小算盘的拨珠指法。

五珠小算盘用两指(拇指、食指)拨珠。拇指拨下珠靠梁,有时兼拨下珠离梁。食指拨上珠靠梁和拨上下珠离梁。最常用的 10 种指法如下:

(1)双合

同档上的如图 1-1-15 所示。

相邻档上的如图 1-1-16 所示。

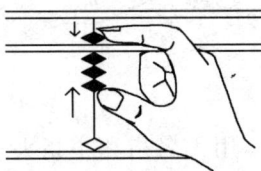 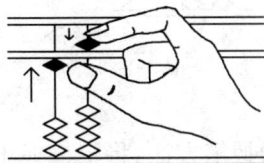

图 1-1-15　　　　　　　　　图 1-1-16

(2)双分

同档上的如图 1-1-17 所示。

相邻档上的如图 1-1-18 所示。

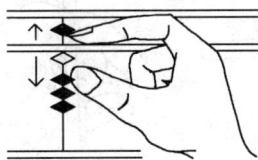 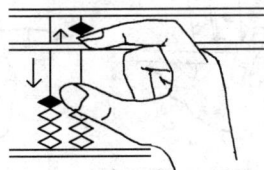

图 1-1-17　　　　　　　　　图 1-1-18

(3)双上

同档上的如图 1-1-19 所示。

相邻档上的也叫前后上,如图 1-1-20 所示。

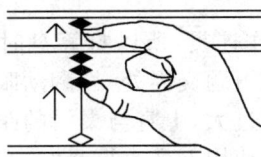 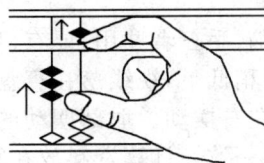

图 1-1-19　　　　　　　　　图 1-1-20

(4)双下

同档上的如图 1-1-21 所示。

相邻档上的也叫前后下,如图 1-1-22 所示。

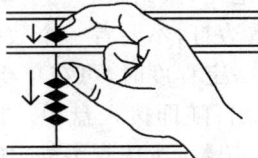 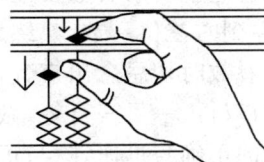

图 1-1-21　　　　　　　　　图 1-1-22

（5）扭进、扭退

扭进如图 1-1-23 所示。

扭退如图 1-1-24 所示。

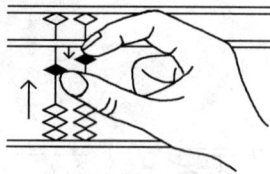 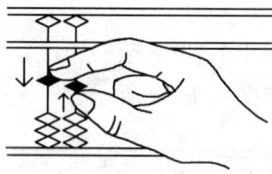

图 1-1-23　　　　　　　　　　图 1-1-24

4. 握笔方法

七珠大算盘的握笔方法：将笔横握于右手掌心，用无名指和小指夹住笔杆，笔杆上端伸出虎口，笔尖露出小指外，如图 1-1-25 所示。

五珠小算盘的握笔方法：将笔横握在右手拇指与无名指之间，中指勾住笔杆，笔杆的上端伸出虎口，笔尖露于中指与无名指之间，如图 1-1-26 所示。

也有将笔夹于拇指与食指之间的，如图 1-1-27 所示。

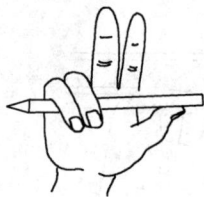 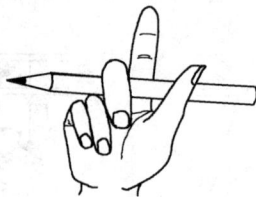 

图 1-1-25　　　　　　　图 1-1-26　　　　　　　图 1-1-27

5. 打算盘的要点

（1）打算盘的姿势

打算盘不仅要有正确的指法，还要有正确的姿势，否则会影响运算效率，也会增加身体疲劳程度。

打算盘时眼、脑、手三者并用，要有机配合，动作连贯，所以打算盘时，坐姿要端正，腰要直，脚要踏实，头稍低下，视线落在算盘下边与练习题交界处，靠翻动眼皮与眼珠的运动看数拨珠，头不能左右摆动。肘部摆动的幅度不宜过大，上身与桌沿的距离约 10 厘米，算盘中部与身体中心一致。计算资料放在算盘下面，使用五珠小算盘时，左手握住算盘的左端，边打边向下移动算盘，以防止错看、漏看数字或看重、看串数字。这样才能加快速度，提高质量。

（2）看数、记数、写数

打算盘是眼、脑、手的有机结合，用眼睛看数是第一环节，看数的目的是反映给大脑，大脑支配手去拨珠。这就要求看数要准，看一遍就记住，做到眼看与手动并进。初打算盘时可分节看数，从左到右三位一节，熟练之后再边看边打，不要看一个数拨一个珠，或看完一个数后再拨珠。看数时切忌念出声音，当熟练到一定程度时，可在单行看数的基础上练习并行看数，如一目双行、一目三行等，做到眼到数出，随即拨入盘中。计算完毕，写数一环也很重要。计算的正确与迅速，除与正确的看数、记数、拨珠有关外，还与写数有较大关系。一是数字抄写是否准确、清晰，二是抄写是否快捷。打算盘时要笔不离手，写数时眼盯算盘一次从高位到低位快速写完。

（3）定位与清盘

衡量打算盘水平的高低，主要指标就是准与快。计算结果的准确与看数、记数、拨珠有关，而计算效率的快与慢虽然也与看数、记数、拨珠有关，但还与写数、定位、清盘有关，定位与清盘在整个计算过程中所占的时间越少，计算效率就越高。定位是指决定小数点的位置或积商的个位档。定位是乘除法计算的重要一环，答数准，而位数定错，就会前功尽弃。乘除的定位方法很多，在以后相应的章节中细述。清盘就是使上下算珠都离梁靠框，使盘面成为空盘。使用装有清盘器的算盘，直接使用清盘器清盘即可。使用没有清盘器的算盘，将右手拇指与食指捏拢，顺横梁由右向左移动，将上、下珠推开离梁靠框，使用此法注意用力要自然均匀，一次完成。

评价分析 >>>

1. 完成珠算入门的学习工作任务

认识算盘结构；掌握拨珠指法；掌握会计数字的书写及更正方法。

2. 完成工作任务结果评价

按照要求完成实训项目，由完成者与老师共同来评价实训完成情况。

（1）指法是否正确？

（2）会计数字的书写及更正方法是否正确？

（3）打算盘要点是否正确？

3. 完成实训项目的收获

按照要求和规程完成了工作任务后，结合老师对完成工作任务结果的评价，你自己对完成此项工作任务有何收获？请将你的收获写出来，与老师和同学们一起交流和分享你的收获吧！

任务二　加减法技能

案例导入 >>>

小张负责企业的出纳工作，每天要办理大量的现金收支业务。同时根据已经办理完毕的收付款凭证，逐笔顺序登记现金日记账和银行存款日记账，并结出余额，做到日清月结。

案例分析 >>>

小张如何又快又准地计算出发生额合计和余额？

◆ 活动一　基本加减法

1. 加减法计算基本规则

珠算加减法是四则运算的基础，是珠算技术的基本功，在实际工作中应用非常广泛，是其他任何计算工具所无法媲美的。加减法运算运用"五升十进"制的原理,具有加中有减、减中有加的特点,充分体现了加减互逆关系,算理科学、简捷。

珠算加减法运算顺序与笔算相反,从最高位算起,由左及右、由高位到低位得出结果。其运算规则为:**个位固定,数位对齐,从左到右,同位加减**。

加减法基本功的训练,主要是看数要快,拨珠要准,反应灵敏。概括地说,就是练三功:**一练眼,看数清;二练脑,心算精;三练指,拨珠灵**。

2.口诀加减法

口诀加减法即传统算法,是人们在实践过程中总结出来的一套完整的口诀,是正确拨珠动作全过程的概括,非常科学。对于初学者来说,背熟该口诀对正确掌握拨珠指法,熟练加减计算有很大帮助,而且心算压力小,一般较容易接受。但是,采用口诀加减法,要想快速计算,之前必须背熟大量口诀,所以该种方法在实践中就显得不实用。此处只介绍口诀(见表1-2-1、表1-2-2)及其注释,运算类型、例题、实训题参照"无诀加减法"。

表 1-2-1 　　　　　　　　　　　　　　　加法口诀表

本位加法				进位加法			
直接加法		补五加法		直接进十加法		破五进十加法	
口诀	指法	口诀	指法	口诀	指法	口诀	指法
一上1	上推	一下5去4	双下	一去9进1	双分		
二上2	上推	二下5去3	双下	二去8进1	双分		
三上3	上推	三下5去2	双下	三去7进1	双分		
四上4	上推	四下5去1	双下	四去6进1	双分		
五上5	下拨			五去5进1	前后上		
六上6	双合			六去4进1	扭进	六上1去5进1	双上
七上7	双合			七去3进1	扭进	七上2去5进1	双上
八上8	双合			八去2进1	扭进	八上3去5进1	双上
九上9	双合			九去1进1	扭进	九上4去5进1	双上

表中口诀的第一个数字是要加的数,后面的"上"、"去"、"下"、"进"是拨珠动作。"上"是加上,即拨上珠或下珠靠梁;"去"是减去,即拨上珠或下珠离梁;"下5"是拨上珠向下靠梁;"进1"是发生进位时,在左一档拨一颗下珠靠梁。

表 1-2-2 减法口诀表

本位减法				退位减法			
直接减法		破五减法		直接退十减法		退十补五减法	
口诀	指法	口诀	指法	口诀	指法	口诀	指法
一去 1	下拨	一上 4 去 5	双上	一退 1 还 9	双合		
二去 2	下拨	二上 3 去 5	双上	二退 1 还 8	双合		
三去 3	下拨	三上 2 去 5	双上	三退 1 还 7	双合		
四去 4	下拨	四上 1 去 5	双上	四退 1 还 6	双合		
五去 5	上挑			五退 1 还 5	前后下		
六去 6	双分			六退 1 还 4	扭退	六退 1 还 5 去 1	双下
七去 7	双分			七退 1 还 3	扭退	七退 1 还 5 去 2	双下
八去 8	双分			八退 1 还 2	扭退	八退 1 还 5 去 3	双下
九去 9	双分			九退 1 还 1	扭退	九退 1 还 5 去 4	双下

表中口诀的第一个数字是要减去的数,后面的"去"、"上"、"退"、"还"是拨珠动作。"去"、"上"与加法中的含义一样,即"减去"和"加上"的意思;"退"、"还"是因为本档原有数较小,不够减去一个较大数,需由左一档借 1 当 10,这时左一档减 1,称为"退",又称"退1",然后,把 10 减去减数所得之差加在本档上,称为"还"。

3. 无诀加减法

为了避免口诀加减法需熟记大量口诀的苦恼,同时充分发挥珠算的启智功能,人们开始应用无诀加减法。实践证明,人们只要掌握加减法计算要领,依据"五升十进"制的原理,运用 5 和 10 为核心的分解和合成,结合心算,反复练习,就能达到见数拨珠,形成条件反射,而不用口诀就可以学好珠算加减法。

在进行加减运算时,往往出现本档下珠不够用的情况,这时必须动用本档上珠,因为一个上珠代表同档上五个下珠。如果两数之和为 5,则两数互为凑数。凑数共有两对:

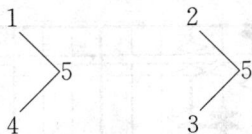

计算时,如果本档算珠不够用,需向左一档进一或退一算十。如果两数之和为 10 或 10^n,则两数互为补数。合成 10 的补数有 5 对:

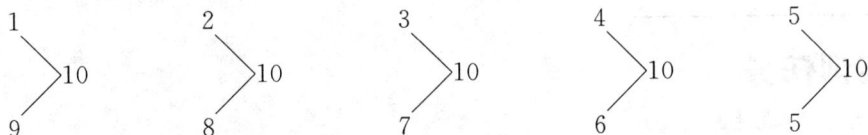

$15+85=100$ $\qquad$ $64+36=100$ $\qquad$ $500+500=1\,000$ ……

上面各式中的被加数和加数互为补数。

(1)直接加法和直接减法

①直接加法

算盘拨上被加数后,靠边的珠大于或等于加数,可直接拨上加数。

例1 532＋216＝748(运算过程如图 1-2-1、图 1-2-2 所示)

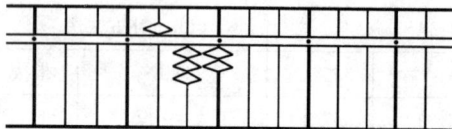

百位＋2
十位＋1
个位＋6

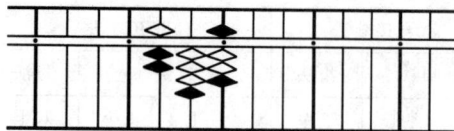

图 1-2-1　　　　　　　　　图 1-2-2

实训任务

1. 一位数直接加法练习。

0＋1	0＋2	0＋3	0＋4	0＋5	0＋6	0＋7	0＋8	0＋9
1＋1	1＋2	1＋3	1＋5	1＋6	1＋7	1＋8	2＋1	2＋2
2＋5	2＋6	2＋7	3＋1	3＋5	3＋6	4＋5	5＋1	5＋2
5＋3	5＋4	6＋1	6＋2	6＋3	7＋1	7＋2	8＋1	

2. 多位数直接加法练习。

(1)765＋223　　(2)272＋116　　(3)541＋252
(4)628＋351　　(5)534＋315　　(6)6 367＋2 522
(7)2 413＋6 556　(8)6 333＋2 656　(9)7 132＋1 757
(10)2 877＋7 122　(11)2 567＋6 421　(12)1 234＋5 665
(13)6 437＋3 512　(14)3 582＋5 205

实训结果检查

1. 答案略。

2.

| (1)988 | (2)388 | (3)793 | (4)979 | (5)849 | (6)8 889 | (7)8 969 |
| (8)8 989 | (9)8 889 | (10)9 999 | (11)8 988 | (12)6 899 | (13)9 949 | (14)8 787 |

②直接减法

算盘拨上被减数后,靠梁的珠大于或等于减数,可以直接拨去减数。

例2 748－532＝216(运算过程如图 1-2-3、图 1-2-4 所示)

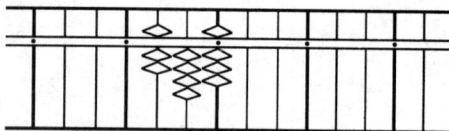

百位－5
十位－3
个位－2

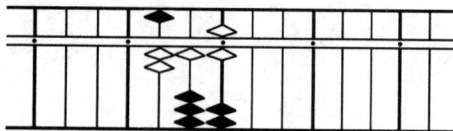

图 1-2-3　　　　　　　　　图 1-2-4

实训任务

1. 一位数直接减法练习。

| 9－1 | 9－2 | 9－3 | 9－4 | 9－5 | 9－6 | 9－7 | 9－8 | 9－9 | 8－1 | 8－2 |
| 8－3 | 8－5 | 8－6 | 8－7 | 8－8 | 7－1 | 7－2 | 7－5 | 7－6 | 7－7 | 6－1 |

6—5　6—6　5—5　4—1　4—2　4—3　4—4　3—1　3—2　3—3　2—1
2—2　1—1

2.多位数直接减法练习。

(1)938－826　　　　　(2)789－626　　　　　(3)999－829

(4)764－552　　　　　(5)687－533　　　　　(6)4 968－3 455

(7)8 879－7 667　　　(8)6 849－5 635　　　(9)3 257－2 055

(10)6 347－1 225　　(11)1 749－1 234　　(12)9 876－8 765

(13)9 999－5 437　　(14)6 897－1 532

3.直接加减综合练习。

（一）	（二）	（三）	（四）	（五）
8 252	3 646	4 968	4 627	8 788
1 635	5 252	－3 455	5 351	－5 535
－7 566	－2 783	8 286	－6 976	6 626
5 152	1 864	－1 624	5 481	－3 377
－1 221	－5 975	－7 115	－1 263	2 125

（六）	（七）	（八）	（九）	（十）
761.22	581.18	866.64	642.72	226.21
138.77	217.61	－515.13	357.16	611.22
－576.86	－776.59	643.46	－463.55	162.56
615.21	455.67	－962.67	－526.22	－553.37
－427.13	－367.75	817.15	712.33	－235.61

（十一）	（十二）	（十三）	（十四）	（十五）
86 968	48 686	46 463	67 434	62 851
－61 456	－33 565	53 525	22 555	35 133
72 287	84 278	－82 832	－78 228	－71 662
－95 624	－17 142	71 641	86 116	53 575
46 713	16 631	－52 755	－91 857	－24 746
－22 866	－95 266	62 656	43 666	33 637
53 957	51 375	－47 163	－24 531	－68 261
－64 313	－54 731	38 314	51 643	72 472

（十六）	（十七）	（十八）	（十九）	（二十）
5 626.58	7 889.89	2 413.33	3 456.74	5 472.21
3 261.21	－5 224.35	6 556.65	6 532.25	3 517.77
－6 575.67	1 331.25	－7 764.36	－4 667.68	－2 653.55
7 186.72	－2 465.67	3 572.22	2 555.56	－1 226.23
－8 293.54	8 153.81	－1 655.81	－5 661.72	3 132.11
6 642.68	－6 522.42	5 867.46	6 531.54	1 656.67
－2 736.83	5 235.38	－6 578.28	－3 625.17	－3 732.42
4 857.24	－3 171.66	1 035.77	3 256.26	－5 111.55

实训结果检查

1.答案略。

2.

(1)112	(2)163	(3)170	(4)212	(5)154	(6)1 513	(7)1 212
(8)1 214	(9)1 202	(10)5 122	(11)515	(12)1 111	(13)4 562	(14)5 365

3.

(1)6 252	(2)2 004	(3)1 060	(4)7 220	(5)8 627
(6)511.21	(7)110.12	(8)849.45	(9)722.44	(10)211.01
(11)15 666	(12)266	(13)89 849	(14)76 798	(15)92 999
(16)9 968.39	(17)5 226.23	(18)3 446.98	(19)8 377.78	(20)1 055.01

（2）补五加法和破五减法

①补五加法

在珠算加法运算中,被加数已占用一部分下珠,但没有占用上珠,再加上加数,本档下珠已不够用,这就要拨上珠靠梁,同时把本档多加的数减去,这就是补五加法,其要领、规律和指法见表1-2-3。

表 1-2-3

要领	规律		指法
下加不够	＋1＝＋5－4	＋3＝＋5－2	双下
补五去凑	＋2＝＋5－3	＋4＝＋5－1	

例 3　4 424＋3 241＝7 665(运算过程如图 1-2-5、图 1-2-6 所示)

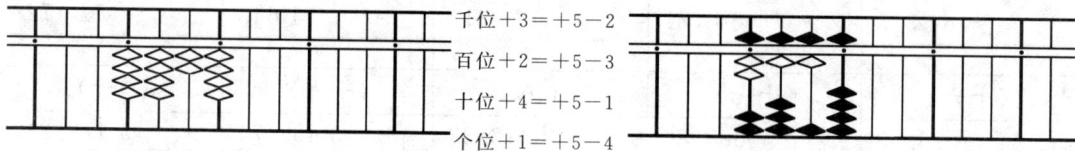

千位＋3＝＋5－2
百位＋2＝＋5－3
十位＋4＝＋5－1
个位＋1＝＋5－4

图 1-2-5　　　　　　　　　　　　　　　图 1-2-6

实训任务

1.一位数补五加法练习。

1＋4　2＋3　2＋4　3＋2　3＋3　3＋4　4＋1　4＋2　4＋3　4＋4

2.多位数补五加法练习。

(1)243＋332　　　(2)422＋234　　　(3)348＋231　　　(4)434＋323

(5)324＋243　　　(6)223.33＋342.34　　(7)124.23＋444.44　　(8)432.14＋343.42

实训结果检查

1.答案略。

2.

(1)575	(2)656	(3)579	(4)757	(5)567	(6)565.67	(7)568.67	(8)775.56

②破五减法

在珠算减法运算中,被减数已占用上珠或同时占用部分下珠,若减去减数,靠梁下珠不足,只能动用靠梁上珠,同时在本档加上多减的数,这就是破五减法,其要领、规律和指法见表1-2-4。

表1-2-4

要领	规律		指法
下减不够 破五加凑	−1＝+4−5　　−3＝+2−5 −2＝+3−5　　−4＝+1−5		双上

例4　7 665−3 241＝4 424(运算过程如图1-2-7、图1-2-8所示)

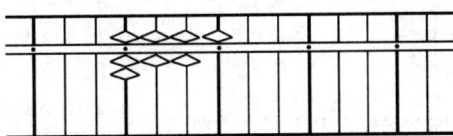

千位−3＝+2−5
百位−2＝+3−5
十位−4＝+1−5
个位−1＝+4−5

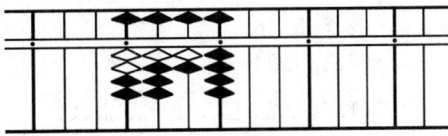

图1-2-7　　　　　　　　　　　　　　　　　　　图1-2-8

实训任务

1.一位数破五减法练习。

8−4　　　　　7−4　　　　　7−3　　　　　6−4　　　　　6−3

6−2　　　　　5−4　　　　　5−3　　　　　5−2　　　　　5−1

2.多位数破五减法练习。

(1)785−443　　　(2)656−342　　　(3)555−123　　　(4)865−442

(5)567−423　　　(6)5 678−1 234　　(7)6 785−3 441　　(8)7 856−4 432

3.补五和破五加减法综合练习。

（一）	（二）	（三）	（四）	（五）
314	856	344	577	124
243	−432	233	−334	443
−423	141	−443	412	−234
431	−223	421	−223	342
−142	414	−112	144	−431

（续表）

（六）	（七）	（八）	（九）	（十）
5 758	8 978	2 515	2 242	6 876
−3 424	−4 465	6 323	4 324	−2 432
4 241	3 342	−4 414	−5 131	1 213
−2 132	−2 421	1 232	2 443	−3 424
1 313	3 243	−3 444	−1 324	4 342

（十一）	（十二）	（十三）	（十四）	（十五）
5 788	5 321	6 986	8 995	1 244
−1 344	2 334	−3 242	−4 453	4 333
4 212	−3 523	2 111	1 324	−3 144
−4 323	2 262	−4 422	−2 442	4 222
2 344	−3 153	4 333	3 331	−2 311

（十六）	（十七）	（十八）	（十九）	（二十）
8 657.63	2 124.22	7 685.55	5 343.75	5 857.89
−4 524.21	3 443.43	−4 342.23	3 322.12	−2 434.44
2 733.46	−2 331.51	2 414.44	−4 234.63	4 142.13
−3 235.54	6 242.24	−3 423.32	1 144.32	−3 221.24
2 368.32	−5 364.13	4 241.11	−2 461.13	1 313.32
−4 479.43	4 235.23	−2 432.42	4 433.22	−2 223.24
6 132.65	−7 114.34	3 224.24	−3 334.31	3 441.43
−3 341.74	4 723.42	−4 144.33	2 422.22	−4 454.62

实训结果检查

1.答案略。

2.

(1)342	(2)314	(3)432	(4)423	(5)144	(6)4 444	(7)3 344	(8)3 424

3.

(1)423	(2)756	(3)443	(4)576	(5)244
(6)5 756	(7)8 677	(8)2 212	(9)2 554	(10)6 575
(11)6 677	(12)3 241	(13)5 766	(14)6 755	(15)4 344
(16)4 311.14	(17)5 958.56	(18)3 223.04	(19)6 635.56	(20)2 421.23

（3）进退位加减法

在运算中，当本档算珠不够用时，就要动用前一档（左一档）的算珠，即本位不足动前位。

①直接进位加法

当两数相加之和大于或等于 10 时，需向前一档进一，并在本档直接减去加数的补数，这种加法称为直接进位加法，其要领、规律和指法见表 1-2-5。

表 1-2-5

要领	规律		指法
本档满十 减补进一	+1＝-9+10 +2＝-8+10 +3＝-7+10 +4＝-6+10 +5＝-5+10	+6＝-4+10 +7＝-3+10 +8＝-2+10 +9＝-1+10	双分 前后上 扭进

例 5　2 456＋9 754＝12 210（运算过程如图 1-2-9、图 1-2-10 所示）

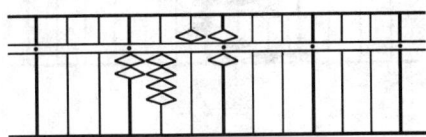

千位+9＝-1+10（进一）
百位+7＝-3+10
十位+5＝-5+10
个位+4＝-6+10

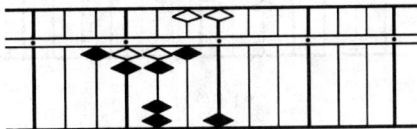

图 1-2-9　　　　　　　　　　　　　图 1-2-10

实训任务

1. 一位数直接进位加法练习。

1＋9	2＋8	2＋9	3＋9	3＋8	3＋7	4＋9	4＋8	4＋7
4＋6	5＋5	6＋9	6＋5	6＋4	7＋9	7＋8	7＋5	7＋4
7＋3	8＋9	8＋8	8＋7	8＋5	8＋4	8＋3	8＋2	9＋9
9＋8	9＋7	9＋6	9＋5	9＋4	9＋3	9＋2	9＋1	

2. 多位数直接进位加法练习。

(1)489＋937　　　　　　(2)762＋558　　　　　　(3)263＋857

(4)337＋784　　　　　　(5)963＋757　　　　　　(6)8 269＋4 344

(7)7 248＋3 862　　　　(8)7 867＋8 355　　　　(9)6 576＋5 454

(10)5 693＋5 427　　　　(11)4 674＋6 238　　　(12)9 534＋2 578

(13)8 386＋9 859　　　　(14)8 789＋9 577

实训结果检查

1. 答案略。

2.

(1)1 426	(2)1 320	(3)1 120	(4)1 121	(5)1 720	(6)12 613	(7)11 110
(8)16 222	(9)12 030	(10)11 120	(11)10 912	(12)12 112	(13)18 245	(14)18 366

②直接退位减法

在减法运算中，本档被减数不够减时，需向前档借1（作本档10）来减，而在本档直接加还减数的补数，这类减法称为直接退位减法，其要领、规律和指法见表1-2-6。

表1-2-6

要领	规律		指法
本档不够 退十加补	−1=−10+9 −2=−10+8 −3=−10+7 −4=−10+6 −5=−10+5	−6=−10+4 −7=−10+3 −8=−10+2 −9=−10+1	双合 前后下 扭退

例6　1 365−986=379（运算过程如图1-2-11、图1-2-12所示）

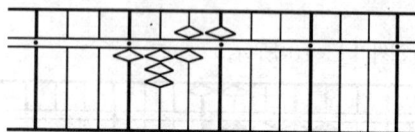

百位−9=−10（退一）+1
十位−8=−10+2
个位−6=−10+4

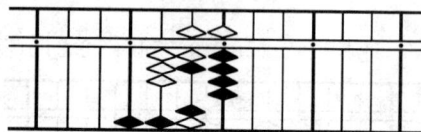

图1-2-11　　　　　　　　　　　　　　图1-2-12

实训任务

1.一位数直接退位减法练习。

10−9	10−8	10−7	10−6	10−5	10−4	10−3	10−2	10−1
11−9	11−8	11−7	11−5	11−4	11−3	11−2	12−9	12−8
12−5	12−4	12−3	13−9	13−5	13−4	14−5	15−9	15−8
15−7	15−6	16−9	16−8	16−7	17−8	17−9	18−9	

2.多位数直接退位减法练习。

(1)321−87　　　　　(2)768−79　　　　　(3)171−97

(4)132−48　　　　　(5)123−89　　　　　(6)11 291−2 358

(7)12 112−9 175　　(8)22 559−5 682　　(9)16 300−7 465

(10)13 216−5 577　(11)17 107−8 568　(12)13 422−9 584

(13)12 583−4 695　(14)26 719−7 899

3.直接进退位加减法综合练习。

（一）	（二）	（三）	（四）	（五）
724	678	478	947	878
488	439	284	193	783
−533	−395	899	−456	−952
942	959	−789	436	461
−953	−898	−688	−874	−294

（续表）

（六）	（七）	（八）	（九）	（十）
8 912	8 768	6 883	9 417	9 868
3 798	4 494	9 457	2 894	1 245
−3 541	−2 575	−7 521	−4 152	−5 789
−7 857	−6 924	2 442	−6 766	−4 283
4 443	7 457	−5 394	8 597	3 589

（十一）	（十二）	（十三）	（十四）	（十五）
7 524	2 425	8 344	8 796	8 398
9 586	7 655	2 877	−4 967	−2 982
−3 495	−2 929	−5 959	2 754	2 065
−4 282	8 324	2 445	−3 845	−5 598
5 578	−9 086	−4 963	9 458	9 877

（十六）	（十七）	（十八）	（十九）	（二十）
6 942.86	5 729.86	4 764.39	3 826.94	2 394.76
4 295.44	3 986.92	8 326.52	9 785.37	4 828.44
−2 446.97	−2 427.84	−5 437.38	−4 513.22	−3 935.31
7 256.31	4 949.84	3 952.17	7 534.73	8 453.52
−5 705.92	−2 135.95	−9 775.83	−8 629.58	9 526.29
6 598.14	9 828.92	6 547.29	5 318.99	−2 887.84
−8 243.69	−9 744.47	8 852.64	5 462.65	3 742.93
7 184.23	8 283.33	−7 295.87	−2 954.72	−4 739.42

实训结果检查

1. 答案略。

2.

(1)234	(2)689	(3)74	(4)84	(5)34	(6)8 933	(7)2 937
(8)16 877	(9)8 835	(10)7 639	(11)8 539	(12)3 838	(13)7 888	(14)18 820

3.

(1)668	(2)783	(3)184	(4)246	(5)876
(6)5 755	(7)11 220	(8)5 867	(9)9 990	(10)4 630
(11)14 911	(12)6 389	(13)2 744	(14)12 196	(15)11 760
(16)15 880.40	(17)18 470.61	(18)9 933.93	(19)15 831.16	(20)17 383.37

（4）破五进十加法和退十补五减法

①破五进十加法

如果被加数大于或等于5,再加上6、7、8、9时,本档满10但不能直接进位,需同时破五减再进位,这种情况称为破五进十的加法。这种加法其实是进位加和破五减结合的运算过程,其要领、规律和指法见表1-2-7。

表 1-2-7

要领	规律	指法
本档满十	+6＝+1−5+10	
	+7＝+2−5+10	双上
减补进一	+8＝+3−5+10	
	+9＝+4−5+10	

例 7　6 765＋6 789＝13 554（运算过程如图 1-2-13、图 1-2-14 所示）

千位+6＝+1−5+10(进一)
百位+7＝+2−5+10
十位+8＝+3−5+10
个位+9＝+4−5+10

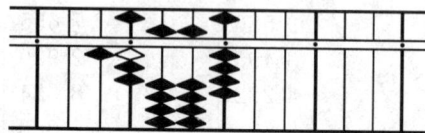

图 1-2-13

图 1-2-14

实训任务

1.一位数破五进十加法练习。

5＋9　5＋8　5＋7　5＋6　6＋8　6＋7　6＋6　7＋7　7＋6　8＋6

2.多位数破五进十加法练习。

(1)625＋898	(2)875＋678	(3)664＋879	(4)564＋987
(5)553＋769	(6)5 889＋6 462	(7)4 853＋2 785	(8)5 945＋2 489
(9)5 735＋8 548	(10)7 697＋6 756	(11)7553＋7 795	(12)5 533＋7 698
(13)5 696＋6 677	(14)59 874＋92 667	(15)58 783＋94 769	(16)67 565＋86 967

实训结果检查

1. 答案略。

2.

(1)1 523	(2)1 553	(3)1 543	(4)1 551
(5)1 322	(6)12 351	(7)7 638	(8)8 434
(9)14 283	(10)14 453	(11)15 348	(12)13 231
(13)12 373	(14)152 541	(15)153 552	(16)154 532

②退十补五减法

在减法运算中，只有下珠靠梁，在减去 6、7、8、9 时，本档不够减，需动用前档，因其属于不能直接进行退位的减，故在退前一档的同时在本档进行补五的加，这种情况称为退十补五减法。这种减法其实是退位减和补五加相结合的运算过程，其要领、规律和指法见表 1-2-8。

表 1-2-8

要领	规律	指法
本档不够	$-6=-10+5-1$ $-7=-10+5-2$	双下
退十加补	$-8=-10+5-3$ $-9=-10+5-4$	

例 8 13 344－6 789＝6 555（运算过程如图 1-2-15、图 1-2-16 所示）

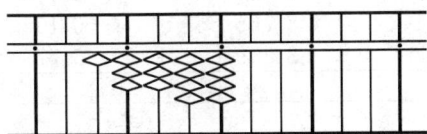

千位－6＝－10(退一)＋5－1
百位－7＝－10＋5－2
十位－8＝－10＋5－3
个位－9＝－10＋5－4

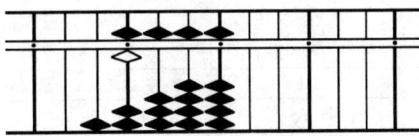

图 1-2-15   图 1-2-16

注：通过上面介绍可以看出，该种加减法主要是应用了 6、7、8、9 的分解与结合。因为 $6=5+1,7=5+2,8=5+3,9=5+4$，故被加数加上 6、7、8、9 时，在破五的同时，本档下珠分别加还 1、2、3、4，然后进位；被减数减去 6、7、8、9 时，先退位，在补五的同时分别减去 1、2、3、4。

实训任务

1. 一位数退十补五减法练习。

11－6	12－7	12－6	13－8	13－7
13－6	14－9	14－8	14－7	14－6

2. 多位数退十补五减法练习。

(1)1 541－966   (2)1 441－896   (3)1 212－724   (4)1 322－766

(5)1 433－898   (6)1 253－658   (7)1 344－786   (8)1 244－369

(9)1 344－687   (10)1 442－888   (11)1 434－783   (12)1 111－666

3. 破五进十加法、退十补五减法综合练习。

（一）	（二）	（三）	（四）	（五）
4 842	5 487	7 646	5 958	6 549
5 769	9 767	6 887	9 766	7 682
－ 2 466	－ 4 636	－ 2 958	－ 3 477	－ 8 773
6 678	2 575	－ 8 674	1 105	6 686
8 977	－ 7 836	－ 1 966	7 676	－ 9 968

（六）	（七）	（八）	（九）	（十）
7 676	9 958	8 676	7 646	5 958
9 868	4 636	7 868	6 887	9 766
－ 5 986	－ 9 447	－ 4 487	－ 2 978	－ 3 476
－ 6 537	6 573	－ 6 556	－ 8 976	8 959
8 238	－ 8 788	8 799	1 965	－ 7 679

（续表）

（十一）	（十二）	（十三）	（十四）	（十五）
5 841	2 998	3 795	6 426	8 397
7 435	3 826	2 456	9 718	6 157
4 278	9 547	8 164	−3 686	−7 777
6 952	−6 636	−6 636	−6 744	6 676
−7 595	7 586	7 873	8 723	−9 876
−5 766	−9 667	−5 565	−7 665	5 068
−3 674	8 788	1 266	8 765	−6 433
−4 486	−6 786	−6 788	−3 369	5 773

（十六）	（十七）	（十八）	（十九）	（二十）
7 768	3 657	6 885	9 967	6 535
8 786	4 794	8 763	6 487	7 982
−9 659	−5 236	−4 674	−9 566	−3 479
4 267	6 348	−3 348	6 678	−8 276
−6 666	−6 887	7 787	−7 287	4 868
5 694	9 773	6 959	−4 729	−6 537
−9 553	5 361	−5 796	8 885	4 866
6 747	−6 969	2 343	−5 973	6 537

实训结果检查

1. 答案略。

2.

(1)575	(2)545	(3)488	(4)556	(5)535	(6)595
(7)558	(8)875	(9)657	(10)554	(11)651	(12)445

3.

(1)23 800	(2)5 357	(3)935	(4)21 028	(5)2 176
(6)13 259	(7)2 932	(8)14 300	(9)4 544	(10)13 528
(11)2 985	(12)9 656	(13)4 565	(14)12 168	(15)7 985
(16)7 384	(17)10 841	(18)18 919	(19)4 462	(20)12 496

4. 加减法基本功训练

从财经计算实际情况看，多位多项加减法是珠算的重点，也是学习乘除法的基础，因此平时必须进行严格的基本功训练。要正确运用拨珠指法，动作定型，以达到熟练的程度，同时还要牢固地掌握运算要领和拨珠顺序。

直接加：补五先下五，由上至下拨珠。

直接减：破五后去五，由下至上拨珠。

进位加：进位先减补，由右至左拨珠。

退位减：退位后加补，由左至右拨珠。

此外还要注意以下几点：

(1)拨珠动作轻巧灵敏，干净利落，防止带子、漂子(即子悬于途中)。

(2)掌握正确的看数拨珠方法，分节看数，分节拨珠，在拨上一节的末位数时，视线要扫视下一节数，边看边打，直至摸档拨珠。

（3）为了防止看数的脱漏和重复，可将算盘置于计算数字之下，右手边拨最后一个数字，左手边向下拖动算盘，如此往返，直至完成。

（4）快速清盘。凡是在进行连加减法运算时，都需要有一个迅速清盘的过程。一般用清盘器迅速清盘，如果没有清盘器，就用右手拇指食指轻放于梁，用力适当，从右向左迅速滑动，使算珠归回原位，达到不留悬珠，一次整齐，使之成为空盘。

（5）书写答案要做到不论每笔运算结果有几位，都能两眼不看笔，正确、清晰、迅速地写出结果。

◈ 实训任务

全国珠算技术等级鉴定模拟题（加减算）

普通四级（限时 10 分钟）

（一）	（二）	（三）	（四）	（五）
5 794	268 319	9 695	697	8 463
3 091	6 748	908 459	90 462	526 704
527 306	526	84 306	287	−329
235	7 602	183	−86 321	796
681 923	897	3 459	701 839	−512
274	14 073	274	705	389
406	8 136	5 907	−512 043	1 262
2 641	580	561	504	−70 158
185	705	48 012	5 346	740 583
48 903	546	310 874	−6 537	605
579	352 107	2 061	894	−914
1 678	3 945	672	−7 138	842
30 472	804	236	209	7 159
5 896	42 091	2 378	−1 452	−87 043
109	1 392	751	8 976	6 309

（六）	（七）	（八）	（九）	（十）
738	643	8 635	8 634	71 429
32 845	59 382	39 287	407 125	857
206	953	723	−3 921	−392
1 039	267	356 091	749	9 207
406	84 076	4 169	423	−1 068
2 784	162	120 504	−652	956 840
378	5 071	1 095	9 021	−15 736
1 592	3 045	417	78 615	305
946 049	7 108	3 608	530 489	284
5 896	2 973	386	5 197	−71 934
147	609 487	254	−981	649
251 706	148	476	605	864
613	301	80 982	482	22 187
5 901	8 259	2 471	−68 703	−5 203
87 532	261 594	759	6 730	1 635

实训结果检查

(1)1 309 492	(2)708 471	(3)1 377 828	(4)196 428	(5)1 134 156
(6)1 337 832	(7)1 043 469	(8)619 857	(9)973 813	(10)969 924

◆ 活动二 简捷加减法

珠算主要是靠手指拨珠进行计算的,但手指的拨珠速度是有极限的。为了发挥算盘的启智作用,提高计算效率,人们在实践中通过改革传统的计算方式和方法,把珠算和心算有机地结合起来,运用两者特点来简化计算过程,提高计算的准确性。

1. 穿梭法

珠算加减法顺序是从左到右,每计算完一行,手指由右向左空返一次,这不但浪费时间,影响速度,而且往往因为两笔数的尾首位距离较大,在确定下一笔数的首档时造成错档。穿梭法可避免这些缺点,该法既可以从左向右计算,又能从右向左加减,左右开弓,来回穿梭,顺序置珠,档位井然,既有利于提高准确性,也提高了运算速度,是一种非常实用的、应用极广的运算方法。

穿梭法的运算方法是第一笔从左向右运算,第二笔从右向左运算,第三笔从左向右运算……如此往返穿梭。

例 9

    5 493 871.28 →

        1 647.57
    ←

    689 305.73 →

         439.16
    ←

    52 043.94 →
    ─────────────
    6 237 307.68

例 10

         6 374.25 →

    854 296.78
    ←

        −547.92 →

       −5 943.26
    ←

    10 369.37 →
    ─────────────
    864 549.22

式中箭头表示各笔数的运算顺序,在加减混合运算中,由于计算符号在左边,从右向左运算时容易漏记,应引起注意,以免发生差错。

实训任务

用穿梭法计算下列各题。

（一）	（二）	（三）	（四）
869 375	783 956	7 368 454	8 275 935
23 704	24 073	−512 036	−68 746
605 815	802 518	13 248 615	46 903 378
62 471	34 162	−90 246	−824 563
3 502	5 503	5 140 238	−7 219 280
475 628	764 258	−348 952	−72 604
942	1 326	−2 027 425	−782
85 903	90 417	−51 229	27 063 319

（五）	（六）	（七）	（八）
4 637.53	454.72	13 624.59	1 384.85
906.28	7 608.34	72.38	−903.97
2 475.32	68.75	−2 846.62	143 821.46
−763.90	−1 782.43	403.47	92.75
3 047.25	405.27	507 126.58	−5 608.34
−52.87	5 081.42	−81.23	−674.58
−6 439.02	−92.58	−4 607.84	829 503.62
802.34	−3 436.91	73.96	−48.73

实训结果检查

(1)2 127 340	(2)2 506 213	(3)22 727 419	(4)74 056 657
(5)4 612.93	(6)8 306.58	(7)513 765.29	(8)967 567.06

2. 借减法

在财经实际工作的账表计算中,有时会出现小数减大数不够减的情况,如用交换两数的位置以大数减小数的方法在算盘上计算就很麻烦,这时,用顺序计算中的借减法就很方便。

借减法的算法是在不够减的那一档的前一档(或前几档)虚借"1",从虚借的"1"与原被减数之和中,减去减数,然后继续按常规计算。运算结果可能是正数,也可能是负数。

（1）还上虚借的"1"，算盘上得数为所求结果，为正值。

例 11　3 856－5 354＋5 685＝4 187（运算过程如图 1-2-17 至图 1-2-19 所示）

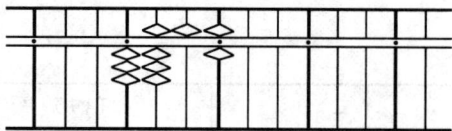

图 1-2-17

拨上被减数

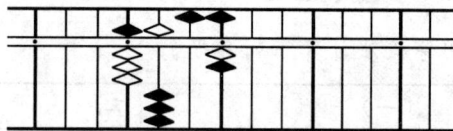

图 1-2-18

千位档不够减 5，在万位档虚借"1"（不必
拨珠靠梁），减去减数

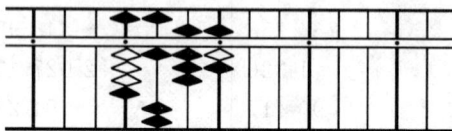

图 1-2-19

按常规继续计算。还上虚借的"1"

（不要拨"1"入盘），算盘上得数即

为结果

例 12　1 259－3 902－65 437＋73 079＝4 999（图略）

1 259	
①0 000	千位档不够减 3，在万位档虚借"1"（不必拨珠先靠梁，牢记借①档
----------	次）
①1 259	
－3 902	盘上虚拟数值
7 357	继续计算
①00 000	盘面数值
----------	
①07 357	万位档不够减 6，在十万位档虚借"1"
－①0 000	盘上虚拟数值
----------	
97 357	虚借大"1"要还小"1"，归还在万位档虚借的"1"
－65 437	盘面数值
73 079	继续计算
104 999	
①00 000	
----------	
4 999	在十万位档还上虚借的"1"

盘上得数为所求结果，得正值 4 999

（2）还不上虚借的"1"，盘上得数的补数为所求结果。

例 13　27－42＝－15（图略）

27	
①00	十位档不够减 4，在百位档虚借"1"
①27	盘上虚拟数值
－42	继续计算
85	没能还上虚借的"1"，则为虚差数
15	求虚差数的补数，得负值－15 ，即为所求结果

　　求虚差数的补数，实际就是在虚差数上加一个数，使他们的和为虚借的"1"，应加的数即为补数。

实训任务

用借减法计算下列各题。

（一）	（二）	（三）	（四）	（五）
2 546	36 785	9 192	40 938	782 406
207	－4 208	－26 387	－76 852	53 282
－6 514	25 194	549	－623 246	－3 183 543
－358	372	－32 906	8 675	5 846 857
8 432	－72 839	－4 815	173 425	－6 752 373
－295	6 643	70 654	425 037	－826 539
593	1 241	2 304	158	5 341 278

（六）	（七）	（八）	（九）	（十）
542.14	－736.89	34 261.97	143 897.45	932.83
－3 433.78	－3 472.24	－68 542.68	－389 767.06	－13 895.62
－52 908.45	－28 327.05	75 627.85	－259 435.82	7 387.58
36 549.38	43 868.37	84 231.46	52 694.17	－58 624.76
－4 968.76	－7 958.34	－652.59	－63 485.78	80 375.29
－8 672.23	－1 532.78	－93 563.92	－806 069.53	－43 560.83
－26 565.59	－85 374.13	2 456.74	15 342.94	236 754.15

实训结果检查

(1)4 611	(2)−6 812	(3)18 591	(4)−51 865	(5)1 261 368
(6)−59 457.29	(7)−83 533.06	(8)33 818.83	(9)−1 306 823.63	(10)209 368.64

3. 一目三行法

一目三行法是在多笔连加减时,打破逐笔加减的常规,把三行数的同位数通过脑算求和后一次拨珠入盘,减少拨珠次数,提高运算速度。

运用一目三行连加法,要经常练习三个一位数码之和,找出其求和规律。

(1)三个数相同,和为该数 3 倍,如 6+6+6=6×3=18。

(2)三个数为等差数列,和为中间数的 3 倍,如 5+7+9=7×3=21。

(3)三个数中两个数之和为 10,先凑 10 再加余,如 3+8+7=(3+7)+8=18。

(4)三个数无任何规律,则先小后大,如 4+9+3=(4+3)+9=16。

若能将一目三行法与穿梭法结合起来使用,则如虎添翼,起到事半功倍的效果。

例 14

左图:

		8	6	3	5
	3	9	2	8	7
			7	2	3
3	5	6	0	9	1
		4	1	6	9
	8	0	9	8	2

心算各同位数之和

	3				
	1	7			
		1	5		
			1	3	
				1	5

盘上前三行之和

		4	8	6	4	5

心算各同位数之和（右图为穿梭法）

3					
1	3				
	1	0			
		1	0		
			2	3	
				1	2

计算结果

4	8	9	8	8	7

右图(穿梭法):

		8	6	3	5
	3	9	2	8	7
			7	2	3
3	5	6	0	9	1
		4	1	6	9
	8	0	9	8	2
	3				
	1	7			
		1	5		
			1	3	
				1	5

盘上前三行之和

		4	8	6	4	5

				1	2
		2	3		
	1	0			
1	0				
1	3				
3					

计算结果

4	8	9	8	8	7

实训任务

用一目三行法计算下列各题。

（一）	（二）	（三）	（四）
7 158	354 069	546 012	94 081 256
260 394	7 801 692	63 507	382
83 075 412	5 738	4 829	573 106
2 960 571	8 724	75 038 462	61 874
96 543	25 096 431	1 980 734	9 012 953
4 086	162 083	34 107 285	283 049
182 437	45 738	5 618	7 631
54 607 928	6 517	9 742 306	54 358
48 291	9 530 264	650 721	10 462 987
84 603	79 482	50 926 348	6 209 715
7 390 165	30 795 136	89 174	70 136
32 907 516	2 849	7 169	52 087 493
5 241 037	630 518	409 812	2 564
478 295	1 907 283	8 591 423	924 835
9 681	26 417 950	35 976	1 679 082

（五）	（六）	（七）	（八）
2 170.94	614.05	28.91	61 024.85
561 430.92	89.72	640.57	786.43
83.56	17 035.84	2 705.64	39.75
78 016.39	9 320.67	816 072.39	270 914.68
278.53	3 508.49	45 809.23	3 250.91
3 947.05	564 893.12	1 203.87	5 472.06
61.82	70 653.84	96.45	904 183.52
150 483.76	26.17	590 174.76	219.67
9 236.40	491.32	753.12	73.54
35 718.29	821 096.75	46.95	49 061.12
684.07	3 187.56	68 209.43	7 931.85
95.64	50 836.17	3 017.27	846.02
201 537.86	902.45	705 984.61	390 574.61
912.35	496 783.21	632.84	28 309.15
87 049.12	40.93	29 107.35	63.87

实训结果检查

(1)187 354 117	(2)102 844 474	(3)182 199 376	(4)175 511 421
(5)1 131 706.70	(6)2 039 480.29	(7)2 264 483.39	(8)1 722 752.03

4. 一目三行弃 9 法

所谓一目三行弃 9 法,就是在一目三行加法运算过程中,前位加 1,中间弃 9,末位舍 10。其目的是减少拨珠次数,与心算结合,提高运算速度。

一目三行弃 9 法**动作要领**是:

从左至右前位加 1,中位弃 9,末位舍 10,大小调差。

从右至左末位舍 10,中位弃 9,前位加 1,大小调差。

"前位加 1"即在前位提前进 1。

"中位弃 9"即从前位至末位之间各位先弃掉一个 9。

"末位舍 10"即在最末位舍掉一个 10。

"大小调差"即在中间各位计算时,如果大于 9,则加上余数。如果小于 9,有两种处理方法:一是在前位减去 1,同时在本档三数和的基础上再加上 1;二是在本档减去 9 与三数和的差。如果末位三数和大于 10,则加上余数。如果三数和小于 10,也有两种处理方法:一是在其前位减去 1,本档仍加上三数和;二是在本档减去三数和的补数。

例 15
```
396  742          396  742
510  519          510  519
961  267          961  267
··············    ··············
  / 87              / 87
    - /              - 2
    8  528            528
──────────        ──────────
1  868  528       1  868  528
```
式中 6+0+1=7<9,两式采用的处理方法不同。左式中,在该档前位减 1,本档加 1;右式中,在本档减去 7 与 9 的差为 2(切记本档不可再加上 7)。两种方法计算结果相同。

例 16
```
   48  012
   10  874
    2  061
··············
    5
   / 1
   - / + /
     85
     - /
       7
──────────
   60  947
```
本题中,小于 9 和小于 10 的处理采用了第一种方法,请同学们自己练习第二种处理方法。另外"首位加 1"不一定在最高位前加 1,应理解为在某 3 位数相加为 9 或 9 以上的数字的前一位进 1;而前几位三数相加之和不足 9 则直加,再在三数相加之和大于 9 的前一位提前进 1。

例 15、例 16 我们只介绍了顺算的过程,如果采用穿梭的方法,处理方法也是一致的,这里就不再赘述。

实训任务

用一目三行弃 9 法计算下列各题。

（一）	（二）	（三）	（四）
96 508	30 749	5 918 726	92 703
57 136	63 295 418	452 081	7 481
8 702	7 605	40 829	3 650
6 594	831 056	39 607	4 189
616	5 324	2 476	342
34 249	4 852	514	28 407
63 257	190 345	472	1 783
1 409	71 069	71 828	698 740
7 358	27 481	3 019	70 563
803	2 397	2 548	2 418 956
146	742	6 325 984	39 514
40 571	692	50 136	697 358

（五）	（六）	（七）	（八）
309.17	6 107.18	4 815.04	748 419.16
694.36	4 218.94	427 604.26	9 206.47
4 750.82	905.23	207.85	465.18
7 829.19	207 438.96	834.16	3 608.51
920.35	2 586.34	72 619.47	419 832.06
7 246.82	5 623.19	8 902.83	82 351.19
70 431.19	206.85	5 436.25	495.08
6 298.75	832 093.14	827.06	3 972.42
1 082.43	8 314.72	438.95	48 219.18
9 415 069.75	3 408.19	8 259.16	17 358.92
3 280.46	39 870.26	2 908.35	4 680.24
38 463.08	4 628 953.76	407 614.48	6 837.17

实训结果检查

(1)317 349	(2)64 467 730	(3)12 908 220	(4)4 063 686
(5)9 556 376.37	(6)5 739 726.76	(7)940 467.86	(8)1 345 445.58

5. 一目五行穿梭弃双 9 法

一目五行穿梭弃双 9 法与一目三行穿梭弃 9 法的算理相同,只不过数字发生了变化。由于一目五行中同位五个数码之和一般都在 20 以上,所以提前进位值确定为 2,然后从提前进位档的右一档开始中间位弃双 9,末位档弃双 10。

例 17

```
          6 7 4   5 8 3
             4 9   2 5 6
             9 4   1 0 7
      8 2   1 0 7   3 6 9
       5   0 1 6   3 2 9
```

提前进位 2 …………8 7   9

弃双 9 加余 …………………3

弃双 9 加余 …………………1 2

弃双 9 减差 …………………⁻4

弃双 9 加余 …………………3

弃双 10 加余 …………………1 4

———————————————

8 7   9 4 1   6 4 4(盘上值)

提前进位档定在由最高位算起的第三档,进位值为2,心算各位的和。

注:如果中位数值之和小于 9,既可以采用上述例题方法,也可以在前位减 2,本档加上 2;如果大于 9 小于双 9,可以在前位减 1,本档加上 1,同时弃掉一个 9。末位弃双 10 的处理方法与其相同。

实训任务

用一目五行穿梭弃双 9 法计算下列各题。

（一）	（二）	（三）	（四）	（五）
32 940.75	341 506.87	4 675	396 285	31 748
8 194 514.19	83 062.15	387 806	4 607	8 569 102
7 018 091.45	5 679.38	28 938	58 409 245	301 896
4 326.14	3 290.47	5 920 735	27 628	7 438
185 607.48	34 602.47	3 608 294	3 608 927	614 895
7 326.03	38 108.46	26 709	9 806	1 264 923
348 290.17	219 430.19	4 208	41 748 296	84 307 834
704 691.83	3 296.45	38 624 864	431 085	90 297
5 067.42	6 384.17	7 309 219	7 942 906	976 801
719 475.19	85 327.56	814 536	46 291	4 328
3 627.51	324 819.34	7 385	3 842	507 835
64 805.95	8 324.16	68 408 152	95 746 273	9 618
13 902.76	614.07	374 803	390 614	746 903
24 153.19	729.18	26 915	52 749	37 426
609 708.42	38 068.43	9 837 639	2 037 951	8 219

实训结果检查

(1)17 936 528.48	(2)1 193 243.35	(3)135 384 878	(4)210 856 505	(5)97 479 263

6.一目多行加减抵消法

加减混合题,在一般情况下可用一目三行或一目五行法直接加减,将其加减数字直接抵消,算其差数。每组数字可能出现三种情况:(1)各个数都是正数;(2)各个数都是负数;(3)各数有正有负。如果都是正数,就用一目三行或一目五行法相加;如果都是负数,就变负为正,用上述方法求得这些数绝对值的和,再从被减数中减掉;如果这些数有正有负,就将它们正负抵消,求得答数。这个答数有大于 0、等于 0、小于 0 三种情况,大于 0 则加,等于 0 不拨珠,小于 0 则减。

例 18　　正负抵消

		分组心算结果	算盘上显示
	6 493	54 988	54 988
	−5 583		
	54 078		
	−9 135		
	−2 039	−16 848	38 140
减绝对值的和	−5 674		
	38 140		

◆ 实训任务

用一目多行加减抵消法计算下列各题。

（一）	（二）	（三）	（四）
65 273 018	6 315 072	94 081 256	1 903
7 283	−574 819	4 382	47 126 098
−451 069	96 247	−573 106	6 1352
86 493	29 860 451	61 874	−782 564
6 384 792	3 062	9 017 953	2 671 453
−31 948	−108 735	−283 049	−38 574
27 495 803	47 108	7 631	70 459 231
−4 162 075	9 462	−54 358	−237 019
5 601	−5 864 239	10 462 987	6 458
−839 247	73 520 931	−6 209 715	−6 015 897
3 728 105	−708 315	70 136	98 036
−940 358	2 179 803	52 087 493	560 342

（续表）

（五）	（六）	（七）	（八）
684 205.73	487 512.09	50 831.94	61 024.85
197.62	−3 178.50	64 982.07	−786.43
−3 194.62	29.64	315.62	39.75
240 861.39	173.46	74.59	270 914.68
−462 083.51	49 730.61	−1 603.28	−3 250.91
51 970.42	−6 401.38	260 385.74	−5 472.06
−6 427.95	52.97	95.63	904 183.52
95 316.48	−10 845.72	420.91	219.67
975.34	421 965.83	−28 107.46	73.54
−10.83	−406.79	890 361.72	−49 068.12
39 705.28	865 390.27	−9 745.08	−7 931.85
53.02	18.53	583.17	846.02

实训结果检查

(1)96 556 398	(2)104 776 028	(3)158 673 484	(4)113 910 819
(5)641 568.37	(6)1 804 041.01	(7)1 228 595.57	(8)1 170 792.66

❖ 活动三　传票算与账表算

传票算与账表算是在日常经济工作中应用较多的业务，是珠算技术的重要组成部分，学习和训练传票算和账表算是非常必要的。

1. 传票算的基本知识

传票算也称为凭证汇总算，它是对各种单据、发票和记账凭证进行汇总计算的一种方法，它也是加减运算中的一种常用方式。传票按是否装订，可分为订本式传票和活页式传票两种，本教材介绍订本式传票。

（1）传票算的样式

日常练习中，传票本是练习传票算的依据。订本式传票本的规格为长 18 厘米，宽 8 厘米。一般每本为 100 页，每页的右上角印有阿拉伯数字用来表示页码，每页传票上有五笔（行）数字，每行数字前自上而下依次印有（一）（二）（三）（四）（五）的标志，"（一）"表示第一行数，"（二）"表示第二行数，以下同理。每行最高位数有八位数字，最低位数有四位数字。传票算样式示例表见表 1-2-9。

表 1-2-9　　　　　　　　　传票算样式示例表

44
（一）　1 064.89
（二）481 206.73
（三）　　367.42
（四）70 926.54
（五）　　　68.25

我国珠算比赛和考核传票算采用限时不限量的办法,即每场 15 分钟。传票算题是以 20 页为一题,每页只计算一行数字,把这 20 页的同一行数字连加起来,就得出这道题的结果。传票算题型示例表见表 1-2-10。

表 1-2-10 　　　　　　　　　**传票算题型示例表**

序号	起止页数	行次	答案
一	31—50	(二)	
二	6—25	(四)	
三	45—64	(五)	
四	57—76	(三)	
五	66—85	(一)	

上表中的"序号"表示第几道题,"起止页数"表示传票从第几页算到第几页,"行次"表示该题每页均打第几行数字,"答案"表示该题的计算结果。如上表中"一"表示第一题,"31—50"表示传票从 31 页(包括第 31 页)到 50 页,"(二)"表示每页均打第二行数字,计算结果写在第一题答案栏里。

(2)传票算的运算要求

根据传票算的运算特点,计算时除用算盘或小键盘外,另需一张传票算试题答案纸,传票算每 20 页为一题,运算数码为 110 个。

(3)传票算步骤

①整理传票本

传票运算时左手要翻页(打一页翻一页),为了提高运算速度加快翻页的动作,避免翻重页或漏页的现象,运算前除了应检查传票本有无缺页、重页、破页、粘页或数字不清晰以外,还需将传票本捻成扇面形状。

②捻扇面

用左手握住传票的左上角,右手握住传票的右部,两手大拇指放在传票封面上,其余四指放在传票背面,以左手为轴,右手轻轻向胸前转动,将传票捻成扇面形状,扇形的大小要以上页的右下方稍突出下面一页为准,不宜过大或过小。捻好后用夹子将传票本左上角夹住,以固定扇面;再用一较小的夹子夹住传票右下角底页,这样便于接近 100 的页码翻页。由于在比赛或考核时将传票捻成扇面的时间很短,所以平时要多加练习,一般要求右手向胸前转动两三次即成。

③传票本的翻页、找页、记页

传票的翻页是靠左手完成的。首先将左手小指、无名指、中指弯曲放在传票封面(或开始页)的中部或中部稍左,然后用左手拇指突出部位翻页,当拇指翻起每一页传票后,食指很快放进刚翻起的一页传票下面,将这页传票卡住。左手翻页和右手拨珠计算要同时进行,每翻动一页,均迅速将数拨入盘内,票页不宜掀得过高,角度越小越好,以能看清数据为宜。

找页是传票算的基本功之一。由于传票试题在拟题时并不是自然顺序,而是相互交叉,这就需要在运算过程中前后找页(顺找页、倒找页),并且每一题都有起止页数,每算一题都需要找页。因此找页也是一个很重要的环节。找页要求翻动传票两三次就应找到。为节省时间,当算完一题,右手抄答数的同时,左手就要借助眼睛的余光迅速找页。其练习方法是:首先用手摸 100 页传票有多厚、90 页有多厚、……、20 页有多厚、10 页有多厚,经过一段时间反复练习,做到凭手感一次能摸翻 20 页、30 页、……、90 页。在上述找页的基础上,再熟练找传票题的开始页。练习时可以任意念一个页码,凭手感翻到其整数页,然后再调整页数找到其起始页码。例如,念 77 页,凭手感找 80 页的厚度,再略少翻几页,迅速用左手向前(或后)稍调整一下页码,就翻到 77 页。一般要求只翻三次传票就能找到默念的页码。

传票算除翻页外还需要记页,传票算每题由 20 页组成,为避免在计算中发生超页或打不够页的现象,必须在计算过程中默记打了多少次,最好打一页记一页,记到第 20 次时核对该题的起止页,如正确无误,立即书写答数。记页在边翻页边运算中较难记住,所以平时要加强训练。在训练中,运算的数据不要默念,只要凭数字的字形反应直接指挥手指拨珠,心里只需默记页数,如此反复练习,就会习惯记页。

(4)传票算的方法

首先将捻成扇面的传票翻到要计算的开始页,然后左手一边翻页,右手一边拨珠,直到计算完毕。

①一次翻一页的打法

一次翻一页的打法是一次翻起一页后,把需要计算的数字拨加在算盘上,然后再翻起一页,继续拨加,直到计算完为止。这种翻打方法一般是从高位数字开始,依次拨入,要求大拇指翻传票要快,本页数字拨加完毕以后,要迅速用食指夹住,大拇指继续翻下页。这种打法是最基本的方法。

②穿梭迭加打法

穿梭迭加打法是将"穿梭"、"迭加"有机结合起来的一种打法。"穿梭"打,先从高位到低位,翻到次页后再从低位到高位,像摆钟一样来回运转。这样不仅能够省去手指从低位到高位的运动时间,而且翻页准,计算也准,正好是 10 个来回。如第一页是从高位到低位,最后一页则是从低位到高位,否则是错误的。"迭加"打是指本页最末一位数或两位数字与下页最末一位数或两位数字通过心算直接把其和拨入盘内。例如,计算传票 21~40页的第一行数,假设数字如表 1-2-11 所示。

表 1-2-11　　　　　　　　　穿梭迭加打法示例表

P21	(一)386.24	(4+8=12)
	$\longrightarrow$	或(24+78=102)
P22	(一)7 693.78	
	$\longleftarrow$	
P23	(一)5 286.45	(5+9=14)
		或(45+49=94)
P24	(一)23 457.49	
	$\longleftarrow$	
⋮		
P40	(一)5 963.74	
	$\longleftarrow$	

本题首页上第一行数 386.24 从左向右拨入盘,当拨到末位数 4 时与下页(即 22 页)的第一行数字的最末位数 8 合并相加为 12 一次入盘,然后从右向左将第一行数的剩余部

分 7 693.7 拨入盘。照此方法也可以进行两位数迭加计算,即先把首页第一行数的 386 从左向右拨入盘,剩余的两位数 24 与下页相对应的两位数 78 相加(得 102)并一次入盘,然后从右向左把剩余的数 7 693 拨入盘。以此类推,直至算完本题。这样通过心算减少了拨珠次数,从而加快运算速度。

③一次翻多页的打法

一翻两页打法是将中指、无名指和小指放在传票封面中部或中部偏左,当大拇指翻起一页后,食指便迅速抵在掀过页背面,大拇指又迅速翻起一页,使两页有一定间隙(两页掀起的高度与间隙以能同时看到两页的同行数字为宜),心算两页同一行数字之和,将其和拨加在算盘上,当和数的最后一个数字入盘时,拇指迅速将这两页翻过,食指挡住,以同样的方法继续翻下两页进行计算直至算完为止。

一翻三页打法是将无名指和小指压在传票的上面,先用中指挑起始页,食指挑起第二页,拇指挑起第三页,使三页之间均有一定间隙,再用一目三行心算法求出其和并一次入盘。

一翻四页打法是采用无名指挑起始页,中指挑起第二页,食指挑起第三页,拇指挑起第四页的翻页方法,再用一目四行心算法求出其和并一次入盘,算过的页由小指压住。

一翻五页打法是采用小指挑起始页,无名指挑起第二页,中指挑起第三页,食指挑起第四页,拇指挑起第五页的翻页方法,再用一目五行心算法求出其和并一次入盘,算过的页由左掌外边压住。

一翻多页打法的练习方法如下:

• 每日用一目三行的方法心算加法题。

• 熟练心算相邻两(三)页中第五行数字之和,用一目两(三)页法,依次将第 1 页至第 100 页的第五行数字加到盘上。

• 能熟练算出第五行数后,再用相同方法练习打第四行数、第三行数、第二行数、第一行数。

• 能够用一目两(三)页方法打传票上任意一行数后,就能按全国珠算比赛题及比赛规则打传票了。

2. 账表算的基本知识

账表算又称表格算,是日常经济工作中最常见的加减运算形式,也是会计工作日常结账和汇总数字的重要方法。会计报表的合计、累计、分组算等均属于此类运算,在一张账表中,数据要进行纵横加总,要求纵横双方总额轧平。其最突出的一个问题就是"准",通过学练账表算可以培养一丝不苟的工作精神。

(1)账表算的题型及计分方法

目前,全国标准账表算题,每张表横二十题,纵五题,要求纵横轧平,结出总数。一般有三张账表,限时 15 分钟,采取定时不定量的方式。账表中各行数字最少四位数,最多八位数,纵向每题 120 个数码,由四至八位数各四行组成;横向每题 30 个数码,由四至八位数各一行组成;均为整数,不带角分。纵向第四题和第五题中各有两笔负数,并分别排列在横向四个题中。

每张账表纵向五题,每题 14 分,横向 20 题,每题 4 分,横纵均正确计 150 分,"轧平"

再加 50 分,轧平一张账表共计 200 分,学生达到 120 分为达标。要求按顺序算题,前表不打完,后表不计分。账表算题型示例表如表 1-2-12 所示。

表 1-2-12　　　　　　　　　　　　　账表算题型示例表

序　号	一	二	三	四	五	合　计
一	8 069	57 828	2 458 626	239 747	69 247 058	
二	27 290 354	7 843 604	26 987	6 502	890 743	
三	73 062	654 982	4 232	76 598 478	9 672 508	
四	−7 092 435	86 793 465	301 874	26 259	6 243	
五	547 628	5 273	28 947 062	7 309 684	37 895	
六	68 743	4 892 506	6 758	95 764 023	−968 724	
七	5 962	93 670 872	85 068	−820 417	−8 427 950	
八	−7 208 537	293 405	94 672 785	86 931	5 447	
九	475 985	67 683	−2 849 430	2 476	60 827 589	
十	35 806 474	2 056	223 489	9 867 205	96 314	
十一	92 674 068	−9 754 832	459 723	30 846	7 506	
十二	2 457	81 460	5 637 978	−678 269	24 905 781	
十三	8 345 620	407 627	9 023	47 590 768	37 856	
十四	908 874	57 692 064	60 597	8 523	4 869 432	
十五	47 896	6 729	30 547 621	6 539 874	782 085	
十六	6 785	−789 644	−8 204 579	90 248 235	56 274	
十七	−9 374 086	28 574 289	79 206	5 784	−43 756	
十八	809 564	82 057	3 574	3 468 920	23 695 427	
十九	20 715 689	3 647 978	584 286	50 746	2 809	
二十	29 743	8 567	78 026 495	467 032	2 908 842	
合　计						

(2)账表算的方法

①账表算纵向题打法

账表中的纵向题与珠算等级练习题相同,可采用一目两(三)行或一目五行加减简捷算法,把账表放在算盘下面,左手指数,并随着计算把题单向上推,使其计算的行数尽量与盘面的距离接近,以便看数、拨珠、抄写答数能快速进行。

②账表算横向题打法

一目一行打法:横向题计算时,把算盘放在该题上方,以便算后抄写答案。可采用传票中的穿梭递加打法。首先将第一笔数按从左到右顺序拨入盘上,在拨最后一位数时与第二笔数的最后一位数递加将其和一次入盘,随后将第二笔数剩余部分从右至左拨入盘内。再从左至右将第三笔数拨入盘,以此类推,直至该题计算完毕,抄写答案。为了使算盘靠近所计算的数据,算盘就要随着每行数字的计算完毕向下移动,或将账表向上移动(算盘有脚,与桌面有空隙)。

一目两(三)行打法:在熟练掌握了一目一行打法的基础上,可一次心算横行相邻两数同数位上对应数字之和,将其和一次拨入盘内。

评价分析 >>>

1.完成加减算的工作任务

采用正确拨珠指法,应用基本加减算技能或者简捷加减算技能完成普通加减算、账表算、传票算的计算工作。

2.完成工作任务结果评价

按照要求完成实训项目,由完成者与老师共同来评价实训完成情况。

(1)指法是否正确?

(2)是否在规定的时间内完成任务?

(3)计算结果是否正确?

(4)查找错误原因。

3.完成实训项目的收获

按照要求和规程完成了工作任务后,结合老师对完成工作任务结果的评价,你自己对完成此项工作任务有何收获? 请将你的收获写出来,与老师和同学们一起交流和分享你的收获吧!

任务三　乘法技能

案例导入 >>>

某商贸企业每天都有大量的入库、出库业务,财务部门根据业务部门转来的入库单及出库单进行成本计算。

入库单

2012 年 12 月 12 日　　　类别　食品　编号　09

货　号	品　名	规　格	单位	数　量	单价	金　额							第三联入账联
001	统一 100 葱爆牛肉面	24 袋/箱	箱	55	18.50		1	0	1	7	5	0	
002	统一 100 酸辣牛肉面	24 袋/箱	箱	45	19.50			8	7	7	5	0	
003	统一 100 鲜虾鱼板面	24 袋/箱	箱	55	19		1	0	4	5	0	0	
004	统一 100 西红柿打卤面	24 袋/箱	箱	65	21		1	3	6	5	0	0	
005	统一来一桶金装香辣牛肉面	12 袋/箱	箱	75	29		2	1	7	5	0	0	
负责人	张良	仓库负责人	王华玉	入库经手人	李阳	记账	张军	合计		6	4	8	0	0	0

案例分析 >>>

1.数量与单价相乘,在算盘上应该如何定位?

2.应该选用哪一种乘算技能?

◆ 活动一 基本乘法

1. 乘法运算基本规则

乘法是求一个数的若干倍是多少的计算方法。它是在加法的基础上,应用乘法口诀,边乘边加积来进行运算的。珠算乘法的意义和运算原理与笔算乘法基本相同,只是相乘顺序有些不同。其**基本运算规则**是:

(1)用乘数去乘被乘数,采用前乘法,从左到右,先从被乘数最高位算起,依次乘到最低位;采用后乘法,从右至左,先从被乘数最低位算起,依次乘到最高位。

(2)珠算乘法采用九九口诀,乘积递位叠加,即每乘一位,将乘积退一位加上。

(3)两因数可以交换,乘积不变。乘法计算方法很多,无论采用哪种计算方法,都要应用到乘法口诀——大九九口诀,见表 1-3-1。

表 1-3-1 　　　　　　　　　　　　大九九口诀

口诀 乘数＼被乘数	一	二	三	四	五	六	七	八	九
一	一一 01	一二 02	一三 03	一四 04	一五 05	一六 06	一七 07	一八 08	一九 09
二	二一 02	二二 04	二三 06	二四 08	二五 10	二六 12	二七 14	二八 16	二九 18
三	三一 03	三二 06	三三 09	三四 12	三五 15	三六 18	三七 21	三八 24	三九 27
四	四一 04	四二 08	四三 12	四四 16	四五 20	四六 24	四七 28	四八 32	四九 36
五	五一 05	五二 10	五三 15	五四 20	五五 25	五六 30	五七 35	五八 40	五九 45
六	六一 06	六二 12	六三 18	六四 24	六五 30	六六 36	六七 42	六八 48	六九 54
七	七一 07	七二 14	七三 21	七四 28	七五 35	七六 42	七七 49	七八 56	七九 63
八	八一 08	八二 16	八三 24	八四 32	八五 40	八六 48	八七 56	八八 64	八九 72
九	九一 09	九二 18	九三 27	九四 36	九五 45	九六 54	九七 63	九八 72	九九 81

表中用粗折线将口诀分成两部分,粗折线的右上方(竖行念)为顺九九;粗折线的左下方(横行念)为逆九九。口诀共计 81 句,每句口诀第一个汉字数码表示乘数,第二个汉字数码表示被乘数,阿拉伯数字表示乘积。口诀中的乘积均以两位数字表示,当乘积无十位数字时,用"0"占位。例如 4×2＝08,读作四二 08。

在珠算的乘法计算中正确、熟练地运用大九九口诀,对于提高计算的准确度和速度是十分重要的,因此必须熟记大九九口诀。

2. 积的定位法

任何一个数值都包括两个方面的内容,一是数字,二是位数。由于算盘计数是以空档表示"0",以珠靠梁表示数,所以在算盘上不定位的数是不能确定数值的。如 50×4＝

200,积在算盘上只显示出两颗下珠靠梁,那么,这两颗下珠究竟是表示 2、20、200,还是 0.2、0.02 呢?无法确认。因此,在珠算计算中必须定位,而要掌握乘积的定位法,就必须先了解数的位数。

(1)数的位数

一个数的位数是由该数的最高位有效数字相对于小数点的位置决定的,数的位数可以分为以下三类:

①正位数

有效数字在小数点左边的数,称为正位数(包括整数)。有几位整数就叫正几位(不论它带有几位小数)。

例 1　15 621——正五位

　　　　15.621——正二位

②负位数

有效数字在小数点右边的,且第一个有效数字与小数点之间夹零的数,称为负位数。第一个有效数字与小数点之间夹几个零就是负几位。

例 2　0.015 ——负一位

　　　　0.0015——负二位

③零位数

有效数字在小数点右边的,且第一个有效数字与小数点之间不夹零的数,称为零位数。

例 3　0.78——零位

　　　　0.708——零位

■ 实训任务

1. 识别下列各数的位数。

(1)2 048　　　(2)0.204 8　　　(3)0.020 84　　　　(4)20.84　　　(5)2.084

(6)208.4　　　(7)0.000 204 8　(8)0.028 4　　　　(9)0.000 028 4　(10)0.56

(11)0.056 0　　(12)5.60　　　　(13)5 600　　　　(14)0.789　　　(15)0.007 89

(16)78.90

2. 根据已知条件,确定下列各数的数值。

(1)3098(零位)　　　(2)52800(正四位)　　(3)6526(正二位)　　(4)2005(零位)

(5)304(负一位)　　　(6)785034(负一位)　　(7)56789(正四位)　　(8)2794(正二位)

(9)50496(正三位)　　(10)419(负三位)　　　(11)768(负二位)　　(12)364(负六位)

(13)34876(正三位)　　(14)76(正五位)　　　(15)8756(负一位)　　(16)7682(零位)

实训结果检查

1.

(1)正四位	(2)零位	(3)负一位	(4)正二位
(5)正一位	(6)正三位	(7)负三位	(8)负一位
(9)负四位	(10)零位	(11)负一位	(12)正一位
(13)正四位	(14)零位	(15)负二位	(16)正二位

2.

(1)0.309 8	(2)5 280	(3)65.26	(4)0.200 5
(5)0.030 4	(6)0.078 503 4	(7)5 678.9	(8)27.94
(9)504.96	(10)0.000 419	(11)0.007 68	(12)0.000 000 364
(13)348.76	(14)76 000	(15)0.087 56	(16)0.768 2

（2）定档定位法

定档定位法也称固定个位法，它是在乘算之前，先在算盘上将乘积的个位档固定下来，然后根据两因数的位数在算盘上定位，运算完了，按已确定的固定个位档确定乘积的数值。具体定位方法如下：

①固定个位档

在算盘上先确定一个有计位点的档为固定个位档，随着个位档的固定，正位、负位、零位在算盘上也就确定下来了，如图 1-3-1 所示。

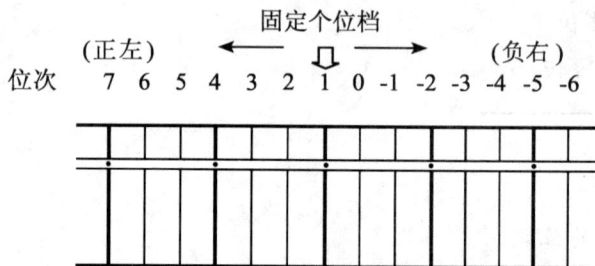

图 1-3-1

图中"▽"所指的档为个位档，个位档以左为正位，个位档的右一档为零位，零位档以右为负位。

②定位规则

置数乘法在运算前要将被乘数置于算盘上，被乘数最高位数在算盘上的档次称为置数档。空盘乘法因为直接在算盘上拨加乘积，所以其两因数最高位数乘积的十位数在算盘上的档次称为起乘档。

置数档或起乘档的定位公式为

挨位后乘法（如破头乘法、加减代乘法等）：$a = m + n$

隔位后乘法：$a = m + n + 1$

空盘前乘法：$a=m+n$

式中　　a——置数档或起乘档；

　　　　m——被乘数的位数；

　　　　n——乘数的位数。

（3）公式定位法

公式定位法通用于各种计算方法，当乘积的数字在算盘上计算出来以后，根据两因数的位数用公式来确定积的位数。

定位公式为　　　　　　　　　　　　$b=m+n$　　　　　　　　　　　　　　　①

　　　　　　　　　　　　　　　　　$b=m+n-1$　　　　　　　　　　　　　②

式中　　b——积的位数；

　　　　m——被乘数的位数；

　　　　n——乘数的位数。

那么，公式①、②应如何选择使用呢？其定位规律如下：

当两因数首位数的乘积为两位数时，积的首位数字比被乘数或乘数的首位数字小，用公式①定位，即 $b=m+n$。

例 4　$8×53=424$，积的首位数字 4 比被乘数首位数字 8 小，比乘数的首位数字 5 小，所以适用公式①定位，即 1 位＋2 位＝3 位。

当两因数首位数的乘积为一位数时，积的首位数字比被乘数或乘数的首位数字大，用公式②定位，即 $b=m+n-1$。

例 5　$35×28=980$，积的首位数字 9 比被乘数首位数字 3 大，比乘数的首位数字 2 大，所以适用公式②定位，即 2 位＋2 位－1 位＝3 位。

当积的首位数字与两因数首位数字当中的一个相同时，就用另一个进行比较，如果积的首位数字小于另一个数的首位数字时，用公式①来定位；如果积的首位数字大于另一个数的首位数字时，用公式②来定位。

例 6　$92×11=1\,012$，积的首位数字 1 与乘数的首位数字 1 相同，但小于被乘数首位数字 9，所以适用公式①定位，即 2 位＋2 位＝4 位。

例 7　$50×11=550$，积的首位数字 5 与被乘数的首位数字 5 相同，但大于乘数首位数字 1，所以适用公式②定位，即 2 位＋2 位－1 位＝3 位。

当积的首位数字与两因数首位数字相同时，则依次向下比较，直至比较出大小，比较出大小后，定位方法如以上三种情形。

例 8　$13×15=195$，积的首位数字与被乘数和乘数的首位数字都是 1，故比较第二位，积的第二位 9 比被乘数第二位 3、乘数第二位 5 大，所以适用公式②定位，即 2 位＋2 位－1 位＝3 位。

此外，如遇以下情况亦可用公式②定位。

例 9　$10×100=1\,000$，积的首位数字与被乘数和乘数的首位数字相同，以下各位也相同，也适用公式②定位，即 2 位＋3 位－1 位＝4 位。

公式定位法是一种非常实用的定位方法，它适用于一切乘算方法，且边乘数、边抄数、边定位，较其他定位方法简捷方便，定位规则可以简单归纳为：**位数相加，前空减一**。

"位数相加"即两因数位数相加。

"前空减一"即计算时把算盘某一记位点作为起乘档,若乘积首位落在记位点上,称为"不空",用公式①定位,若乘积首位不落在记位点上,称为"前空",用公式②定位。

例 10　　632×25＝15 800　　　　乘积的位数为 3＋2＝5

　　　　　　0.632×1.5＝0.948　　　　乘积的位数为 0＋1－1＝0

◆◆◆ ■ 实训任务

分别对下列各题定位。

1	294×436 ——→128184	6	840×0.007 3 ——→6132
2	2.94×0.0436 ——→128184	7	9 500×0.011 ——→1045
3	29.4×4.36 ——→128184	8	5.2×0.001 1 ——→572
4	0.007 45×0.36 ——→2682	9	45×0.026 ——→1170
5	84×7.3 ——→6132	10	1 000×100 ——→10000000

3. 乘算基本方法

乘算基本方法很多,在此我们只介绍空盘前乘法、破头乘法及隔位乘法。

(1)空盘前乘法

乘算时被乘数和乘数都不拨珠入盘,直接往盘上拨加积数的乘法,称为空盘乘法。空盘乘法分前乘法与后乘法。从两因数的最高位开始相乘,然后自左向右逐位相乘的空盘乘法,称为空盘前乘法。

空盘前乘法由于不往盘上置数,减少了拨珠次数,运算速度较快,所以应用十分广泛。

①乘算顺序

从被乘数的最高位与乘数的最高位乘起,按照由高位至低位的顺序,将乘数乘完;然后按上述顺序将被乘数由高位至低位依次乘完,如图 1-3-2 所示。

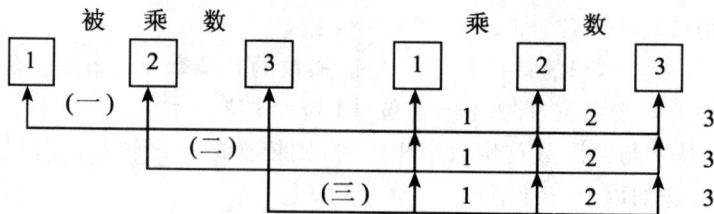

图 1-3-2

②加积规律

先根据头档确定被乘数与乘数最高位乘积的十位档,即起乘档;再按照"前次乘积的个位档,就是下次乘积的十位档"的加积规律,依次向右递位叠加。

③定位

既可以采用定档定位法定位,也可以采用公式定位法定位。

例 11　　345×678＝233 910

运算过程及步骤见表 1-3-2(本单元例题均采用公式定位法定位)。

表 1-3-2

方法说明 盘面数 盘式档次	一	二	三	四	五	六	图示
(1)被乘数的首位数字 3 同乘数 678 相乘							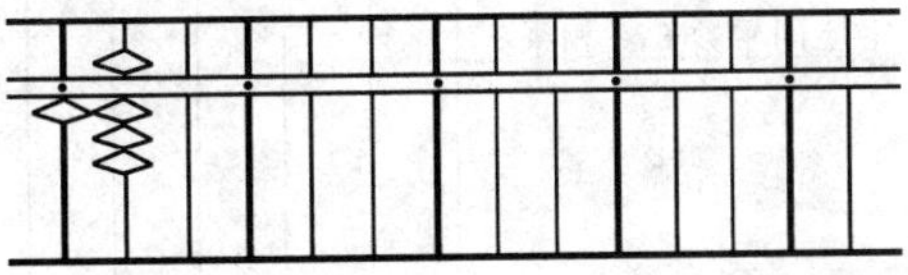
三六　18	1	8					
三七　21		2	1				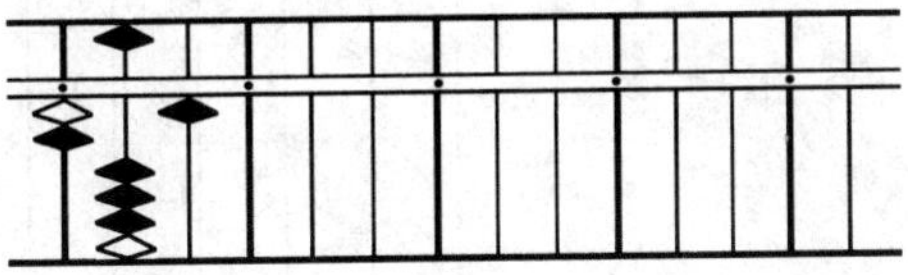
三八　24			2	4			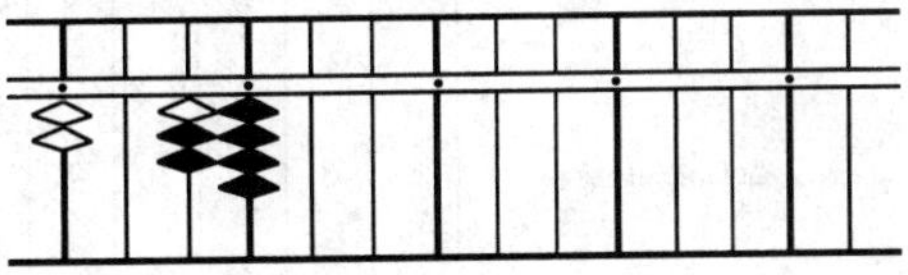
盘面数值	2	0	3	4			
(2)被乘数的第二位数字 4 同乘数 678 相乘							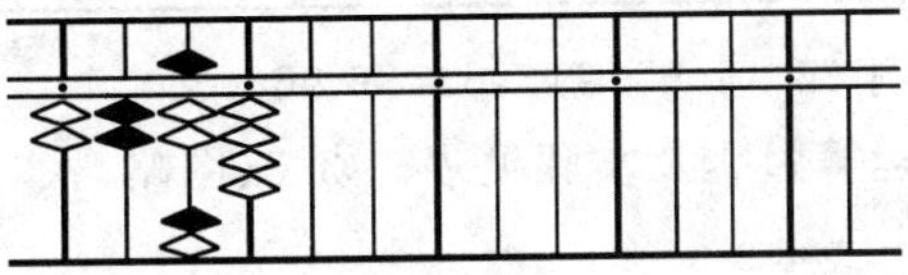
四六　24			2	4			
四七　28				2	8		
四八　32					3	2	
盘面数值	2	3	0	5	2		

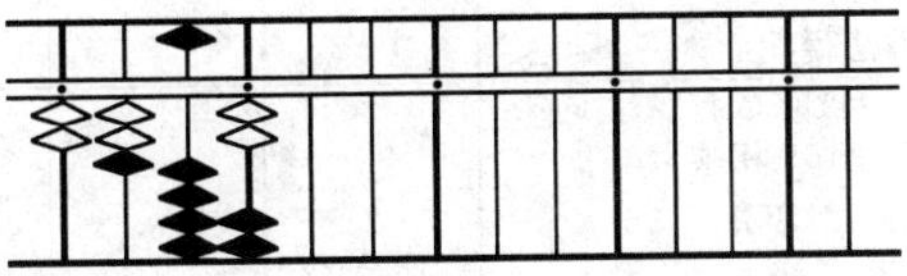

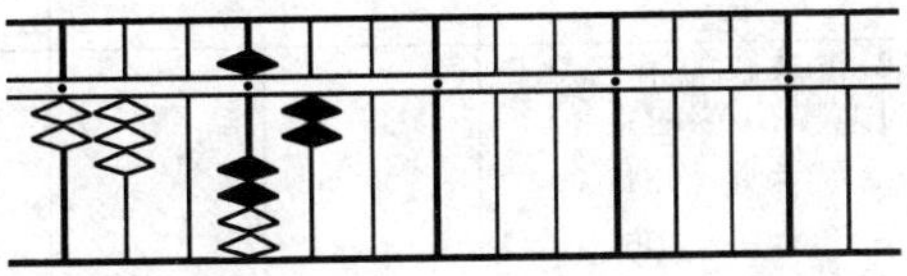

（续表）

盘面数 / 盘式档次 / 方法说明	一	二	三	四	五	六	图示
(3)被乘数的第三位数字5同乘数678相乘							
五六　30			3	0			
五七　35				3	5		
五八　40					4	0	
盘面数值	2	3	3	9	1	0	
(4)定位：3位＋3位＝6位	2	3	3	9	1	0	
乘积为	233 910						

例 12　406×91.05＝36 966.3

运算过程及步骤见表 1-3-3(图略)。

表 1-3-3

盘面数 / 盘式档次 / 方法说明	一	二	三	四	五	六	七
(1)被乘数首位4同乘数9105相乘							
四九　36	3	6					
四一　04		0	4				
四五　20				2	0		
盘面数值	3	6	4	2	0		
(2)被乘数的第三位6同乘数9105相乘							
六九　54			5	4			
六一　06				0	6		
六五　30						3	0
盘面数值	3	6	9	6	6	3	0
(3)定位：3位＋2位＝5位	3	6	9	6	6	3	
乘积为	36 966.3						

用空盘前乘法进行多位数计算,两因数位数越多,运算难度就越大,越容易出现差错,所以要注意以下几点:

Ⅰ.要牢记在头档确定后,被乘数是第几位数,起乘档就在由头档数起的第几档。乘数是第几位数,与被乘数相乘积的十位数,就拨在由起乘档数起的第几档上。

Ⅱ.为了提高计算的准确性和速度,要养成左手点记起乘档、右手指不离计算档的加积技巧。在加积过程中,遇到被乘数或乘数夹零时,左右手要分别做相应的移档动作,即夹几个零,手指向右移几档。当部分积的十位数或个位数是零时,也要用右手食指做点档动作,以防加积错档。

Ⅲ.在两因数是三位以上有效数字的乘算中,往往因错看被乘数或默记乘数不牢而出现运算错误。因而要加强看数、记数能力的训练,看数要既准又快。乘数位数越多,越不易记牢,边运算边用余光看数是有效的辅助措施。

Ⅳ.由于大九九口诀记得不熟,调换口诀中两因数的位置,也是导致计算错误的一个原因。要背熟大九九口诀,还要摆脱口诀,两因数输入大脑后,由大脑直接发出指令,往盘上加积,不可将口诀念出声来。切记,运用口诀时,一定要先念被乘数,后念乘数,不可颠倒位置。

Ⅴ.根据乘法交换律,交换两因数位置,其积不变。恰当的选择被乘数,可以简化运算。以选择有效数字少、夹零的数字作被乘数为宜。

实训任务

用空盘前乘法计算下列各题(计算结果精确到0.01)。

1.

(1)7 500×8 300	(2)259×128	(3)6 245×817	(4)375×167	(5)462×1 428
(6)273×98	(7)2 376×59	(8)254×379	(9)1 687×42	(10)845×6 739

2.

(1)982×302	(2)153×4 058	(3)56×807	(4)4 872×1 005	(5)58×6 407
(6)69×20 307	(7)467×8 009	(8)31×40 008	(9)36×304 008	(10)76×2 005

3.

(1)9 802×32	(2)1 053×458	(3)5 006×87	(4)408 072×15	(5)5 008×647
(6)60 902×237	(7)46 007×89	(8)30 041×485	(9)3 056×348	(10)75 006×25

4.

(1)26.2×30.45	(2)6.07×0.026	(3)89.03×2.04	(4)0.036×5.08	(5)0.020 6×5.6
(6)0.408×6.58	(7)5.67×4.209	(8)8.95×56.24	(9)8.069×6.87	(10)9.65×5.03

实训结果检查

1.

(1)62 250 000	(2)33 152	(3)5 102 165	(4)62 625	(5)659 736
(6)26 754	(7)140 184	(8)96 266	(9)70 854	(10)5 694 455

2.

(1)296 564	(2)620 874	(3)45 192	(4)4 896 360	(5)371 606
(6)1 401 183	(7)3 740 203	(8)1 240 248	(9)10 944 288	(10)152 380

3.

(1)313 664	(2)482 274	(3)435 522	(4)6 121 080	(5)3 240 176
(6)14 433 774	(7)4 094 623	(8)14 569 885	(9)1 063 488	(10)1 875 150

4.

(1)797.79	(2)0.16	(3)181.62	(4)0.18	(5)0.12
(6)2.68	(7)23.87	(8)503.35	(9)55.43	(10)48.54

（2）破头乘法

破头乘法是应用乘法口诀进行计算的置数挨位后乘法。它是以被乘数的末位数与乘数的最高位数开始相乘，将被乘数的末位数破掉，改成乘积的十位数，因此得名破头乘法。由于破头乘法是按照乘数的自然顺序由左向右地同被乘数相乘，适应读数习惯与拨珠顺序，便于掌握运算规律，不易出现错误，准确率较高。因此它是应用较广的一种基本乘法。

①乘算顺序

从被乘数的末位与乘数的最高位算起，将乘数按照由高到低的顺序依次乘完，然后再按上述顺序将被乘数由低位至高位依次乘完，如图1-3-3所示。

②加积规律

被乘数某一位与乘数各位相乘，与乘数首位乘积的十位数由该位被乘数所在档改成积的个位数右移一档加上，其余各位乘积递位叠加。乘数是第几位数，同被乘数相乘积的个位数就拨在本位被乘数的右几档。

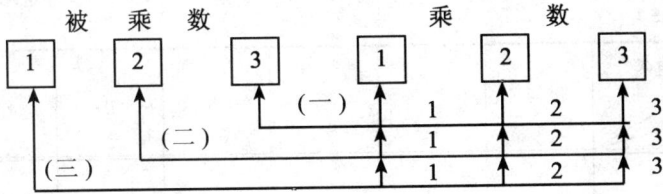

图 1-3-3

③定位

用公式定位法定位。

例 13 36×924＝33 264

运算步骤见表 1-3-4。

表 1-3-4

盘面数 盘式档次 方法说明	一	二	三	四	五	图示
(1)将被乘数拨在算盘上	三	六				
(2)被乘数末位6同乘数924相乘						
六九　54	三	5	4			
六二　12	三		1	2		
六四　24	三			2	4	
盘面数值	三	5	5	4	4	
(3)被乘数首位3同乘数924相乘		5	5	4	4	
三九　27	2	7				
三二　06		0	6			
三四　12			1	2		
盘面数值	3	3	2	6	4	
(4)定位： 　2 位＋3 位＝5 位	3	3	2	6	4	
乘积为			33 264			

例 14 20.5×3 097＝63 488.5

运算步骤见表 1-3-5(图略)。

表 1-3-5

盘面数 / 盘式档次 方法说明	一	二	三	四	五	六	七
(1)将被乘数 2、0、5 拨在算盘上	二	0	五				
(2)被乘数末位 5 同乘数 3097 相乘							
五三　15	二	0	1	5			
五九　45	二	0			4	5	
五七　35	二	0				3	5
盘面数值	二	0	1	5	4	8	5
(3)被乘数首位 2 同乘数 3097 相乘			1	5	4	8	5
二三　06	0	6					
二九　18			1	8			
二七　14				1	4		
盘面数值		6	3	4	8	8	5
(4)定位: 2 位＋4 位－1 位＝5 位		6	3	4	8	8	5
乘积为				63 488.5			

从以上计算可以看出,被乘数和乘数中夹零是计算难点。如果被乘数中夹零,计算时不考虑,如果乘数中夹零,手指相应向右移动,夹几个零,手指就向右移几档,移位末档就是加下位部分积的十位档。

实训任务

用破头乘法计算下列各题(计算结果精确到 0.01)。

(1)83×2.4	(6)0.805×69	(11)0.087 4×129	(16)5.61×504
(2)640×56	(7)9.43×1.8	(12)716×583	(17)40.27×92.6
(3)87×0.52	(8)2.75×0.45	(13)47.5×6.51	(18)7 360×82.09
(4)9.6×38	(9)17.03×3.7	(14)6.03×0.592	(19)5 064×2 075
(5)307×45	(10)5 208×0.046	(15)97×307	(20)48.03×700.4

实训结果检查

(1)199.20	(5)13 815	(9)63.01	(13)309.23	(17)3 729
(2)35 840	(6)55.55	(10)239.57	(14)3.57	(18)604 182.40
(3)45.24	(7)16.97	(11)11.27	(15)29 779	(19)10 507 800
(4)364.80	(8)1.24	(12)417 428	(16)2 827.44	(20)33 640.21

（3）隔位乘法

隔位乘法是一种用乘法口诀进行运算的置数后乘法。运算时将两因数相乘积的十位数拨在被乘数的右一档，积的个位数拨在右二档上，即与被乘数隔一档，因而得名隔位乘法。除置积的位置比破头乘法往右一档外，其乘算顺序、加积规律和方法步骤与破头乘法相同，容易掌握。

①乘算顺序

从被乘数的末位数与乘数的最高位数乘起，按照由高位至低位的顺序，将乘数乘完；然后按照上述顺序将被乘数由低位至高位依次乘完（同破头乘法）。

②加积规律

被乘数与乘数第几位相乘，相乘积的十位数就加在该被乘数的右几档，积的个位数加在十位数的右一档。

③定位

既可以采用定档定位法定位，也可以采用公式定位法定位。

例 15　　82×1 057＝86 674

运算步骤见表 1-3-6（图略）（公式定位法）。

表 1-3-6

盘面数 / 盘式档次　方法说明	一	二	三	四	五	六	七
（1）将被乘数 82 拨在算盘的左边，默记乘数	八	二					
（2）被乘数末位数 2 同乘数 1057 相乘	八	二					
二一　02	八	二	0	2			
二五　10	八	二			1	0	
二七　14						1	4
在算盘上拨去被乘数末位数 2							
盘面数值	八			2	1	1	4
（3）被乘数首位数 8 同乘数 1057 相乘	八						
八一　08	八		0	8			
八五　40	八			4	0		
八七　56	八				5	6	
在算盘上拨去被乘数首位数 8							
盘面数值			8	6	6	7	4
（4）定位：　2 位＋4 位－1 位＝5 位			8	6	6	7	4
乘积为				86 674			

◢◣ 实训任务

用隔位乘法计算下列各题(计算结果精确到 0.01)。

(1)250×43	(6)73.84×397	(11)9 413×2 306	(16)9 864×5 898
(2)0.869×26	(7)309×0.016	(12)83.4×0.189	(17)1 475×9 008
(3)7.48×0.003 5	(8)678×9.68	(13)47 246×5.02	(18)8 693×1 056
(4)58.2×8.09	(9)476×0.653	(14)75.42×407.3	(19)26.017×0.04
(5)253×406	(10)174×8 307	(15)0.329×0.075	(20)7 038×0.969

实训结果检查

(1)10 750	(6)29 314.48	(11)21 706 378	(16)58 177 872
(2)22.59	(7)4.94	(12)15.76	(17)13 286 800
(3)0.03	(8)6 563.04	(13)237 174.92	(18)9 179 808
(4)470.84	(9)310.83	(14)30 718.57	(19)1.04
(5)102 718	(10)1 445 418	(15)0.02	(20)6 819.82

(4)连乘法

乘数是两项或两项以上的乘法叫做连乘法,计算连乘积数叫连乘算。

①乘算顺序

被乘数与第一个乘数相乘,可以用空盘前乘法,也可以用破头乘法,然后用所得乘积作为被乘数用破头乘法与第二个乘数相乘,以此类推,直至乘完所有乘数,所得积数即为连乘的积数。

②定位方法

公式定位法 $a=m+n_1+n_2+\cdots\cdots+n_i-p$,其中:$a$ 为积的位数,m、n_1、n_2、$\cdots\cdots$、n_i 为被乘数和各个乘数的位数,p 为乘积首位前空档,即"位数相加,前档空几减几"。

固定个位档定位法 $a=m+n_1+n_2+\cdots\cdots+n_i$,其中:$a$ 为积的位数,m、n_1、n_2、$\cdots\cdots$、n_i 为被乘数和各个乘数的位数。如果用空盘前乘法,被乘数与第一个乘数相乘的积的最高位按已确定的位数从第 a 位拨置积数;如果用破头乘法,被乘数的最高位从第 a 位拨起。

例 16　$36×428×8.6=132\ 508.8$

先用空盘前乘法计算 36×428,再用乘积乘以 8.6,用公式定位法定位,运算步骤见表1-3-7(图略)。

表 1-3-7

盘面数 \\ 盘式档次 方法说明	一	二	三	四	五	六	七
(1)36×428							
三四 12	1	2					
三二 06		0	6				
三八 24			2	4			
盘面数值	1	2	8	4			
六四 24		2	4				
六二 12			1	2			
六八 48				4	8		
盘面数值	1	5	4	0	8		
(2)15 408×8.6	一	五	四	○	八		
八八 64	一	五	四	○	6	4	
八六 48						4	8
盘面数值	一	五	四	○	6	8	8
四八 32			3	2			
四六 24				2	4		
盘面数值	一	五	3	5	0	8	8
五八 40		4	0				
五六 30			3	0			
盘面数值	一	4	6	5	0	8	8
一八 08	0	8					
一六 06		0	6				
盘面数值	1	3	2	5	0	8	8
(3)定位: 2 位+3 位+1 位=6 位	1	3	2	5	0	8	8
乘积为	132 508.8						

例 17 6.2×29×4.02＝722.796

用固定个位档定位法在算盘上选定一档作为乘积的个位档,然后求出积的位数＝1 位+2 位+1 位＝4 位。用破头乘法先计算 6.2×29,再用乘积乘以 4.02,运算步骤见表 1-3-8(图略)。

表 1-3-8

盘面数 / 盘式档次　　方法说明	一	二	三	四 个位档	五	六	七
(1)6.2×29	六	二					
二二　04		0	4				
二九　18			1	8			
盘面数值	六	0	5	8			
六二　12	1	2					
六九　54		5	4				
盘面数值	1	7	9	8			
(2)1 798×4.02	一	七	九	八			
八四　32				3	2		
八二　16						1	6
盘面数值	一	七	九	3	2	1	6
九四　36			3	6			
九二　18					1	8	
盘面数值	一	七	3	9	3	9	6
七四　28		2	8				
七二　14				1	4		
盘面数值	一	3	2	0	7	9	6
一四　04	0	4					
一二　02			0	2			
盘面数值		7	2	2	7	9	6
(3)定位： 1 位＋2 位＋1 位－ 1 位＝3 位		7	2	2	7	9	6
乘积为				722.796			

实训任务

分别用空盘乘法和破头乘法计算下列各题(计算结果精确到 0.01)。

(1)201×98×72	(6)308×73×19	(11)372×2 709×89	(16)5 013×45×83
(2)0.537×2.06×59	(7)46×387×8.4	(12)28×1 032×0.54	(17)405×213×12
(3)16×701×0.54	(8)92×4 059×0.206	(13)2 956×27×0.59	(18)29×61×3 567
(4)458×43×0.3907	(9)1 437×85×93	(14)814×36×14	(19)71.36×98.17×42
(5)89×873×61	(10)0.4708×5.87×16	(15)58×6.75×173	(20)731×4 591×6.17

实训结果检查

(1)1 418 256	(6)427 196	(11)89 689 572	(16)17 723 555
(2)65.27	(7)149 536.8	(12)15 603.84	(17)1 035 180
(3)6 056.64	(8)76 926.17	(13)47 089.08	(18)6 310 023
(4)7 694.45	(9)11 359 485	(14)410 256	(19)294 227.27
(5)4 739 517	(10)44.22	(15)67 729.5	(20)20 706 649.57

实训任务

全国珠算技术等级鉴定模拟题(乘算)

普通四级(限时 5 分钟)

一	316×645=	六	49×8 015=
二	702×9 327=	七	561×308=
三	9 402×82=	八	74×3 945=
四	7 416×89=	九	1.42×3.825=
五	9.1×0.830 5=	十	5 106×76=

保留两位小数,以下四舍五入

实训结果检查

一	203 820	六	392 735
二	6 547 554	七	172 788
三	770 964	八	291 930
四	660 024	九	5.43
五	7.56	十	388 056

活动二 简捷乘法

1. 空盘穿梭乘法

空盘穿梭乘法是空盘前乘法与空盘后乘法的结合运算,往返双向乘算加积入盘的一种简易乘法。空盘穿梭乘法由于双向加积,从而有效地利用了单向加积的空返时间,而且能避免因找错起乘档而造成的错误,既有利于提高计算速度,又有利于提高准确性,是比较容易掌握而被广泛使用的计算方法。

(1)乘算顺序

被乘数的最高位按照由高位至低位的顺序与乘数各位相乘;被乘数的次位数按照由低位至高位的顺序与乘数各位相乘;被乘数的第三位再按照由高位至低位的顺序与乘数各位相乘,如此往返穿梭乘算。即被乘数的奇位数有效数字由左向右顺算,偶位数由右向左逆算。

(2)加积规律

①每次往返加积的起乘档,都是前次乘积的个位档。前次乘积的个位档,就是下次加积的十位档。

②顺乘时,按照"前次加积的个位档,就是后次加积的十位档"的规律加积;逆乘时,按照"前次加积的十位档,就是后次加积的个位档"的规律加积。

(3)用空盘穿梭乘法计算两因数夹零的题目时要注意**移档规律**

①被乘数夹零时,无论顺乘还是逆乘,夹几个零,右手食指就向右移几档。

②乘数夹零时,如果顺乘,夹几个零,手指就向右移几档,移后的末位档是下次加积的十位档;逆乘时,夹几个零,手指向左移几档,移后的末位档是下次加积的个位档。

例 18 7.34×8 976＝65 883.84

运算过程见表 1-3-9。

表 1-3-9

运算说明	档位								盘式有效数字							
	1	2	3	4	5	6	7	8								
左→右(7×8976)																
七八 56	5	6														
七九 63		6	3													
七七 49			4	9												
七六 42				4	2				6	2	8	3	2			
右→左(3×8976)																
三六 18				1	8											
三七 21				2	1											
三九 27			2	7												
三八 24		2	4						6	5	5	2	4	8		
左→右(4×8976)																
四八 32		3	2													
四九 36			3	6												
四七 28				2	8											
四六 24					2	4			6	5	8	8	3	8	4	
定位:1位+4位=5位									6	5	8	8	3	8	4	
乘积为	65 883.84															

例 19 39.02×7 604＝296 708.08

运算过程见表 1-3-10。

表 1-3-10

运算说明	档位								盘式有效数字							
	1	2	3	4	5	6	7	8								
左→右(3×7604)																
三七 21	2	1														
三六 18		1	8													
三四 12				1	2				2	2	8	1	2			
右→左(9×7604)																
九四 36					3	6										
九六 54			5	4												
九七 63		6	3						2	9	6	5	5	6		
左→右(2×7604)																
二七 14				1	4											
二六 12					1	2										
二四 08						0	8		2	9	6	7	0	8	0	8
定位:2位+4位=6位									2	9	6	7	0	8	0	8
乘积为	296 708.08															

◆ **实训任务**

用空盘穿梭乘法计算下列各题(计算结果精确到 0.01)。

(1)6 742×981	(6)781×509	(11)52.913×2.364	(16)58.129×7.504
(2)324×6 450	(7)293×7.12	(12)0.325×0.109 8	(17)6.403×21.028
(3)8.23×17.9	(8)7 651×607	(13)4.30×0.083 04	(18)3.04×0.580 17
(4)47.8×3 067	(9)0.653 2×90.81	(14)86.039×60.63	(19)1 750×39 620
(5)90.4×57.61	(10)809.4×0.047 5	(15)75.480×0.084	(20)20 468×40.75

实训结果检查

(1)6 613 902	(6)397 529	(11)125.09	(16)436.20
(2)2 089 800	(7)2 086.16	(12)0.04	(17)134.64
(3)147.32	(8)4 644 157	(13)0.36	(18)1.76
(4)146 602.60	(9)59.32	(14)5 216.54	(19)69 335 000
(5)5 207.94	(10)38.45	(15)6.34	(20)834 071

2. 省乘法

在多位小数乘法运算中,由于小数的位数多,则计算工作量必然大,而实际乘积并不需要很多位小数。这时若仍按基本乘法逐位相乘求出全部积数实无必要,只要按精确度要求的位置保留部分小数,其余各位小数经四舍五入处理后舍弃即可。省乘法就是在不影响精确度要求的情况下省略一部分数字,从而减少运算过程的一种简捷算法。

省乘法的计算步骤为:

(1)定位与置数:根据固定个位档确定头档或置数档。如用置数乘法运算时,还须置上被乘数。

(2)确定压尾档:根据要求的精确度在算盘上找出精确档,再向右多移两档,以保证四舍五入处理积数的准确性,并在其右一档,拨入上下全部算珠,作为压尾档。压尾档就是运算的终止档。

(3)运算:乘算时,当部分积落在压尾档上时,要进行四舍五入处理,落在压尾档以右的部分积全部舍弃,不再运算。

(4)确定乘积:运算完毕,按预定的精确度要求,对盘上的乘积进行四舍五入处理,取积的近似值。

例 20 2.568×4.367 5=11.22(计算结果精确到 0.01)

用空盘乘法运算,运算过程见表 1-3-11。

表 1-3-11

运算过程	盘式							
	+2	+1	0	−1	−2	−3	−4	−5
被乘数 2×43675								
二四 08	0	8						
二三 06		0	6					
二六 12			1	2			压	
二七 14				1	4		尾	
二五 10					1	0	档	
盘面数值		8	7	3	5	0		
被乘数 5×43675							压	
五四 20		2	0				尾	
五三 15			1	5			档	
五六 30				3	0			
五七 35					3	5		
五五 25						2	5(入)	
盘面数值	1	0	9	1	8	8		
被乘数 6×43675								
六四 24			2	4				
六三 18			1	8				
六六 36				3	6			
六七 42					4		2(舍)	
六五 30						3	3(舍)	
盘面数值	1	1	1	8	0	8		
被乘数 8×43675								
八四 32				3	2			
八三 24					2	4		
八六 48						4	8(入)	
盘面数值	1	1	2	1	5	7		
乘积为	11.22							

■ 实训任务

请用省乘法计算下列各题(计算结果精确到 0.01)。

(1)6.394 5×8.173	(6)2.703×0.014 38	(11)83.209×5.617	(16)79.06×38.142
(2)20.649 8×5.704	(7)3.716 2×9.418 7	(12)51.03×0.067 4	(17)5.498×2.137 7
(3)31.524 9×6.231	(8)72.008 3×21.96	(13)92.18×6.207 5	(18)98.01×57.026
(4)93.267 6×1.984	(9)851.29×14.396	(14)15.84×32.039	(19)71.365×0.046
(5)0.765 3×8.093 4	(10)2.069 6×9.034	(15)27.507×5.278	(20)46.80×123.74

实训结果检查

(1)52.26	(6)0.04	(11)467.38	(16)3 015.51
(2)117.79	(7)35	(12)3.44	(17)11.75
(3)196.43	(8)1 581.30	(13)572.21	(18)5 589.12
(4)185.04	(9)12 255.17	(14)507.50	(19)3.28
(5)6.19	(10)18.70	(15)145.18	(20)5 791.03

3. 移积法

当被乘数中含有相同数字时,可先求出一个数字与乘数之积,而其他相同数字,不必再与乘数相乘,将已求出来的部分积移置过来,照样拨加在相应档次上,这种方法称为移积法,或称跟踪法,也叫随加法。将移积法结合到空盘前乘法中,可以改变乘算顺序,机动灵活,使运算由难变易。

例 21　$77.6 \times 2.345 = 182.0$(计算结果精确到 0.1)

运算过程见表 1-3-12。

表 1-3-12

运算说明	盘式						
	+3	+2	+1	0	−1	−2	−3
7×2345	1	6	4	1	5		
7×2345		1	6	4	1	5	
7×2345			1	6	4	1	5
−(1×2345)				−2	−3	−4	−5
盘面数值	1	8	1	9	7	2	0
乘积为	182.0						

实训任务

请用移积法计算下列各题(计算结果精确到 0.01)。

(1)707×879	(4)7.66×4.13	(7)163×621	(10)473×353
(2)916×583	(5)571×306	(8)0.336×0.437	(11)4.065×388
(3)80.4×5.27	(6)6.048×214	(9)3.96×0.047 8	(12)246×719

实训结果检查

(1)621 453	(4)31.64	(7)101 223	(10)166 969
(2)534 028	(5)174 726	(8)0.15	(11)1 577.22
(3)423.71	(6)1 294.27	(9)0.19	(12)176 874

评价分析 >>>

1.完成乘算的工作任务

熟记大九九口诀,在算盘上正确定位,采用基本乘算方法或者简捷乘算方法完成计算工作。

2. 完成工作任务结果评价

按照要求完成实训项目,由完成者与老师共同来评价实训完成情况。

(1)指法是否正确?

(2)是否在规定的时间内完成任务?

(3)计算结果是否正确?

3. 完成实训项目的收获

按照要求和规程完成了工作任务后,结合老师对完成工作任务结果的评价,你自己对完成此项工作任务有何收获? 请将你的收获写出来,与老师和同学们一起交流和分享你的收获吧!

任务四 除法技能

案例导入 >>>

小王毕业后自主创业,在自家小区创办一个蔬果超市,价格公道,服务态度好,每天顾客络绎不绝,生意很好。在电子称忙碌的时候,小王就利用在学校学习的珠算知识,快速地计算出顾客的购买数量和购买金额,又快又准,因此受到了顾客们的表扬。

案例分析 >>>

如果王大妈买20元的苹果,10元的鸭梨,小王该怎么样计算出王大妈的购买数量呢?

◆ 活动一 基本除法

1. 除法运算基本规则

除法是求一个数为另一个数的倍数的方法,它是乘法的逆运算,也是同一数连续相减的简便算法。在珠算除法中包含着珠算加、减、乘和各种运算方法与技巧,所以学习珠算除法既是珠算加、减、乘的综合运算,又是珠算四则的综合练习,具有重要意义。从实用角度看,珠算除法在财经工作中也是经常应用的。其基本运算规则是:

(1)用除数(法数)去除被除数(法数)时,应从左到右,先从被除数的最高位除起,依次除到最低位。

(2)珠算除法是用口诀乘积叠位递减,即每乘一位,将乘积退一位减去。

(3)被除数和除数不能交换位置。

相对于乘法计算方法来说,除法计算方法较少,总的分类有基本除法和其他除法两类,基本除法包括商除法和归除法;其他除法是针对一些具体情况所使用的简便算法。商除法的运算基础是大九九口诀,在上一单元中我们已作了详细介绍。归除法的运算基础——九归口诀,详见后面归除法。

2. 商的定位法

除法的定位与乘法的定位,其原理和方法基本相同,但定位方向相反。本章主要介绍两种方法,即定档定位法和公式定位法。

（1）定档定位法

定档定位法又称固定点定位法，它是根据珠算定位方法事先确定商数的个位固定点的方法。具体方法如下：

①固定个位档

在算盘上先确定一个有计位点的档为固定个位档，一般为中间适当档位，如图 1-4-1 所示。

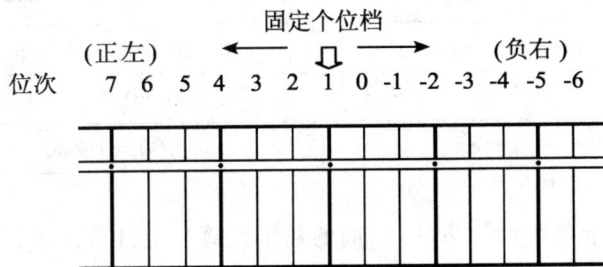

固定个位档

| | （正左） | ← □ → | （负右） |

位次　　7 6 5 4 3 2 1 0 -1 -2 -3 -4 -5 -6

图 1-4-1

图中"□"所指的档为个位档，个位档以左为正位，个位档的右一档为零位档，零位档以右为负位。

②定位规则

除法在运算前要先将被除数置于算盘上，被除数最高位数在算盘上的档次简称为置数档（起拨档）。

置数档或起拨档的定位公式为

不隔位除法（如归除法、商归除）：$a = m - n$

隔位除法（隔位商除法）：$a = m - n - 1$

式中　a——置数档或起拨档；

　　　m——被除数的位数；

　　　n——除数的位数。

例 1　$1\ 296 \div 24 = 54$（用不隔位除法），被除数为 4 位，除数为 2 位，商的位数为 $m - n = 4 - 2 = 2$ 位。如图 1-4-2、图 1-4-3 所示。

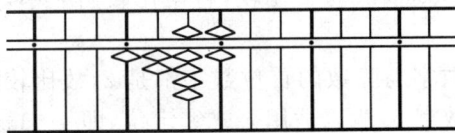

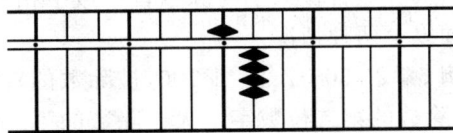

图 1-4-2　　　　　　　　　　　　　　图 1-4-3

例 2　$8\ 320 \div 26 = 320$（用隔位除法），被除数为 4 位，除数为 2 位，商的位数为 $m - n - 1 = 4 - 2 - 1 = 1$ 位，被除数 8 320 改为 1 位，定位拨入算盘，定出个位档。运算结果，商为"320"。如图 1-4-4、图 1-4-5 所示。

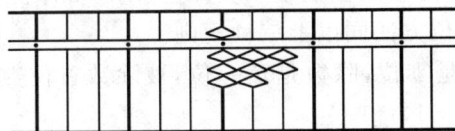

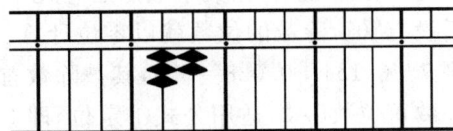

图 1-4-4　　　　　　　　　　　　　　图 1-4-5

◆ 实训任务

分别对下列各题定位。

1	0.268 8÷0.056 ——→48	6	25.6÷0.12 ——→21333
2	268 800÷0.56 ——→48	7	2.56÷0.012 ——→21333
3	2 688÷56 000 ——→48	8	0.256÷1 200 ——→21333
4	0.002 688÷0.005 6 ——→48	9	2 560÷0.12 ——→21333
5	26.88÷560 ——→48	10	256 000÷1 200 ——→21333

（2）公式定位法

公式定位法适用于各种计算方法,当商的数字在算盘上计算出来以后,根据被除数的位数与除数的位数用公式来确定商的位数。

定位公式为

$$b=m-n \qquad \qquad ①$$
$$b=m-n+1 \qquad \qquad ②$$

式中　b——商的位数;

　　　m——被除数的位数;

　　　n——除数的位数。

公式①、②的选用规则如下:

被除数和除数相除,当被除数首位数字比除数首位数字小时,即不够除时,用公式①定位,即 $b=m-n$。

例 3　$240÷6=40$,被除数的首位数字 2 比除数的首位数字 6 小,所以适用公式①定位,即 $3-1=2$ 位。

当被除数的首位数字比除数首位数字大时,即够除时,用公式②定位,即 $b=m-n+1$。

例 4　$817.5÷65.4=12.5$,被除数的首位数字 8 比除数的首位数字 6 大,所以适用公式②定位,即 $3-2+1=2$ 位。

当被除数首位数字与除数首位数字相等时,则依次向下比较,直至比较出大小,定位方法同以上两种情况。

例 5　$2 750÷2.5=1 100$,被除数的首位数字与除数的首位数字都是 2,故比较第二位,被除数的第二位数字 7 大于除数的第二位数字 5,所以适用公式②定位,即 $4-1+1=4$ 位。

例 6　$2 150÷2.5=860$,被除数的首位数字与除数的首位数字都是 2,而被除数的第二位数字 1 小于除数的第二位数字 5,所以适用公式①定位,即 $4-1=3$ 位。

在纯小数除法中,除数小数点后有几个"0",除数的位数就以负几位计算,如果除数小数点后没有"0",除数的位数就以零位计算。定位方法同以上三种规则。

例 7　$0.154÷0.028=5.5$,其被除数首位是零位,除数是负一位,被除数首位数字 1 小于除数首位数字 2,适用公式①定位,即 $0-(-1)=1$ 位。

公式定位法是目前珠算除法中应用最多的定位方法,其定位规则可以归纳为:位数相减,满档加一。

　　"位数相减"即被除数和除数位数相减。"满档加一"即计算时把算盘某一记位点（通常为算盘左起第三档）作为起拨档,若商的首位数字在记位点左边第一档（挨位）,称为"空档",用公式①定位,若商的首位数字在记位点左边第二档（隔位）,称为"满档",用公式②定位。

实训任务

采用公式定位法对下列各题定位。

1	25.6÷0.12 ——→21333	6	6 862÷73 ——→94
2	2.56÷0.012 ——→21333	7	0.068 62÷730 ——→94
3	0.256÷1 200 ——→21333	8	68 620÷0.073 ——→94
4	0.002 56÷0.001 2 ——→21333	9	68.62÷0.73 ——→94
5	2 560 000÷120 ——→21333	10	68 620÷7 300 000 ——→94

3. 除算基本方法

除算基本方法不多,在此我们介绍两种常用的方法,即隔位商除法和归除法。

（1）隔位商除法

商除法是用大九九口诀进行求商的方法,按置商档位不同,分为隔位除法和不隔位除法,一般用隔位商除法较为普遍。其运算程序大致分为估商、立商、减积、轮除等几个方面。

①除算顺序

自算盘左起第三档（适中档位亦可）起拨入被除数,凡是被除数和除数的各自首位或头两位数字相比,够除的都隔位置商,不够除的都挨位置商。

②减积规律

估商后,从被除数中减去商与除数的乘积,商与除数乘积的十位数字,从商的右面第一档减去,个位数字从商的右面第二档减去,商与除数第二位数字乘积的十位数字从商的右面第二档减去,个位数字从商的右面第三档减去,以此类推,直到末位,即"前次减积的个位档,就是下次减积的十位档",在拨珠的过程中指不离档,叠位相减,如有余数,要按以上规律进行续除。

③定位

既可以采用定档定位法定位,也可以采用公式定位法定位。

例8　94 248÷68＝1 386

运算过程及步骤见表1-4-1（本单元例题均采用公式定位法定位）。

表 1-4-1

方法说明		一	二	三	四	五	六	七	八	图示
(1)自算盘左起第三档置入被除数				9	4	2	4	8		
(2)第一轮除 94÷68，隔位立商 1	+	①		9	4	2	4	8		
减积 68×1	−			6	8					
盘面数值		①		2	6	2	4	8		
(3)第二轮除 26÷68 挨位立商 3	+		③							
减积 68×3	−			2	0	4	8			
盘面数值				5	8	4	8			
(4)第三轮除 58÷68 挨位立商 8	+			⑧						
减积 68×8	−			5	4	4	0	8		
盘面数值					4	0	8			
(5)第四轮除 40÷68 挨位立商 6	+				⑥					
减积 68×6	−				4	0	8			
盘面数值		①	③	⑧	⑥	4	0	8		

定位 5−2+1＝4 位　商：　1386

例9 0.104 55÷0.012 3＝8.5

运算过程及步骤见表1-4-2(图略)。

表 1-4-2

盘面数 ＼ 盘式档次 ＼ 方法说明	一	二	三	四	五	六	七
(1)算盘左起第五档置入被除数			1	0	4	5	5
(2)第一轮除 10÷12							
挨位立商8		+⑧					
减积 123×8		－		9	8	4	
盘面数值		⑧			6	1	5
(3)第二轮除 61÷12							
隔位立商5			+⑤				
减积 123×5			－			6	1	5
盘面数值		⑧	⑤				
(4)定位 0－(－1)＝1 位 商：				8.5			

实训任务

用隔位商除法计算下列各题(计算结果精确到0.01)。

1.

(1)342 161÷593	(2)512 560÷688	(3)404 736÷816	(4)116 358÷246	(5)416 852÷529
(6)564 438÷906	(7)57 096÷732	(8)5 891÷43	(9)68 155÷317	(10)391 864÷671

2.

(1)30.803 3÷4.51	(2)3 169.44÷56.8	(3)1.137 4÷0.267	(4)0.415÷0.083 9	(5)15.475 5÷2.85
(6)3.607 7÷0.825	(7)1.448÷1.56	(8)1.316 6÷0.641	(9)27.924 1÷4.72	(10)0.238÷0.973

实训结果检查

1.

(1)577	(2)745	(3)496	(4)473	(5)788
(6)623	(7)78	(8)137	(9)215	(10)584

2.

(1)6.83	(2)55.8	(3)4.26	(4)4.95	(5)5.43
(6)4.37	(7)0.93	(8)2.05	(9)5.92	(10)0.24

④补商

补商是在口诀估商后,经过将估商数与除数相乘后将乘积从被除数中减去,当发现余数大于除数时,需要进行二次立商的方法。用商除法估商比较困难,特别是在多位除法中,要发现估商偏小或偏大,只有在乘数结束时才能确定。在这种情况下,凡遇到商数偏小时,就要"隔档进商一",隔位减除数倍数,把估商偏小的一倍补上。

例 10　73 358÷853＝86

运算步骤及过程见表 1-4-3。

表 1-4-3

盘面数　　盘式档次 方法说明	一	二	三	四	五	六	七
(1)自算盘左起第三档置入被除数			7	3	3	5	8
(2)第一轮除 73÷85							
挨位立商 8		+⑧					
减积 853×8		－	6	8	2	4	
盘面数值		⑧	0	5	1	1	8
(3)第二轮除 51÷85							
挨位立商 5			+⑤				
减积 853×5			－	4	2	6	5
盘面数值		⑧	⑤	0	8	5	3
(4)第三轮除 85÷85							
隔位补商 1			+①				
减积 853×1			－		8	5	3
盘面数值		⑧	⑥				
(5)定位 5－3＝2 位　　　商:			86				

实训任务

用隔位商除法计算下列各题(注意补商)。

(1)319 620÷761	(6)484 298÷926
(2)4.973 1÷0.685	(7)448 695÷845
(3)0.201 608÷0.013 6	(8)15 746.5÷40.9
(4)26.019 2÷3.46	(9)288 792÷378
(5)125 856÷414	(10)11.328 8÷4.76

实训结果检查

(1)420	(6)523
(2)7.26	(7)531
(3)14.82	(8)385
(4)7.52	(9)764
(5)304	(10)2.38

⑤退商

退商是在乘积从被除数中减去时,发现余数不够减而需要从商数中退商的方法,即从初商中减去 1,并在余数中加上已被减过的那一部分除数。然后将乘积从被除数中减去。

例 11　116 358÷246＝473

运算步骤及过程见表 1-4-4。

表 1-4-4

盘面数　　　盘式档次　　　方法说明	一	二	三	四	五	六	七	八
(1)自算盘左起第三档置入被除数			1	1	6	3	5	8
(2)第一轮除 11÷24								
挨位立商5		+⑤						
减积246×5		—	1	0				
退商1,加乘积2×1		—①		+2				
继续减积,46×4		—		1	8	4		
盘面数值		④		1	7	9	5	8
(3)第二轮除 17÷24								
挨位立商7			+⑦					
减积246×7			—	1	7	2	2	8
盘面数值		④	⑦			7	3	8
(4)第三轮除 73÷24								
隔位立商3				+③				
减积246×3				—		7	3	8
盘面数值		④	⑦	③				
(5)定位 6—3=3 位　　　商：				473				

通过计算不难看出,商除法的难点是心算求商,心算试商时,最好看准。如果看不准则宁小勿大。偏小了可以补商,偏大了如中途发现,就要中途退商,容易出现差错。为了解决心算求商的困难,可使用口诀求商(以下均为挨位商口诀)。

1.二(指除数首位,以下同)除一(指被除数首位,以下同)商6。

2.三除一商4。

3.三除二商7。

4.四除倍加1(在被除数首位上先加大1倍之后再加1)。

5.五除商加倍(在被除数首位上加大1倍)。

6.六除商大2(在被除数首位上加大2)。

7.七、八除商大1(在被除数首位上加大1)。

8.九除商相同(在被除数首位上相同)。

9.头同(指被除数、除数首位相同)下小(指被除数第二位小于除数第二位)商7、8、9:

(1)头同(指头同是1者)下小(指小于3以上者)商7;

(2)头同(指头同是2者)下小(指小于3以上者)商8;

(3)头同(指头同是3~9者)下小商9。

◆ 实训任务

用隔位商除法计算下列各题(注意退商)。

		实训结果检查	
(1)342 161÷593	(6)30.803 3÷4.51	(1)577	(6)6.83
(2)512 560÷688	(7)3 169.44÷56.8	(2)745	(7)55.8
(3)404 736÷816	(8)1.137 42÷0.267	(3)496	(8)4.26
(4)116 358÷246	(9)0.415 305÷0.083 9	(4)473	(9)4.95
(5)416 852÷529	(10)15.475 5÷2.85	(5)788	(10)5.43

(2)归除法

归除法是用九归口诀、撞归口诀和退商口诀贯穿于整个除法运算。

①九归口诀

九归口诀(见表1-4-5)是归除法运算基础,要想快速得出商,必须熟记九归口诀。

表1-4-5　　　　　　　　　　　　　九归口诀

除数	单归	运用口诀				
1	一归	逢一进1	逢二进2	逢三进3	逢四进4	逢五进5
		逢六进6	逢七进7	逢八进8	逢九进9	
2	二归	二一改作5	逢二进1	逢四进2	逢六进3	逢八进4
3	三归	三一3余1	三二6余2	逢三进1	逢六进2	逢九进3
4	四归	四一2余2	四二改作5	四三7余2	逢四进1	逢八进2
5	五归	五一改作2	五二改作4	五三改作6	五四改作8	逢五进1
6	六归	六一下加4	六二3余2	六三改作5	六四6余4	六五8余2
		逢六进1	逢双六进2			
7	七归	七一下加3	七二下加6	七三4余2	七四5余5	七五7余1
		七六8余4	逢七进1	逢双七进2		
8	八归	八一下加2	八二下加4	八三下加6	八四改作5	八五6余2
		八六7余4	八七8余6	逢八进1		
9	九归	九一下加1	九二下加2	九三下加3	九四下加4	九五下加5
		九六下加6	九七下加7	九八下加8	逢九进1	

表中的九归口诀是根据一位除数分别除以1~9九个数字所应得的商和余数所编成的,共计61句。凡被除数能被除尽的,口诀用"逢几进几"和"改作几"来表示。例如4÷2=2,运算时将算盘上的被除数用"逢四进2"口诀将4拨去,然后在左档上拨上2,即为求得的商数。又如30÷6=5,运算时将算盘上的被除数用"六三改作5"口诀将3拨去,改作5,即为求得的商数。凡被除数不能被除尽的,口诀用"余"和"下加"来表示。例如30÷4=7余2,运算时将算盘上的被除数用"四三7余2",将3改为7,并在右档拨上2,即为商7余2。又如10÷6=1余4,运算时将算盘上的被除数用"六一下加4"口诀在右档拨上4,即为商1余4。未被除尽的余数仍要续除。

例12　128÷4=32

运算步骤见表1-4-6。

表 1-4-6

方法说明　　盘面数＼盘式档次	一	二	三	四	五	六	图示
置数 第一位相除 1÷4 四一 2 余 2		4		1	2	8	
				+	1		
				+	2	4	
初商				②	4	8	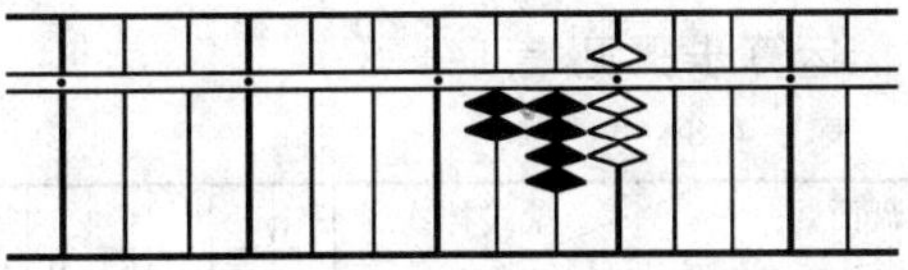
第二位相除"逢四进 1"			+	1			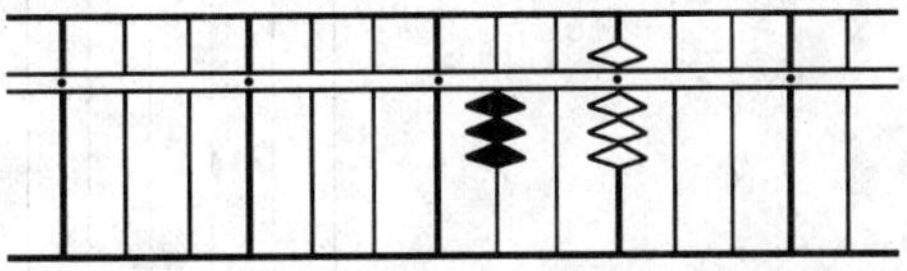
			—		4		
二商				③	0	8	
第三位相除"逢八进 2"			+		2		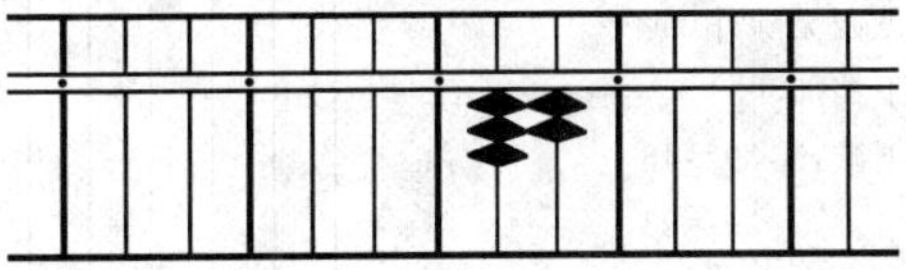
			—			8	
商：					32		

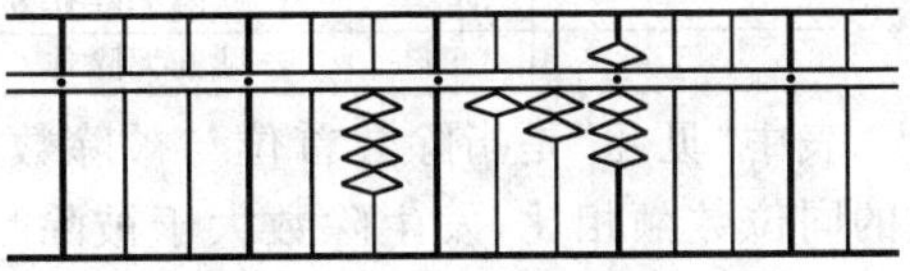

实训任务

以 123 456 789 为被除数，分别以一位数 1、2、3、4、5、6、7、8、9 为除数，边计算边念口诀，反复练习（计算结果精确到 0.01）。

②撞归口诀

在多位数除法中，有时会出现九归口诀不够用的情况，如除数和被除数的首位数字相同，但在第二位处，被除数比除数小，如使用九归口诀，就会发现被除数不够减除。在这种情况下，就要使用撞归口诀。撞归口诀共有九句，见表 1-4-7。

表 1-4-7

除数首位数	归	运用口诀	除数首位数	归	运用口诀
1	一归	见一无除作 91	6	六归	见六无除作 96
2	二归	见二无除作 92	7	七归	见七无除作 97
3	三归	见三无除作 93	8	八归	见八无除作 98
4	四归	见四无除作 94	9	九归	见九无除作 99
5	五归	见五无除作 95			

表中"见几"是指除数首位与被除数首位数字相同时的情况;"无除"是指被除数与除数的同位数额相比,发生除数大于被除数时而不能减除的情况,这时只能把被除数本档改作 9,把余数"几"加在右一档,称为"见几无除作 9 几"。

例 13　$45\,243 \div 457 = 99$

运算步骤见表 1-4-8。

表 1-4-8

盘面数　盘式档次　方法说明	一	二	三	四	五	六	七	八	九	图示
(1) 在盘面置数	4	5	7		4	5	2	4	3	
(2) 第一轮除 452÷457					+	5				
见四无除作 94										
下档加 4					+		4			
下减：5×9＝45							4	5		
7×9＝63								6	3	3
盘面数值					⑨	4	1	1	3	
(3) 第二轮除 411÷457						+	5			
见四无除作 94										
下档加 4						+		4		
下减：5×9＝45								4	5	
7×9＝63									6	3
盘面数值						⑨	⑨			
(4) 定位 5－3＝2 位　　商：						99				

③退商口诀

退商口诀是指在多位除法中用九归口诀和撞归口诀求出初商后,遇到余数不够减商的情况要使用的口诀,即把初商退一,同时补上多减的除数。退商口诀共九句,见表1-4-9。

表1-4-9

除数首位数	归	运用口诀	除数首位数	归	运用口诀
1	一归	无除退一下还1	6	六归	无除退一下还6
2	二归	无除退一下还2	7	七归	无除退一下还7
3	三归	无除退一下还3	8	八归	无除退一下还8
4	四归	无除退一下还4	9	九归	无除退一下还9
5	五归	无除退一下还5			

以上口诀中的"无除"和"退一"都是指商数过大不够减积,应把初商减去一,再在下一档加上减去的除数。在连续运算中,如果遇到"退一"后仍不够减,可再退回一。

例14 97 008÷376＝258

运算步骤见表1-4-10(图略)。

表1-4-10

盘面数 ╲ 盘式档次 ╱ 方法说明	一	二	三	四	五	六	七	八	九	十
(1)在盘面置数 第一轮除9÷3 逢九进3	3	7	6	+ −	3	9 9 3	7 0	0	0	8
退商无除退一下还3				− +	1	3	7	0	0	8
				②		3 1	7 4	1	2	8
下减:7×2＝14 6×2＝12 盘面数值				−		②	2	1	8	0	8
(2)第二轮除2÷3 三二6余2				+		②	2 6 3	8	0	8
退商无除退一下还3				− +			1 3			
				②	⑤	6	3 5	8	0	8
下减:7×5＝35 6×5＝30 盘面数值				− −		②	⑤	3 3	5 0	0	8
(3)第三轮除3÷3 撞归见三无除作93				+			3			
				②	⑤	9	3 0	8	0	8
退商无除退一下还3				− +			1 3			
				②	⑤	⑧	6	6 0	0	8
下减:7×8＝56 6×8＝48 盘面数值				− −		②	⑤	⑧	5	6 4	8
(4)定位 5−3+1＝3 位 商:						258				

④立商

归除法的立商是指商的档位,及把商拨入算盘的过程。归除法的商数由被除数改成,当两数相除时,先根据九归口诀求出所要求的商数和余数,然后把本档改为商,下档加上余数。这比商除法在被除数之前另立一处简易得多,而且也不易错位。归除法的第二位是在下档以商数乘以除数的第二位、第三位等,逐步从被除数余额中减去,与商除法相比,既省去了商数与除数首位相乘的手续,又避免了采用隔位立商和隔位减除数的手续,提高了运算效率。

◆ 实训任务

用归除法计算下列各题(注意撞归与退商)。

(1)342 161÷593	(6)30.803 3÷4.51
(2)512 260÷688	(7)3 169.44÷56.8
(3)404 736÷816	(8)1.137 42÷0.267
(4)116 358÷246	(9)0.415 305÷0.083 9
(5)416 852÷529	(10)15.475 5÷2.85

实训结果检查

(1)577	(6)6.83
(2)744.56	(7)55.8
(3)496	(8)4.26
(4)473	(9)4.95
(5)788	(10)5.43

(3)连除法

除数是两项或两项以上的除法叫做连除法。

①除算顺序

用被除数除以第一个除数,求出商后作为第二个除数的被除数,以此类推,直到除完所有的除数为止。

连除法计算时,既可以采用隔位商除法,也可以采用不隔位商除法,还可以采用归除法,但在同一道题中,前后要统一,不能采用两类除法。

②定位方法

连除法一般采用固定个位档定位法比较实用。首先选定商的个位档,再拨置被除数计算。

采用隔位商除法计算,定位公式为 $b=m-n_1-n_2-\cdots\cdots-n_i-p$

采用不隔位商除法计算,定位公式为 $b=m-n_1-n_2-\cdots\cdots-n_i$

采用归除法计算,定位公式为 $b=m-n_1-n_2-\cdots\cdots-n_i$

其中,b 为被除数首位的置数档或起拨档;m、n_1、n_2、$\cdots\cdots$、n_i 为被除数和各个除数的位数;p 为除数的个数。

例 15 367 200÷25÷36=408

采用隔位商除法计算,运算步骤见表 1-4-11(图略)。

表 1-4-11

盘面数　盘式档次　方法说明	一	二	三	四个位档	五	六	七	八	九	十
(1)367 200÷25					3	6	7	2	0	0
隔位立商1,减积25×1			1		2	5				
盘面数值			1		1	1	7	2	0	0
挨位立商4,减积25×4			1	4	1	0	0			
盘面数值			1	4	1		7	2	0	0
挨位立商6,减积25×6			1	4	6	1	5	0		
盘面数值			1	4	6		2	2	0	0
挨位立商8,减积25×8			1	4	6	8	2	0	0	
盘面数值			1	4	6	8		2	0	0
挨位立商8,减积25×8			1	4	6	8	8	2	0	0
盘面数值			1	4	6	8	8			
(2)14 688÷36		1	4	6	8	8				
挨位立商4,减积36×4	4	1	4	4						
盘面数值	4		2		8	8				
挨位立商8,减积36×8	4	0	8	2	8	8				
盘面数值	4	0	8							
商为:				408						

实训任务

用连除法计算下列各题(计算结果精确到 0.01)。

(1)271 584÷82÷16	(6)0.998 4÷0.032÷48
(2)2 096 576÷94÷328	(7)217.152÷64÷0.087
(3)46 410÷42÷17	(8)3.032 82÷0.049 8÷0.7
(4)137 826÷26÷57	(9)51 204.08÷932÷8.2
(5)694 144÷44÷272	(10)21 411÷73.2÷26

实训结果检查

(1)207	(6)0.65
(2)68	(7)39
(3)65	(8)87
(4)93	(9)6.7
(5)58	(10)11.25

实训任务

全国珠算技术等级鉴定模拟题(除算)

普通四级(限时 5 分钟)

一	175 718÷206=	六	14 705÷17=
二	1.263 3÷0.14=	七	68.818÷93.2=
三	197 335÷305=	八	264 402÷486=
四	70 030÷82=	九	28 117÷907=
五	214 512÷654=	十	61 425÷819=

实训结果检查

一	853	六	865
二	9.02	七	0.74
三	647	八	544.04
四	854.02	九	31
五	328	十	75

◆ 活动二　简捷除法

1.定身除法

定身除法是在除数首位数字是"1",而次位是"0",或者除数首位数字是"9",经补数后可以成为"1"的整数时,利用被除数首位作为试商,使其首位数字本身可以不参加运算,以简化手续。定身除法有两种:一种是定身减除法,适用于除数首位数字为 1(或 10)的情况;另一种是定身加除法,适用于除数首位数字为 9 的情况。

(1)定身减除法

定身减除法适用于除数首位数字是"1",次位是"0",而被除数首位数字又比除数首位数字大的除法。

①运算程序

将盘面被除数首位数字作为立商,每一轮除均在商右第一档起减去商与除数的第三、第四等各位数字的乘积,叠位相减,最后求出商数。这样可以省略置商和减除首位商积的运算手续。

②定位

采用公式定位法来进行定位。

例 16　$537\,624 \div 1\,026 = 524$

运算步骤见表 1-4-12(公式定位法)。

表 1-4-12

盘面数　　盘式档次 方法说明	一	二	三	四	五	六	七	图示
(1)在算盘的右面档位拨入被除数	5	3	7	6	2	4		
(2)第一轮除立商 5 减积 026×5			1 2	3 4	0 6	2	4	
盘面数值		⑤	2	4	6	2	4	
(3)第二轮除立商 2 减积 026×2	—			5 4	2 1	0	4	
		⑤	②	4	1	0	4	
盘面数值		⑤	②	4	1	0	4	

（续表）

盘面数 / 盘式档次 方法说明	一	二	三	四	五	六	七	图示
(4)第三轮除立商4减积026×4	一			④	1	0	4	
盘面数值		⑤	②	④				

| (5)定位 6－4＋1＝3 位 | 商： | | | | 524 | | | |

（2）定身加除法

定身加除法适用于除数首位为9（或接近9）的情况，其中除数经补数后成为整数10。如除数976，经补数24后，除数成为1 000，在运算时将补数作为除数实行轮除，较为简捷。

① 运算程序

每一轮除均以盘面的被除数首位数字作为立商，然后将商与补数相乘，分别加在被除数的余额上（自商的右面第一档起叠位相加），最后减去除数，加上商数1，余额结平。

② 定位

采用公式定位法来进行定位。

例17 524 388÷982＝534

运算步骤见表1-4-13。

表1-4-13

盘面数 / 盘式档次 方法说明	一	二	三	四	五	六	七	图示
(1)在算盘的右面档位拨入被除数	5	2	4	3	8	8		
(2)第一轮除立商5 加乘积18×5			0	9	0			
盘面数值		⑤	3	3	3	8	8	
(3)第二轮除立商3 加乘积18×3	＋			0	5	4		
盘面数值		⑤	③	3	9	2	8	

（续表）

盘面数　盘式档次　方法说明	一	二	三	四	五	六	七	图示
（4）第三轮除立商3　加乘积18×3	+				0	5	4	
盘面数值		⑤	③	③	9	8	2	
（5）加商数1减除数　982×1	－				9	8	2	
盘面数值		⑤	③	④				
（6）定位6－3＝3位　商：					534			

实训任务

用定身除法计算下列各题。

(1)12 054÷98	(6)450 282÷994	(11)7 980÷105	(16)430 346÷1 042
(2)81 754÷997	(7)12 486.6÷991	(12)9 152÷104	(17)7 383÷107
(3)953.28÷9.93	(8)74 291.36÷993.2	(13)8 453÷107	(18)3 586 288÷100.4
(4)79 460.25÷999.5	(9)73.507 448÷0.998 2	(14)398 896÷10.7	(19)2 493 398÷1 003
(5)61 212 592÷9 989	(10)454 176÷996	(15)2 382 912÷100.8	(20)676 804÷1 076

实训结果检查

(1)123	(6)453	(11)76	(16)413
(2)82	(7)12.6	(12)88	(17)69
(3)96	(8)74.8	(13)79	(18)35 720
(4)79.5	(9)73.64	(14)37 280	(19)2 485.94
(5)6 128	(10)456	(15)23 640	(20)629

2.省除法

在多位数除法中，经常遇到被除数和除数数字较长而对商数只要求达到近似值的情况，这时可在运算中把被除数或除数的尾数截去，使运算简捷，其主要步骤是先确定位数，后确定截止位置，运算时超线即停。

（1）计算方法与步骤

①确定截取公式：被除数和除数按截取公式确定截取的有效数字，舍去的第一位数字

按四舍五入处理。

截取公式为被除数位数减除数位数加要求保留的小数位数加2。

②确定压尾档：按照已截好的数字，把被除数拨在算盘上，并在末数的右一档拨上下珠靠梁作为压尾档的标记。

③运算：每位商数乘除数的积数，从被除数右面相应的档位上依次减去，当减到压尾档时，按四舍五入处理。如果余数大于等于除数前两位数字的一半时，商的末位数加1，小于一半时舍去不计。

（2）定位

可采用算前的固定个位档定位法定位或公式定位法定位。

例18 59.438 652÷87.431 2＝0.68（计算结果精确到0.01）

采用隔位商除法，运算过程见表1-4-14。

表 1-4-14

运算过程	+1	0	−1	−2	−3	−4	−5
(1)根据截取公式确定被除数5944按定点定位法置入			5	9	4	4	压尾档
(2)挨位立商6,减6×8743			⑥	4	8		
					4	2	
					2	4	
						1	2 舍
盘面数值					6	9	8
(3)挨位立商7,减7×8743			⑦	5	6		
					4	9	
						2	2 舍
						6	
盘面数值					8		
余数86超过除数前两位的一半,进位1,商:				0.68			

实训任务

用省除法计算下列各题（计算结果精确到0.01）。

(1)4.576 9÷6.957 2	(6)4.869 9÷6.894 3	(11)358.91÷589.07	(16)0.358 9÷6.493 5
(2)597.493÷74.325	(7)9.345 8÷8.395 7	(12)46.058 3÷0.459	(17)88.63÷85.423
(3)1.386 5÷7.635 8	(8)24.368÷73.468	(13)28.876÷66.489	(18)31.67÷26.54
(4)253.81÷169.35	(9)906.78÷3 964.67	(14)652.365÷0.187	(19)8.965 8÷4.058 1
(5)6.357÷85.413 7	(10)28.382 4÷7.449	(15)0.012 3÷0.045 6	(20)67.451÷98.37

实训结果检查

(1)0.66	(6)0.71	(11)0.61	(16)0.06
(2)8.04	(7)1.11	(12)100.34	(17)1.04
(3)0.18	(8)0.33	(13)0.43	(18)1.19
(4)1.50	(9)0.23	(14)3 488.58	(19)2.21
(5)0.07	(10)3.81	(15)0.27	(20)0.69

◆◆ 活动三　开平方法

用珠算开平方是我国早已流传的方法,它既实用又方便,但近年来随着电子计算器的普及,珠算开方的算法就不为人们所重视了。其实,学习珠算开方对开发智力很有帮助,它可以提高人的数理概念,启发人的思维能力。

什么是珠算开平方? 一个数自乘以后,就可以得出积数。这两个数的关系是,后者是前者的平方数,前者是后者的平方根。如 $9 \times 9 = 81$ 或者写成 $9^2 = 81$,81 是 9 的平方数,9 是 81 的平方根。所谓珠算开平方,就是利用算盘求出某数的平方根。

珠算开平方有商除开平方和归除开平方两种,但它们除了在求商的方法和平方根置放的位置方面不同外,其他的过程和步骤基本相同。

1. 商除开平方

(1)分节:先将被开方数分节,从个位起向左每两位分一节,小数部分向右每两位分一节。如最左或最右一节内,只有一位数时,也要按一节看待。分节后即可以定出根位,整数部分有几节就有几位整数根,小数部分有几节就有几位小数根。

(2)求第一位根:用心算在第一节内求出初根,就是以第一节数中所包含的最大平方数作为第一位根。初根求出后,就把初根拨在该节前的三档上(即第一节与第一位根中间空两档),然后再从第一节内减去初根的平方数。

(3)余数折半:把减去初根平方所剩的余数用 2 去除(用商除法),使余数折半。

(4)求第二位根:用初根去除折半后的余数首位(或前二位),求出一位商数,作为第二位根。在余数中减去新根(此处是第二位根)与旧根(此处是第一位根)的乘积,然后在新根后的第二档上减去新根平方数一半的十位数,第三档上减去个位数,求得第二位根。

(5)求第三位根:用已求的第一、二位根作除数去除余数,求出一位商数,作为第三位根。在余数中减去新根(此处是第三位根)与旧根(此处是第一、二位根)的乘积,然后在新根后的第三档上减去新根平方数一半的十位数,第四档上减去个位数,求得第三位根。

(6)求第四位或四位以上各根:同样是以得出的几位根作除数去除余数,求出一位商数。在余数中减去新根与旧根的乘积,然后新根是第几位,就在新根后第几档上起减去新根平方数一半的十位数,这一档的后一档上减去个位数,直到开尽或求到所需位数为止。

综上所述,除求初根外,每求一次根,都要减一次该根的平方半数。如能熟记"折半平方九九"口诀,则可提高拨算速度。

"折半平方九九"口诀如下:一一得半,二二得二,三三得四半,四四得八,五五一二五,六六得一八,七七二四半,八八得三二,九九四零半。

下面对商除法开平方进行举例说明。

例 19　$\sqrt{232\ 324} = 482$

运算过程见表 1-4-15。

表 1-4-15

说 明	盘 式								
分节,盘左第四档置被开方数				2	3	2	3	2	4
第一节是"二三"									
第一节"二三"求第一位根"4"拨在第一档	四			2	3	2	3	2	4
在第一节中减去第一位根的平方 4^2(即 4×4)	四				7	2	3	2	4
用商除法将余数折半	四				3	6	1	6	2
用"4"除"三六"得第二位根"8"	四	八			3	6	1	6	2
减新旧根之积 8×4	四	八				4	1	6	2
减新根平方半 32	四	八				1	9	6	2
用"48"除"九六"得第三位根"2"	四	八	二				9	6	2
减新旧根之积 2×48	四	八	二				2		
减新根平方半 2	四	八	二						

例 20 $\sqrt{0.034\,969} = 0.187$

运算过程见表 1-4-16。

表 1-4-16

说 明	盘 式								
分节,盘左第五档置被开方数					3	4	9	6	9
第一节是"〇三"									
第一节"〇三"求第一位根"1"拨在第一档	一				3	4	9	6	9
在第一节中减去第一位根的平方"1"	一				2	4	9	6	9
用商除法将余数折半	一			1	2	4	8	4	5
用"1"除"一二"得第二位根"8"	一	八		1	2	4	8	4	5
减新旧根之积 8×1	一	八			4	4	8	4	5
减新根平方半 32	一	八			1	2	8	4	5
用新根"18"除"一二"得第三位根"7"	一	八	七		1	2	8	4	5
减新旧根之积 7×18	一	八	七				2	4	5
减新根平方半 24.5	一	八	七						

实训任务

用商除法求下列各题平方根(保留两位小数,以下四舍五入)。

$\sqrt{841}$ $\sqrt{8\,836}$ $\sqrt{5\,929}$ $\sqrt{0.828\,1}$ $\sqrt{13.225}$ $\sqrt{0.033\,225}$ $\sqrt{20.250}$

2. 归除开平方

归除开平方和商除开平方基本相似,不同之处有:

(1)置根、减积的规则按归除的规则来处理。

(2)置被开方数时,第一节前只留一档(如第一节只有一位数,也要做两位数来看,中间空一档)。第一位根置在第一节前的那档上。

(3)由于归除试商用口诀,得出试商时已减去新根与第一位根之积,所以在减新根与旧根之积时,只从第二位根起减。

(4)减新根与旧根之积及新根平方数一半的位置,都按归除处理,即比照商除的减积位置左移一位。

下面对归除法开平方进行举例说明。

例 21 $\sqrt{7056}=84$

运算过程见表 1-4-17。

表 1-4-17

说明	盘式				
分节,盘左第二档置被开方数,第一节是"七○"		7	0	5	6
第一节"七○"求第一位根"8",拨在该节前一档	八	7	0	5	6
在第一节中减去"8"的平方"64"	八	0	6	5	6
用归除法将余数折半	八	0	3	2	8
用"8"去除"三二"(八三下加六,逢八进一)	八	四			8
第二位根得"4"	八	四			
减新根平方半8	八	四			

例 22 $\sqrt{39650.3184}=199.12$

运算过程见表 1-4-18。

表 1-4-18

说明	盘式										
分节,盘左第三档置被开方数,第一节是"○三"			3	9	6	5	0	3	1	8	4
第一节"○三"求根"1",拨在第一档	一		3	9	6	5	0	3	1	8	4
在第一节中减去"1"的平方"1"	一		2	9	6	5	0	3	1	8	4
用归除法将余数折半	一		1	4	8	2	5	1	5	9	2
用"1"去除余数"一"(见一无除作九一)	一	九		5	8	2	5	1	5	9	2
减新根平方半(九九四○半)	一	九		1	7	7	5	1	5	9	2
用"19"去除余数"一七"(见一无除作九一)	一	九	九		8	7	5	1	5	9	2
减二根与新根之积9×9	一	九	九		0	6	5	1	5	9	2
减新根平方半(九九四○半)	一	九	九		0	2	4	6	5	9	2
用"199"去除余数(逢一进一)	一	九	九	一		1	4	6	5	9	2
减新根与旧根之积1×99	一	九	九	一		0	4	7	5	9	2
减新根平方半0.5(一一得半)	一	九	九	一		0	4	7	5	4	2
用"1991"去除余数(逢二进二)	一	九	九	一	二		2	7	5	4	2
减新根与旧根之积2×991	一	九	九	一	二		0	7	7	2	2
减新根平方半2(二二得二)	一	九	九	一	二		0	7	7	2	

实训任务

用归除法求下列各题平方根(保留两位小数,以下四舍五入)。

$\sqrt{961}$　　$\sqrt{3249}$　　$\sqrt{86.49}$　　$\sqrt{0.5776}$　　$\sqrt{0.005184}$　　$\sqrt{26.7289}$

$\sqrt{2360.7881}$

评价分析>>>

1.完成除算的工作任务

正确进行商定位,采用基本除算方法或者简捷除算方法完成计算工作。

2.完成工作任务结果评价

按照要求完成实训项目,由完成者与老师共同来评价实训完成情况。

(1)指法是否正确?

(2)是否在规定的时间内完成任务?

(3)计算结果是否正确?

(4)查找错误原因。

3.完成实训项目的收获

按照要求和规程完成了工作任务后,结合老师对完成工作任务结果的评价,你自己对完成此项工作任务有何收获? 请将你的收获写出来,与老师和同学们一起交流和分享你的收获吧!

任务五　珠算式心算及珠脑结合算法

案例导入>>>

珠心算是珠算在新时期发生质的变革所产生的新生事物,它不仅优化了珠算的计算功能,还发掘了教育功能和启智功能,将传统的珠算技术赋予了新生命、新价值,这种可以提高人们素质的科学技术,已得到世人的共识,并且必将为推动人类的进步做出应有的贡献。你知道吗? 中国几次的大型人口普查,其大量基础数字的计算都是应用珠算完成的,甚至对于一些高科技数据也要使用珠算计算,如中国三十年前研制原子弹时,大量的计算是通过珠算完成的……因此,发展珠心算的教育意义是深远的。

案例分析>>>

学习完珠算基础知识后,应该如何学习珠心算及珠脑结合算法,并掌握常规化的训练要领呢?

◆ 活动一　珠算式心算概述

心算是一种智力活动,其方式多种多样。只靠直觉得出结果的是概念式心算,按笔算模式在脑子里进行演算的是笔算式心算,应用运算定律、特殊公式进行简捷计算的是速算。这些心算方式由于记忆负担较重,只能对简单的较小数目或特殊数目进行计算,有一定的局限性。珠算式心算(简称珠心算)与以上的心算方式有本质的不同,它是凭借算珠的直观形象,按照珠算模式在脑子里浮动变换进行计算。它的基础是熟练的珠算技能,经过一定时间和一定程序的"假拨珠"训练,即可逐步形成"脑子里打算盘"。

掌握珠算式心算加减法技能要遵循以下几个步骤,还要刻苦加以研习,方能达到熟练的程度。

1. 认识算母

将算珠影像印在脑子里是进行珠算式心算的基础,这时的算珠就成为珠算式心算的"算母"。认识算母,必须在算盘上进行,也可通过制作动珠码卡片等辅助手段加深对 26 个动珠码的印象。在刚开始训练时要经常"说珠"、"想珠",以便在大脑中记住 26 个动珠码形象,力争达到一看算盘图像就能立即在脑中储存起来,也能马上说出这个算盘图像所表示的数值,练好这一步是学好珠算式心算的基础。

2. 在实盘或无珠算盘上仿拨练习

所谓在无珠算盘上仿拨就是眼看无珠算盘,手指模拟拨珠动作进行计算。有的算盘在反面加装一块底板,画上无珠算盘;有的画一张"无珠算盘"(见图 1-5-1),在图上进行模拟拨珠训练。通过反复训练,就能够有效地将算母"印"在脑子里。另外,打算盘与心算训练要交替进行,做到良性互补,以逐步脱离算盘,让算珠真正成为心中的算母。

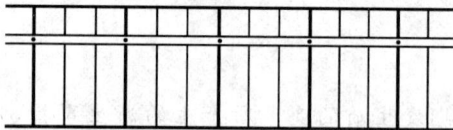

图 1-5-1

3. 将数"译"珠

将数"译"珠是从珠到数的逆向训练。要达到一听到(或看到)六位以下的数,就能把数字迅速"翻译"成算珠,在脑中浮现出"虚珠"的图像来,并能立即在算盘上拨下该数。练好这一步也是学好珠算式心算的基础和重要环节。练习时,先练闭目听数拨空,逐步发展为不闭目听数拨空,再练看数拨空。速度从慢到快,数位从少到多,"虚珠映像"从模糊到清晰。

4. 静珠到动珠

珠算式心算的关键是把储存在脑中的算珠图像,由"静珠"状态转化为"动珠"状态。一般人看了盘式之后,脑海中不会出现算盘图像,这是因为对算盘接触得少,印象淡薄的缘故。通过较长时间的训练,脑中就会浮现算盘图像,这要靠频繁的刺激。所以,首先在熟练掌握算盘操作的基础上,在脑中建立静珠图像。然后,通过听数记数,看数记数,数"译"珠拨空训练,珠图储存训练等反复刺激,达到条件反射,自然而然地会出现动珠图像,达到由"静珠"状态转化为"动珠"状态的目的。

❖ 活动二 珠脑结合加减法

一般来说,珠算式心算加减法应从能听打、看打珠算加减到反射性的拨珠时开始引入为宜。先练听数心算,再练看数心算。

听数心算、看数心算训练都要循序渐进,笔数、位数从少到多,速度从慢到快,最后达到数落口出,直呼直写结果。

1.听数心算训练开始由闭目拨空配合心算到不闭目拨空配合心算,准确率达到一定程度时,再进行闭目静听心算,最后达到报数完毕,答数便脱口而出。

2.看数心算训练开始时仍然需拨空配合,随着熟练程度的提高,手要逐渐脱离拨空动作,过渡到眼看数据,脑中浮现算珠图像运算,并马上说出或写出计算结果。

听数心算和看数心算训练具体可分以下八步进行。

第一步,两个一位数相加减。如为 $2+6,7-5$。

第二步,三个一位数相加减。如 $2+6+7,9-3-2,7-3+4$。

第三步,五个一位数相加减。如为 $3+2+8+9+4,9-1+3-4+6$。

第四步,三个二位数相加减。如 $36+47+21,89-24-31,76-24+43$。

第五步,五个二位数相加减。如为 $41+38+95+16+38,35+21-47+86-53$。

第六步,三个三位数相加减。如 $196+273+385,476-213+537$。

第七步,五个三位数相加减。如为 $408+531+379+126+417,964+275+308+291-627$。

第八步,三个二位数和七个三位数相加减。如 $674+218+29+412+17+803+615+98+472+531,873+419+268-785+35-406+78+910-69+574$。

加减心算练到三位数是一个阶段,三位数加减心算要多练,要达到十分熟练。因为三位数心算加减应用广泛,即使遇到多位数相加减也可按分节号逐节进行计算。

珠算式心算加减是在珠算加减娴熟,"虚盘映像"痕迹清晰,有较强的听数、看数、记数能力的基础上进行的,训练时切忌用算术方法计算,初学时不宜操之过急,速度不要过快。

例1 $147-24+18=141$

运算步骤:①将被加数 147 置入算盘上,在算盘正二、一档下依次写出 -24、18,并在脑中映出算盘形象;②看 -24,脑中算盘正二档拨两个下珠离梁,在正一档拨一个下珠靠梁的同时拨上珠(映像)离梁;③看 18,脑中算盘正二档拨两个下珠靠梁,在正一档拨两个下珠(映像)离梁。此时脑中算盘正三档有一个下珠,正二档有四个下珠和正一档有一个下珠(映像),该题结果为 141。

在模拟看算时,要克服用手模拟拨珠的习惯动作。如果是多位数加减法,从右(低位)向左(高位)按每三位数一节,逐节运算,最后算出结果。

例2 $6\ 435\ 198+9\ 712\ 085+820\ 367+3\ 194\ 802+239\ 654=20\ 402\ 106$

6 435 198
9 712 085
　　820 367
3 194 802
　　239 654
――――――
　　　　106

第一步：先由珠脑算算出最后一节三位数的结果，198＋085＋367＋802＋654，脑算结果为 2 106。先写出 106，将进位的 2 记在脑中。

6 435 198
9 712 085
　　820 367
3 194 802
　　239 654
――――――
　402 106

第二步：再由珠脑算算出进位数和第二节三位数的结果，2＋435＋712＋820＋194＋239，脑算结果为 2 402。写出 402，将进位的 2 再记在脑中。

　402 106
6 435 198
9 712 085
　　820 367
3 194 802
　　239 654
――――――
20 402 106

第三步：最后用珠脑算法计算进位数和最高位数的结果，2＋6＋9＋0＋3＋0，脑算结果为 20，直接写出，全题计算完毕，结果为 20 402 106。

实训任务

1. 对照图 1-5-1，利用珠算式心算完成同数连加连减。

(1) 1＋1＋1＋1＋1＋1＋1＋1＋1＋1＝10，10－1－1－1－1－1－1－1－1－1－1＝0

(2) 2＋2＋2＋2＋2＋2＋2＋2＋2＋2＝20，20－2－2－2－2－2－2－2－2－2－2＝0

(3) 3＋3＋3＋3＋3＋3＋3＋3＋3＋3＝30，30－3－3－3－3－3－3－3－3－3－3＝0

(4) 4＋4＋4＋4＋4＋4＋4＋4＋4＋4＝40，40－4－4－4－4－4－4－4－4－4－4＝0

(5) 5＋5＋5＋5＋5＋5＋5＋5＋5＋5＝50，50－5－5－5－5－5－5－5－5－5－5＝0

(6) 6＋6＋6＋6＋6＋6＋6＋6＋6＋6＝60，60－6－6－6－6－6－6－6－6－6－6＝0

(7) 7＋7＋7＋7＋7＋7＋7＋7＋7＋7＝70，70－7－7－7－7－7－7－7－7－7－7＝0

(8) 8＋8＋8＋8＋8＋8＋8＋8＋8＋8＝80，80－8－8－8－8－8－8－8－8－8－8＝0

(9) 9＋9＋9＋9＋9＋9＋9＋9＋9＋9＝90，90－9－9－9－9－9－9－9－9－9－9＝0

2. 在图 1-5-1 上完成下列算题。

(1) 1＋2＋3＋……＋9＋10＝55，55－1－2－3－……－9－10＝0

(2) 1＋2＋3＋……＋19＋20＝210，210－1－2－3－……－19－20＝0

(3) 1＋2＋3＋……＋35＋36＝666，666－1－2－3－……－35－36＝0

(4) 625＋625＋625＋625＋625＋625＋625＋625＋625＋625＝6 250

(5) 6 250－625－625－625－625－625－625－625－625－625－625＝0

3. 计算下列各题结果。

(1) 162 673 987 349
    586 327 643 349
    536 496 483 927
_____

(2) 508 391 720 527 436
    319 287 514 328 472
    287 135 421 719 810
_____

(3) 984 837 592 867 482
    −732 614 273 539 274
_____

(4) 874 725 938 569 786
    −463 569 874 402 719
_____

◆ 活动三　珠脑结合乘法

1. 加减代乘法

　　加减代乘法是脱离乘法口诀直接加上或减去乘数进行乘法运算的方法。该方法把二级运算降为一级运算,比较简单易学,但拨珠次数较多,影响运算速度。为了提高运算速度,就要充分利用 2、5、10 三个数字的变积方法,把 1、2、3、4、5、6、7、8、9 分为三组:第一组是 1、2;第二组是 3、4、5、6、7;第三组是 8、9。而 3、4、6、7、8、9 可以转化为 1、2、5,即 3=5−2 或 2+1;4=5−1 或 2+2;6=5+1;7=5+2;8=10−2;9=10−1。灵活运用 2、5、10 三个基数就可以减少拨珠次数,同时,能够求出一个数的 2 倍和半数是运用三个基数的核心。因而,熟练地掌握加倍和折半的运算方法是提高运算速度的关键。

　　根据数字特点进行分组,采用"退加"、"加半"和"改十"三种不同方法结合运算,表 1-5-1 列出了九个基数的分组运算方式。

表 1-5-1　　　　　　　　　　被乘数 1~9 算法

分组	项目	被乘数	运算方法
退加	1	1	去 1,下位加乘数的原数
	2	2	去 2,下位或本位加乘数的加倍数
		3	3=2+1,先去 1,下位加乘数,再去 2,下位或本位加乘数的加倍数
		4	4=2+2,去 4,下位加或本位加两次加倍数;或 5−1,先在本位变乘数的折半数,下位减乘数
加半	5	5	去 5,本位或下位加乘数折半数
		6	6=5+1,先去 1,下位加乘数,去 5,本位或下位加乘数折半数
		7	7=5+2,先去 2,下位或本位加乘数加倍数,再去 5,本位或下位加乘数折半数
改十	10	8	8=10−2,去 8,本位改作乘数,然后下位或本位减去乘数的加倍数
		9	9=10−1,去 9,本位改作乘数,然后下位减乘数

　　表 1-5-1 中的本位加或减是指有进位的在本位加或减;下位加或减是指不进位的在下位加或减。

　　(1) 退加法

　　凡是遇到被乘数是 1、2、3、4 时,可以用退加法计算。当被乘数是 1、2、3、4 时,就是求乘数的 1、2、3、4 倍,运算时,拨去被乘数 1,就在被乘数右一档起加上一个乘数,逐位这样退加求积,也可以一次退二或三或四,相应的加两个或三个或四个乘数。

例 3　4 321×2.17=9 376.57

运算过程见表 1-5-2。

表 1-5-2

运算说明	算盘上计数						
拨上被乘数	四	三	二	一			
一×217=217　去一下位加 217	四	三	二		2	1	7
二×217=434　去二下位加 217 的倍数	四	三		4	5	5	7
三×217　先去一,下位加一个 217	四	二	2	6	2	5	7
三×217　后去二,下位加 217 的倍数	四		6	9	6	5	7
四×217　先去二,下位加 217 的倍数	二	5	0	3			7
四×217　再去二,下位加 217 的倍数		9	3	7	6	5	7
定位:4 位+1 位-1 位=4 位	9 376.57						

（2）加半法

凡是被乘数是 5、6、7 时,就可以用加半法计算。加半法就是以 5 为中心,用 5 乘某数时,它的积数就是某数半数的 10 倍。因 6=5+1,所以先用退加法计算 1,再用加半法计算 5;因 7=5+2,所以先用退加法计算 2,再用加半法计算 5。

运算时,必须首先把被乘数拨上,然后再在被乘数本档,折成基数拨入盘内,盘上数字就是所求积数。

例 4　7.65×60.4=462.06

运算过程见表 1-5-3。

表 1-5-3

运算说明	算盘上计数				
拨上被乘数	七	六	五		
五×60.4　本档改为 604 折半	七	六	3	0	2
六×604　先去一,下位加 604	七	五	9	0	6
六×604　后去五,本位加 604 折半	七	3	9	2	6
七×604　先去二,下位加 604 倍数	1	6	0	0	6
七×604　后去五,本位加 604 折半	4	6	2	0	6
定位:1 位+2 位=3 位	462.06				

（3）改十法

乘数中有一个因数是含有 8、9 的数都可以用改十法求积。求积方法是:被乘数是 9,

把 9 变成乘数的原数(原数的 10 倍,下同),再减去一遍乘数(减的档次要在变成原数的首位数的右一档依次减去);被乘数是 8,把 8 变成乘数的原数,再减一遍乘数的倍数。

例 5　9.89×539＝5 330.71

运算过程见表 1-5-4。

表 1-5-4

运算说明		算盘上计数					
拨上被乘数		九	八	九			
九×539	本位起改加 539	九	八	5	3	9	
	下位起减去 539	九	八	4	8	5	1
八×539	本位起改加 539	九	5	8	7	5	1
	下位起减去 539 的倍数	九	4	7	9	7	1
九×539	本位起改加 539	5	8	6	9	7	1
	下位起减去 539	5	3	3	0	7	1
定位:1 位＋3 位＝4 位		5 330.71					

(4)退加、加半和改十的联合运算

在实际运算中,被乘数和乘数往往是由大、中、小数字组成的,所以就要用上面介绍的三种计算方法进行联合运算。为了便于记忆,把 1～5 基数的变积方法,概括成四句口诀:

1、2、3、4 退加算,1 倍、2 倍下档变。

5、6、7 加半算,本档变半下加算。

8 和 9 改十算,本档乘数下档减。

进位数字由本档,乘头变完乘尾变。

四句话包括三层意思,前三句是说明不同数字的不同计算方法;第四句的前半句说明有进位数和无进位数在变积起档时是不同的;第四句的后半句说明被乘数变积的先后次序。明白了这些意思,就可以运算任何数字。

例 6　86.25×42.8＝3 691.5

运算过程见表 1-5-5。

表 1-5-5

运算说明		算盘上计数					
拨上被乘数		八	六	二	五		
五×428	本位改加 428 折半	八	六	二	2	1	4
二×428	去 2 下加 428 倍数	八	六	1	0	7	
六×428	先去一,下位加 428	八	五	5	3	5	
	后去五,本位加 428 折半	八	2	6	7	5	
八×428	本位起改加 428	4	5	4	7	5	
	下位起减去 428 加倍	3	6	9	1	5	
定位:2 位＋2 位＝4 位		3 691.5					

■ 实训任务

用加减代乘法计算下列各题(计算结果精确到0.01)。

(1)3 210×267	(6)650.75×50.78	(11)322×1.59	(16)10 370×0.047
(2)1 340×36.75	(7)99.8×20.5	(12)20 765×9 657	(17)3 198×0.009 8
(3)24.13×28 930	(8)89.08×49.35	(13)6 912×0.45	(18)32 169×0.064
(4)70.56×20.5	(9)809.89×80 200	(14)3 104×78.436	(19)0.086×426.91
(5)60.57×38.04	(10)98.09×742.6	(15)2 378×780	(20)3.086×142.05

实训结果检查

(1)857 070	(6)33 045.09	(11)511.98	(16)487.39
(2)49 245	(7)2 045.90	(12)200 527 605	(17)31.34
(3)698 080.90	(8)4 396.10	(13)3 110.40	(18)2 058.82
(4)1 446.48	(9)64 953 178	(14)243 465.34	(19)36.71
(5)2 304.08	(10)72 841.63	(15)1 854 840	(20)438.37

2.空盘一口清加积法

空盘一口清加积法就是应用提前进位的原理,将被乘数与乘数的各位乘积按从左至右的顺序一口清(即某数乘以一位数的乘积一下子脱口而出),错位相加进行乘算的一种新方法。该方法最大的优点在于提前进位,一次列出乘积,从而减少了拨珠次数,提高了计算速度。

一位乘法空盘一口清加积的要领是:

①起乘档上加积的首位数的进位数,不进位时下档加。

②舍进取个:因为每个数提前进了位,所以遇到进位数时,全部舍掉,只要本个数。

③本个加后进:因为前位的本个数和后位的进位数是同位数,必须相加。

(1)个律与进律

要熟练运用单积一口清,首先要熟练掌握多位数乘以一位数的个位规律(个律)与进位规律(进律)。因为0乘以任何数等于0,1乘以任何数等于这个数本身,所以除0、1以外,只要掌握2至9的个律与进律即可。个律见表1-5-6,进律见表1-5-7。

表 1-5-6　　　　　　　　　　　　　个律表

本个 ＼ 被乘数 ＼ 乘数	1	2	3	4	5	6	7	8	9
2	2	4	6	8	0	2	4	6	8
3	3	6	9	2	5	8	1	4	7
4	4	8	2	6	0	4	8	2	6
5	5	0	5	0	5	0	5	0	5
6	6	2	8	4	0	6	2	8	4
7	7	4	1	8	5	2	9	6	3
8	8	6	4	2	0	8	6	4	2
9	9	8	7	6	5	4	3	2	1

要想熟练应用个律表,就需要找出本个规律,乘数 2、5、9 可以简单概括成:2 自倍;5 奇 5 偶 0;9 补数。3、4、6、7、8 用九九口诀表方便。

表 1-5-7 　　　　　　　　　　　　　　进律表

乘数	后进条件	后进数	乘数	后进条件	后进数
2	满 5	1	4	满 25	1
3	超 333……	1		满 50	2
	超 666……	2		满 75	3
5	满 2	1	8	满 125	1
	满 4	2		满 250	2
	满 6	3		满 375	3
	满 8	4		满 500	4
6	超 166……	1		满 625	5
	超 333……	2		满 750	6
	满 5	3		满 875	7
	超 666……	4	9	超 111……	1
	超 833……	5		超 222……	2
7	1̇ 4285 7̇	1		超 333……	3
	2̇ 8571 4̇	2		超 444……	4
	4̇ 2857 1̇	3		超 555……	5
	5̇ 7142 8̇	4		超 666……	6
	7̇ 1428 5̇	5		超 777……	7
	8̇ 5714 2̇	6		超 888……	8

"满"即"大于等于"的意思,"超"即"大于"的意思,有限小数用"满",无限小数用"超"。

(2)单积一口清

掌握个律与进律之后,进一步学习单积一口清的心算规律就很容易。单积一口清的规律是:"被首前补 0,数位要对齐,本个加后进,舍十取个位。"

例 7　38 792×3=116 376

运算过程见表 1-5-8。

表 1-5-8

运算说明		被乘数					
		0	3	8	7	9	2
心算过程	本个		9	4	1	7	6
	加后进	1	2	2	2	0	
盘上计数		1	1	6	3	7	6
定位:5 位+1 位=6 位		116 376					

例8 495 287×7＝3 467 009

运算过程见表 1-5-9。

表 1-5-9

运算说明		被乘数						
		0	4	9	5	2	8	7
心算过程	本个		8	3	5	4	6	9
	加后进	3	6	3	2	6	4	
盘上计数		3	4	6	7	0	0	9
定位:6位+1位=7位					3 467 009			

(3)多位数乘积一口清

学会乘数是一位数的一口清乘法后,怎样计算乘数是多位数的乘法呢？计算多位数乘法的要领是:

起档加进数,不进下档打;

舍进只打个,本个加后进;

看打对准位,错位一口清;

乘数中有 0,空档依次加。

"起档加进数,不进下档打":按一位数一口清办法,首先确定积的首位数是否进位,进位时,从起乘档上加;不进位时,从起乘档的下档打。

"舍进只打个,本个加后进":"舍进"即舍去进位数的意思。"只打个"即只打本个数的意思。"本个加后进"即前位的本个数和后位的进位数是同位数,要加在一起。

"看打对准位,错位一口清":空盘一口清强调边看边打,边打边看,计算的数位和算盘的档位必须一致且要对准,一位一位地将乘数的各位数的一口清错开一位,从左至右排加在一起,就可以准确地计算出结果。

"乘数中有 0,空档依次加":计算中若遇到乘数中有 0,就从前次一口清的档起往右空档位,有几个 0 就空几档,0 的后位数在哪一档上,就从哪档开始逐位计算,仍是错位一口清。

例9 78 643×18 246＝1 434 920 178

运算过程见表 1-5-10。

表 1-5-10

轮次	加一口清	盘上各档有效数字									
		1	2	3	4	5	6	7	8	9	10
1	7×18 246 一口清	1	2	7	7	2	2				
2	8×18 246 一口清		1	4	5	9	6	8			
3	6×18 246 一口清			1		9	4	2	6		
4	4×18 246 一口清				0	7	2	9	8	4	
5	3×18 246 一口清					0	5	4	7	3	8
盘面数值		1	4	3	4	9	2	0	1	7	8
定位:5位+5位=10位						1 434 920 178					

小数计算方法与整数计算方法相同,把小数作为整数计算,最后用公式定位法定位即可。

实训任务

用空盘一口清加积法计算下列各题。

本个乘数＼被乘数	825	196	5 094	2 719	90 528	17 592
2						
3						
4						
5						
6						
7						
8						
9						

本个乘数＼被乘数	507	182	9 408	2.059	63 574	19 428
294						
382						
471						
563						
619						
728						
837						
946						

实训结果检查 （略）

活动四 珠脑结合除法

1.倍数除法

倍数除法是倍数乘法的逆运算,也是在用减与加代替除法的基础上,结合数字1、2、5、10与其他数字相除的变商规律而形成的一种计算方法。倍数除法将1～9分成三种方法进行运算,1、2、3采用层减法;4、5、6采用折半法;7、8、9采用凑十法,见表1-5-11。

表 1-5-11

类别	商数	被除数减去除数的倍数
层减	1	拨去除数 1 倍
	2	拨去除数 2 倍
	3	拨去除数(2＋1)倍
折半	4	拨去除数(－1＋5)倍
	5	拨去除数 5 倍
	6	拨去除数(5＋1)倍
凑十	7	拨去除数(5＋2)倍
	8	拨去除数(－2＋10)倍
	9	拨去除数(－1＋10)倍

(1)层减法

如商数是 1、2、3 时,可以用珠算减法,在上商 1 的同时,从被除数中减去除数 1 次,直到除尽或不够减时为止。在上商数时,要按照"够除隔位商,不够除挨位商"的原则,所以也是一种隔位除法。

例 10　　$57\ 564 \div 468 = 123$

运算过程见表 1-5-12。

表 1-5-12

运算说明	一	二	三	四	五	六	七
(1)自左起第三档拨入被除数			5	7	5	6	4
(2)隔位商1,隔位减468	①		4	6	8		
盘面数值	①		1	0	7	6	4
(3)挨位商2,隔位减2×468		②		9	3	6	
盘面数值	①	②		1	4	0	4
(4)挨位商2,隔位减2×468			②		9	3	6
盘面数值	①	②	②		4	6	8
(5)隔位商1,隔位减1×468				①	4	6	8
盘面数值	①	②	③				
(6)定位:5－3＋1＝3位　商:				123			

(2)折半法

当商数是 4、5、6 时,就一次上商 5,并从被除数中减去除数的 5 倍。剩下的余数如果大于除数,再按减除法进行补商(即把商数加 1 改成 6,从余数中再减去除数一遍);当商数是 4 时,先将被除数加除数一遍,再按 5 运算。

例 11　211 500÷375＝564

运算过程见表 1-5-13。

表 1-5-13

运算说明	一	二	三	四	五	六	七	八
(1)自左起第三档拨入被除数			2	1	1	5	0	0
(2)挨位商5,挨位减半除		⑤	1	8	7	5		
盘面数值		⑤		2	4	0	0	0
(3)挨位商5,挨位减半除			⑤	1	8	7	5	
盘面数值		⑤	⑤		5	2	5	0
(4)隔位补商1,隔位减倍数			①		3	7	5	
盘面数值		⑤	⑥		1	5	0	0
(5)隔位加除数						3	7	5
盘面数值					1	8	7	5
(6)挨位商4,挨位减半除				④	1	8	7	5
盘面数值		⑤	⑥	④				
(7)定位:6－3＝3 位　商:					564			

(3)凑十法

当商数是 7、8、9 时,就从被除数的头位或第二位起加上除数一、二或三遍,凑足除数后,再从被除数的前几位减去除数的 10 倍,加除数几遍,商数就是 10 减去"几"的差数。

例 12　462 384÷468＝988

运算过程见表 1-5-14。

表 1-5-14

运算说明	一	二	三	四	五	六	七	八
(1)自左起第三档拨入被除数			4	6	2	3	8	4
(2)从被除数第二位加除数				4	6	8		
盘面数值			5	0	9	1	8	4
(3)挨位商9,挨位减除数		⑨	4	6	8			
盘面数值		⑨		4	1	1	8	4
(4)隔位加468两遍					9	3	6	
盘面数值		⑨		5	0	5	4	4
(5)挨位商8,挨位减除数			⑧	4	6	8		
盘面数值		⑨	⑧		3	7	4	4
(6)隔位加468两遍					9	3	6	
挨位商8,挨位减除数				⑧	4	6	8	0
盘面数值		⑨	⑧	⑧	4	6	8	0
(7)定位:6－3＝3 位　商:					988			

■ 实训任务

用倍数除法计算下列各题。

(1)492 492÷861	(6)21 689÷23	(11)241 875÷375	(16)366 768÷648
(2)85 981÷173	(7)1 411÷17	(12)88 368÷789	(17)82 287÷0.369
(3)97 088÷164	(8)41 472÷512	(13)46.238 4÷468	(18)170 924÷692
(4)69 936÷376	(9)4 620 252÷8 462	(14)45 922.24÷464.8	(19)207 647÷473
(5)159 572÷574	(10)54 679.8÷987	(15)80 727÷379	(20)56 088÷456

实训结果检查

(1)572	(6)943	(11)645	(16)566
(2)497	(7)83	(12)112	(17)223 000
(3)592	(8)81	(13)0.098 8	(18)247
(4)186	(9)546	(14)98.8	(19)439
(5)278	(10)55.4	(15)213	(20)123

2. 加减一口清除法

加减一口清除法主要是通过"一口清"的快速运算,在除法中迅速求得试商和乘积,并运用心算迅速递减乘积,从而求得商数的方法。

(1)运算程序

①使用商除法用心算进行试商。用心算时,按除数位数看被除数,不够时再加一位。商的位置采用"隔位商除法"。

②熟练一口清,将几位数字一次减除乘积,变分步法为一步法。运算时要注意拨位正确。

(2)定位法

采用公式定位法定位。

例 13 3 526÷43＝82

运算程序见表 1-5-15。

表 1-5-15

运算说明	一	二	三	四	五	六
(1)置数			3	5	2	6
(2)挨位置商		+⑧				
一次减积		—	3	4	4	
盘面数值		⑧			8	6
(3)隔位置商			+②			
一次减积		—			8	6
盘面数值		⑧	②			
(4)定位:4—2=2 位　商:				82		

实训任务

用一口清除法计算下列各题。

(1)1 394÷82	(6)7 144÷94
(2)1 428÷28	(7)1 922÷31
(3)5.416 8÷0.74	(8)3 825÷45
(4)11 043÷409	(9)70 312÷517
(5)46 878÷601	(10)86 900÷275

实训结果检查

(1)17	(6)76
(2)51	(7)62
(3)7.32	(8)85
(4)27	(9)136
(5)78	(10)316

评价分析>>>

1.完成珠心算的学习及训练工作任务

正确掌握珠心算训练步骤,采用珠心算及珠脑速算完成计算工作。

2.完成工作任务结果评价

按照要求完成实训项目,由完成者与老师共同来评价实训完成情况。

(1)指法是否正确?

(2)是否在规定的时间内完成任务?

(3)计算结果是否正确?

(4)查找错误原因。

3.完成实训项目的收获

按照要求和规程完成了工作任务后,结合老师对完成工作任务结果的评价,你对自己完成此项工作任务有何收获? 请将你的收获写出来,与老师和同学们一起交流和分享你的收获吧!

任务六 验算与查错

案例导入>>>

会计记账稍有不慎就会出现错账,而且查起来也很费劲,故有人说"记账容易查错难"。只有掌握错账发生的规律,查起来才比较容易,运用熟练后就能得心应手。这样,会计人员就会有更多的精力和时间用在加强企业管理和经济核算上。

案例分析>>>

粗心的记账员小王总是在记账的时候出现一些小误差,每一次面对大量数字都会头痛不已,小王该怎样查找错账并纠正错账呢?

❖ 活动一　验算

在计算时,务必要求准确,不准确的数字是毫无意义的,甚至适得其反,贻误后续工作。因此,必须自觉养成复核验算的习惯。最普遍的复核是用重复计算一次来验算。验算也可以用逆算法进行,即计算加法时,用减法验算;计算乘法时,用除法验算,以此类推。在记账和制表时,如果发现了差错,必须及时查找,并予以更正。

1. 加法验算

原式:被加数(原数)＋加数＝和数

验算:和数－加数＝被加数(差数)

例 1　756 893＋48 972＝805 865　　　(1)

　　　　805 865－48 972＝756 893　　　(2)

(1)式中的被加数和(2)式中的差数相符,证明计算结果是正确的。

2. 减法验算

原式:被减数(原数)－减数＝差数

验算:差数＋减数＝被减数(和数)

例 2　15 603－849＝14 754　　　(1)

　　　　14 754＋849＝15 603　　　(2)

(1)式中的被减数和(2)式中的和数相符,证明计算结果是正确的。

3. 乘法验算

原式:被乘数(原数)×乘数＝积数

验算:积数÷乘数＝被乘数(商数)

例 3　2 453×89＝218 317　　　(1)

　　　　218 317÷89＝2 453　　　(2)

(1)式中的被乘数和(2)式中的商数相符,证明计算结果是正确的。

4. 除法验算

原式:被除数(原数)÷除数＝商数

验算:商数×除数＝被除数(积数)

例 4　645 498÷654＝987　　　(1)

　　　　987×654＝645 498　　　(2)

(1)式中的被除数和(2)式中的积数相符,证明计算结果是正确的。

在还原计算中,对于除法和减法特别方便,因为除法用乘法验算,减法用加法验算,比重新再打一遍除法和减法要方便得多。

❖ 活动二　查错

如果通过验算发现了差错就应立即加以纠正,而要纠正错误必须先找出错在哪里。在实际工作中,对大量数字一笔笔地去验算或者重复计算,不仅费事,影响工作效率,而且很可能重复原来的错误。实践表明,差错的发生常常是有一定规律的,只要认真分析,就能找出规律,快速查明差错的原因,并及时纠正。这里对实际工作中容易发生的一些差错和查找、纠正的方法进行介绍。

1. 尾差

在多位数加减法中,特别是带小数的加减,由于经过一系列数字的计算,对末尾的数字往往容易看错或记错,因此,珠算中发生尾差的现象是比较普遍的。

尾差表现的特点是:差数是一个不规则的数字,但一定在最末位数字或最末的二、三位数字上,有小数时差数一般都出现在小数位上。

纠正这种错误的简捷办法是只用打尾数的办法来找错。如果差错是最末位数字,就把最末位数字重新计算;如果差错是最末二、三位数字,就从最末的二、三位数字起,连同最末位数字重新计算一遍。

2. 算珠拨错

在演算中有时一不留心,带动了附近的另一颗算珠,就会出现因带珠而发生的差错。它的表现特点是:

(1)差数通常是"1"(带下珠);也可能是"5"(带上珠)。

(2)差错的位数不定。

纠正这种差错可采取错在几位上就重新复打这几位的办法。在整数运算中,如差错是在百位数上,就重新复打最后三位数,如果差错在千位数上,就要重新复打最后四位数,以此类推。

3. 漏打数字

在大量加减运算时,因一时疏忽把某一个数字漏看或漏打了,就会出现少打一个加数(或减数),导致答数出错。

发生漏打数字的差错时,所得答数的差数必是被漏打的原数,因此它在通常情况下有以下几个特点:

(1)差数一般是一个不规则的多位数。

(2)在加法中漏打数字,其结果一定比正确的结果数小;在减法中漏打数字,其结果一定比正确的结果数大。

按照以上两个特点,一般可根据差数判断出是否漏打了数字。在找出原因后,纠正办法就很简单,先算出两数之差,再到原始数据里去找与此差数相同的那个数,即可判断是否漏打数字。

4. 大小数(错位)

在计算中由于看错或打错位数而发生大小数差错的现象是比较普遍的,特别是在计算中带有小数和以"0"为结尾的数字时,更容易出现这种错误。

因错位而发生差错,它的表现特点是:

(1)差数一定是多位数。

(2)这个多位数一定能被"9"除尽。

例如,把 24.5 误做 2.45 计算时,它的差数是:

$$24.5 - 2.45 = 22.05$$

差数是一个多位数,如用"9"去除,得商数 2.45,可以判断这个差错是由错位造成的。

纠正的方法:只要把差数用"9"或"0.9"除,便可找到被打错的那个原数。凡差数是正数,错误的答数比正确数大,便把差数用"9"除;凡差数是负数,错误的答数比正确数小,便把差数用"0.9"除。

例 5　检查并纠正表 1-6-1 中的差错。

表中的横直合计数不相等,说明有差错。

表 1-6-1

项目	甲	乙	丙	丁	合计
一	47.1	2.74	3.9	9.18	62.92
二	650	6.35	5.49	4.14	665.98
三	1.58	13.4	5.6	63.1	83.68
合计	698.68	22.49	65.39	76.42	812.58/862.98

纠正方法:

(1)求两数的差数,即 $812.58-862.98=-50.4$。

(2)因差数是负数,所以用"0.9"除差数,即 $50.4\div0.9=56$。

对照原始数据,发现有 5.6,这说明差错是由把 5.6 错打成 56 所致,只要重新复打这个数据两栏合计就可纠正。

5.颠倒数

在计算中,特别是在数字多、打得快的情况下,很容易把数字看颠倒或打颠倒,尤其是有些重叠数字更容易出差错。如:66 969 与 69 669;27 277 与 27 727 等。

因颠倒数而发生差错,其特点是:

(1)差数一定是一位或两位有效数字。

(2)这个差数一定能被"9"除尽。

例如,$453+369$ 应该是 822,但如把 369 看成 396 结果便成了 849,它与 822 的差数是 27,而 27 能被 9 除尽:$27\div9=3$。

差数是两位有效数,而又能被"9"除尽,因此可以判断出这个差错是由颠倒数造成的。

判断方法:

(1)凡是 9 至 81 以内的 9 的倍数,一定是十位数字与个位数字之间颠倒;凡是 90 至 810 以内的 9 的倍数一定是百位数字与十位数字之间颠倒,以此类推。

(2)再找出这两个被颠倒的数字之间相差几。查找的方法是看一看发生的差数,它的有效数是 9 的几倍,如果差数是 9 的一倍,表明这两个颠倒数字之间相差 1;如果差数是 9 的两倍,表明这两个颠倒数字之间相差 2,以此类推。

如 31 与 13 颠倒时,差数为 $31-13=18$,差数是 9 的两倍,表明两个被颠倒的数字之差是 2,3 与 1 之间相差是 2。

例 6　检查并纠正表 1-6-2 中的差错。

表中的横直合计数不相等,说明有差错。

表 1-6-2

项目	甲	乙	丙	丁	合计
一	16	149	763	904	1832
二	674	584	831	828	2377
三	58	93	547	264	962
合计	748	826	2141	1996	5171/5711

纠正方法:

(1)求两数的差数,即 5 711-5 171=540。

(2)用 9 除差数,即 540÷9=60。

由此可知,颠倒的位数在百位数、十位数上,被颠倒的两数之间相差 6。

根据上面的推断检查表中的原始数据,可以看到丁栏第二项那个数,百位上是 8,十位上是 2,符合上述可能性,进一步计算 828 所在的横直两行,结果证明直行是正确的,横行是错误的,在计算时把 828 看成 288,合计数应纠正为 5 711。

6.加减的差错

在计算过程中,如果加减法并用,把该加的减去了,该减的却加上了,以致发生差错,这种现象也是比较普遍的。

因搞错加减而发生差错,它的表现特点是:

(1)差数大多是不规则的多位数。

(2)这个差数一定是偶数(即能被 2 除尽)。

例如,296+574-316=554,如果把减 316 打成加 316,结果变成了 1 186。

纠正方法:

(1)求两数之差,即 1 186-554=632。

(2)用 2 除差,即 632÷2=316。

检查原始数据,有 316 这个数,便可知错误的原因是该减去的却加上了。找出错误所在以后便可加以改正。

7.记错数字

在算出某一项小计以后,由于记录时看错了算珠,把答数记错,在计算总计数时,自然也就不准确了。

由于记错数字而发生的差错虽然情况比较复杂,但在实际工作中这种差错一般却常常只局限于下面三种情况:

(1)数字颠倒,例如把 69 记成 96 等。

(2)记错位数,例如把 107 记成 1.07 或 10.7 等。

(3)漏记上珠,即把算盘上的上珠漏看了,于是 6 记成了 1,7 记成了 2。

在这三种情况中,前两种差错可以运用"颠倒数"和"错位"的查账方法来进行检验。

至于漏记上珠的表现特点则是:差数一定是少5;差数位数可在任何一位上。按照这两个特点便可根据差数的位数去找是否有漏记上珠的现象,并纠正错误。

综上所述,在具体运算中,出现差错的原因是多种多样的,但只要我们足够重视,不断从差错中吸取经验教训,就能够免除差错或少出差错。

实训任务

1. 下表中的横直合计数不相等,说明有差错,请查找错误类型并加以改正。

项目	甲	乙	丙	丁	合计
一	48	86	726	1 025	1 885
二	369	852	147	587	1 955
三	789	456	123	304	1 672
合计	1 206	1 394	1 266	1 916	5 512/5 782

2. 下表中的横直合计数不相等,说明有差错,请查找错误类型并加以改正。

项目	甲	乙	丙	丁	合计
一	36.2	5.4	4.96	78.2	124.76
二	2.68	9.68	13.65	66.4	92.41
三	897.3	0.57	5.87	4.96	908.7
合计	936.18	102.77	24.48	149.56	1 125.87/1 212.99

评价分析 >>>

1. 完成验算与查错的工作任务

正确掌握验算与查错方法,与实践相结合,完成工作任务。

2. 完成工作任务结果评价

按照要求完成实训项目,由完成者与老师共同来评价实训完成情况。

(1)验算方法是什么?

(2)是否运用正确的方法查找错账?

(3)验算结果是否正确?

(4)查找错误原因。

3. 完成实训项目的收获

按照要求和规程完成了工作任务后,结合老师对完成工作任务结果的评价,你自己对完成此项工作任务有何收获?请将你的收获写出来,与老师和同学们一起交流和分享你的收获吧!

项目二

点钞技能

知识目标

- 掌握各种点钞的方法；
- 掌握假币识别的方法。

技能目标

- 正确快速清点纸币及硬币；
- 正确识别真假人民币。

案例导入 >>>

银行员工如果仅靠"微笑"服务而没有过硬的业务技能，已无法赢得客户的信赖。一双巧手加上一双火眼金睛是银行员工的基本功，准确、快速、娴熟的点钞识假技能，能提高银行业务的办理效率，减少柜面客户排队等候的时间，只有这样，才能为客户提供优质、高效、满意的服务。

案例分析 >>>

1. 点钞有哪几种方法？

2. 应该如何识别假币？

点钞是人们日常生活中不可缺少的一项基本技能，它是眼、脑、手三合一的操作技术，点钞技术的高低、速度的快慢、质量的好坏，都直接影响工作的效率和质量，是从事金融、财会工作的同志必须熟练掌握的基本功之一。

任务一　点钞基本知识

1.点钞的基本程序

(1)拆把。把待点的成把钞票的封条拆掉,同时做好点数的准备。

(2)点数。手中点钞,脑中记数,点准一百张钞票。

(3)扎把。把点准的一百张(或不足百张)钞票墩齐,并用捆钱条扎紧,不足百张在捆钱条上写出实点数和金额。

(4)盖章。在扎好的捆钱条上加盖经办人名章,以明确责任。

2.点钞的基本要求

人民币分为硬币和纸币,以纸币流通为主,元为主币,角和分为辅币。纸币有壹佰元、伍拾元、贰拾元、拾元、伍元、贰元、壹元和辅币共 13 类。点钞前应将完整券和破损券分开,完整券应按不同类别分别整点,每百张为一把,十把为一捆;扎把捆捆儿,经办盖章;清点结账,复核入库。为了"准"、"快"、"好"地达到上述要求,应做到以下几点:

(1)坐姿端正

点钞时的坐姿会直接影响点钞技术的发挥与提高。正确的坐姿会使点钞时肌肉放松,活动自如,动作协调,减轻劳动强度。正确的坐姿应该是身体坐直、挺胸、自然,全身肌肉放松,双肘自然放在桌上,持票的左手腕部接触桌面,右手腕部稍抬起。

(2)用具定位,钞票分格横放

用具定位是指点钞时需用的算盘、簿册、印色、图章、海绵壶或点钞机具、小封条等都要按使用顺序固定位置放好,以便点钞时使用顺手;钞票分格横放就是要把钞票分别按不同券种和残好程度在固定位置放好,以避免忙乱拿错导致工作效率的降低和差错的发生。

(3)点数准确

点钞技术的关键是一个"准"字,清点和记数的准确是点钞的基础。如点数不准不仅会影响日常工作的质量,而且会产生差错,使国家或集体财产受到损失。怎样才能做到点数准确呢? 就是要在点数前做好思想准备、款项准备和工具准备。在操作过程中要做到:注意力集中;坚持定型操作,坚持复核;双手点钞,眼睛看钞,脑子记数,手、眼、脑紧密配合。

(4)钞票墩齐

点完一把钞票在进行扎把以前先要把票子墩齐。墩齐也是点钞技术中不可缺少的一个环节,它直接影响扎把的质量。钞票墩齐要求:四条边水平,不露头,卷角拉平。

(5)扎把捆紧

扎小把,以提起把中第一张钞票不被抽出为准。按"♯"字形捆扎的大捆,做到用力推不变形,抽不出票为准。

(6)盖章清晰

盖章是点钞过程的最后一环,是分清责任的标志。每个人整点后都要盖章,图章要盖得清晰,以明确责任。

(7)动作连贯

动作连贯是提高点钞技术质量和效率的必要途径。点钞过程的各个环节必须紧密配合,环环相扣,即拆把、清点、墩齐、扎把、盖章等各个环节要紧密配合。右手取纸条,随即左手的钞票跟上去迅速扎好小把,在左手放钞票的同时,右手取另一把钞票,这是扎把与持票动作的连贯。清点时双手动作要连贯,清点速度均匀,切忌忽快忽慢,在运用多指多张点钞时捻动的张数要一致,切忌忽多忽少,以避免记数不准。另外在清点过程中应尽量减少一些不必要的小动作,如沾水次数过多,墩票时间过长,这些都会影响动作的连贯以致影响点钞的速度。

3. 点钞技能量化标准参考

点钞技能量化标准见表 2-1-1

表 2-1-1

	等级	3 分钟点钞张数	百张所用时间(秒)
单指单张	一	800 张以上	22.0 以内
	二	700～799	22.1～23.9
	三	600～699	24.0～25.9
	四	500～599	26.0～27.9
	五	400～499	28.0～29.9
扇面	一	900 张以上	20.0 以内
	二	800～899	20.1～22.0
	三	700～799	22.1～24.0
	四	600～699	24.1～26.0
	五	500～599	26.1～28.0
多指多张	一	1000 张以上	17.0 以内
	二	800～999	17.1～20.0
	三	700～799	20.1～22.0
	四	600～699	22.1～24.0
	五	500～599	24.1～26.0

任务二 点钞基本方法

点钞方法概括起来可以划分为手工点钞和机器点钞两大类。在手工点钞中又分为手持式点钞法、手按式点钞法和扇面式点钞法三种。本单元介绍这三种手工点钞方法。

1. 手持式点钞法

(1)手持式单指单张点钞法

手持式单指单张点钞法是最常用的点钞方法之一。其基本操作要领如下:

①点数。左手持票,手心向下,拇指按住钞票正面的左端中央,食指和中指在钞票背面,与拇指一起捏住钞票;左手无名指自然卷曲,捏起钞票后小指伸向钞票正面压住钞票左下方;左手中指稍用力,与无名指、小指一起紧卡钞票;左手食指伸直,拇指向上移动,按住钞票的侧面,将钞票压成瓦形;左手将钞票从桌面上擦过,钞票翻转,拇指借从桌面上擦过的力量将钞票撑成微开的扇面并斜对自己面前;右手三个指头沾水,用拇指尖向下捻动钞票右下角,食指在钞票背面配合拇指捻动;用右手无名指将捻起的钞票往怀里弹,边点边记数;点钞时注意姿势,身体挺直,眼睛和钞票保持一定距离,两手肘部放在桌面上。

②记数。记数应该采用分组用心记数法,每捻动一张记一个数。记数时要默记,不要念出声,做到脑、眼、手密切配合,既准又快。把 10 作 1 记,即 1、2、3、4、5、6、7、8、9、1(即 10),1、2、3、4、5、6、7、8、9、2(即 20),以此类推,数到 1、2、3、4、5、6、7、8、9、10(即 100)。采用这种记数法记数既简单又快捷,将十位数的两个数字变成一个数字,每点百张可节约记忆 80 多个字节,而且记的速度与整点的速度相协调,不容易产生差错,省脑、省力又容易记。

(2)手持式多指多张点钞法

①点数。以右手拇指肚放在钞票的右上角,拇指尖超出票面,点双张时拇指肚捻第 1 张,拇指尖往下捻第 2 张;点 3 张以上时拇指均衡用力,捻的幅度不要太大,食指、中指在票后配合拇指捻动,无名指向怀里弹,弹的速度要快。点数则从左侧看,这样看的幅度大,看得清楚。

②记数。采用分组记数,如点 3 张,即 3 张为一组,记一个数,点 33 次余 1 张,即是100 张。如点 4 张至 7 张以上者均以此方法计算。

2. 手按式点钞法

(1)手按式单指单张点钞法

操作时,把钞票横放桌上对正自己,用左手无名指、小指按住钞票的左上角,用右手拇指托起右下角的部分钞票;用右手食指捻动钞票,每捻起一张,左手拇指即往上推动送到左手食指、中指之间夹住,以后依次连续操作。

(2)手按式多指多张点钞法

点数时把钞票斜放在桌上,左手的小指、无名指压住钞票的左上方约占 3/4 处,右手食指、中指沾水后,随即用拇指托起右下角的部分钞票。右臂倾向左前方,然后用中指向下捻起第一张,随即用食指再捻起第二张,捻起的这两张钞票由左手拇指往上送到左手食指、中指间夹住。记数采用分组记数,两张为一组,记一个数。其他还有手按式 3 张、4 张点钞法等。

3. 扇面式点钞法

(1)打扇面:钞票竖拿,左手拇指和食指、中指捏住钞票的右下角,无名指、小指弯曲靠手心;右手拇指按住钞票下半部正中间,食指横在钞票背面,其余三个指头弯向手心(或均横在钞票背面)。拧扇面时,以左手为轴(即持票的手指在原位置上动作),右手食指将钞票向左下方压,将压弯的钞票向左上方推起;右手食指、中指两指向左捻动,此时左手拇指必须配合右手动作;这样反复操作,右手拇指逐次由中部向下移动,移至右下角时即可将钞票推成扇面形,然后用两手捧住钞票,将不均匀的地方抖开(钞票左半部向左方抖,右半部向右方抖)。使用此法开扇时,应注意两手的动作是同时并连续进行的。用一按 10 张点钞法时,扇面要小些,才便于清点。

(2)点数:左手持扇面,右手中指、无名指、小指托住钞票背面,用拇指一次向下按 5 张或 10 张,按下后用食指压住,按时不要用力过大,按的部位是在钞票的右上端,离右上角 1 厘米左右。

点数时,左手应随着点数的进度,以腕为轴微向内转,适应右手点数位置,右手手臂的肘部也随着点数的进度,自然向前移动,这样就不会因为右手向左手伸得太远而影响速度。

(3)记数:用分组记数法,一按 5 张即 5 张为一组,记一个数;一按 10 张即 10 张为一组,记一个数。

4. 硬币点法

硬币一般可分为壹元、伍角、壹角、伍分、贰分、壹分。在整点时,可以 5 个为一摞,二十摞为 100 个。用双手的无名指分别顶住硬币的两头,用拇指与食指、中指捏住硬币的两端,将硬币取出放在已备好的包装纸 1/2 处,再用双手拇指把里半部的包装纸向外推卷,然后用双手的中指、食指、拇指分别将两头包装纸压下均贴至硬币上,硬币两头压三折,包装完毕。若用硬币整点器,把 100 个放入槽中,交错一挤,无缝隙,整个数就是正确的,否则不是多就是少。

任务三　假币类型及识别技术

1. 假币主要类型

假币指仿照真币纸张、图案、水印、安全线等原样,利用各种技术手段非法制作的伪币。

假币按照其制作方法和手段不同,大体可分为两种类型,即伪造币和变造币。

伪造币是依照人民币真钞的用纸、图案、水印、安全线等的原样,运用各种材料、器具、设备、技术手段模仿制造的人民币假钞。伪造币根据其伪造的手段不同,又可分为手工的、机制的、拓印的、复印的等类别。

变造币是利用各种形式、技术、方法等,对人民币真钞进行加工处理,改变其原有形态,并使其升值的人民币假钞。变造币按其加工方法的不同,又可分为涂改的、挖补剪贴的、剥离揭页的等类别。

2. 第五套人民币 100 元券的防伪技术

第五套人民币是 1999 年 10 月 1 日起发行的,到目前为止,已经发行了 100 元、50 元、20 元、10 元、5 元、1 元 6 种面额的纸币和 1 元、五角、1 角 3 种面额的硬币。

第五套人民币应用了多项成熟的具有国际先进水平的防伪技术,如固定水印、光变油墨印刷图案、全息磁性开窗安全线、隐形面额数字、横竖双号码、双色横号码、阴阳互补对印图案、胶印缩微文字、红蓝彩色纤维、白水印、硬币边部滚字等多项技术。这些防伪技术的采用,大大提高了人民币的机读能力,便于清分机、验钞机清分、识别。下面以人民币 100 元票券(见图 2-3-1、图 2-3-2)为例进行具体说明。

图 2-3-1

图 2-3-2

(1)固定人像水印：位于正面左侧空白处，迎光透视，可见与主景人像相同、立体感很强的毛泽东头像水印。

(2)红蓝彩色纤维：在票面的空白处，可看到纸张中有红色和蓝色纤维。

(3)磁性微文字安全线：钞票纸中的安全线，迎光观察，可见"￥100"微小文字，仪器检测有磁性。

(4)手工雕刻图像：正面主景毛泽东头像，采用手工雕刻凹版印刷工艺，形象逼真、传神，凹凸感强，易于识别。

(5)隐形面额数字：正面右上方有一椭圆形图案，将钞票置于与眼睛接近平行的位置，面对光源平面旋转 45°或 90°，即可看到面额"100"字样。

(6)胶印缩微文字：正面上方椭圆形图案中，多处印有胶印缩微文字，在放大镜下可看到"RMB"和"RMB100"字样。

(7)光变油墨面额数字：正面左下方"100"字样，与票面垂直角度观察为绿色，倾斜一定角度则变为蓝色。

(8)阴阳互补对印图案：票面左下方和背面右下方均有圆形局部图案，迎光观察，正背面图案重合并组合成一个完整的古钱币图案。

(9)雕刻凹版印刷：正面主景毛泽东头像、中国人民银行字样、盲文及背面主景人民大会堂等均采用雕刻凹版印刷，用手指触摸有明显凹凸感。

(10)横竖双号码：正面采用横竖双号码印刷（均为两位冠号、八位号码）、横号码为黑色，竖号码为蓝色。

3. 常用假币识别方法

据有关专家介绍,识别假币最简单的方法可以概括为"一看、二摸、三听、四测"。

一看:看钞票的水印是否清晰,有无层次感和主体效果;看安全线;看整张票面图案是否统一。二摸:第四套人民币5元以上券别均采用了凹版印制,触摸票面上凹印部位的线条,是否有凹凸感。三听:钞票纸张是特殊纸张,挺括耐折,用手抖动会发出清脆的声音。四测:用紫外线灯检测,纸张无荧光反应,用磁性仪检测磁性印记,用放大镜检测图案印刷的接线技术及底纹线条。

除了上述基本方法外,还可以通过比较法,即用真币与假币的对比方法去识别假人民币,仔细去比较可以更有效地识别假币。

(1)水印识别。人民币水印是在造纸中采用特殊工艺而形成的暗记。真币水印的特点是层次分明,立体感强,透光观察清晰。而假币特点是水印模糊,无立体感,变形较大,假币水印多是用浅色油墨加印在纸张正、背面,不需迎光透视就能看到,有些是将事先做好的水印嵌进假币的夹层中,这种水印相当逼真,不过水印部分纸张较厚,用手指触摸即可感觉到。

(2)凹印技术识别。真币的技术特点是图像层次清晰,色泽鲜艳、浓郁,立体感强,触摸有凹凸感,如1元至100元券人民币在人物、字体、国徽、盲点处都采用了这一技术。而假币图案平淡,手感光滑,花纹图案较模糊,并由网点组成。

(3)荧光识别。1999年版50元、100元券别人民币,在紫外光照射下分别在正面主图景两侧显示纸币面额的阿拉伯数字"100"或"50"和汉字拼音"YIBAI"或"WUSHI"的黄绿色荧光反应,但整版纸张无荧光反应。假币一般没有荧光暗记,个别的虽有荧光暗记,但与真币比较,颜色有较大差异,并且纸张会有明显的蓝白荧光反应。

(4)安全线识别。真币的安全线是立体实物与钞纸融为一体,有凸起的手感。假币一般是印上或画上的颜色,如加入立体实物,会出现与票面皱褶分离的现象。

(5)冠号识别。真币冠号如果采用专用设备测试,会显示磁性特征,而假币无磁性特征。

此外,还可借助仪器进行检测,可用紫外光、放大镜、磁性仪等简便仪器对可疑票券进行多种检测。

评价分析 >>>

1. 完成点钞及识别假币的工作任务

正确掌握点钞的基本知识及基本方法,掌握识别假钞的技术,完成工作任务。

2. 完成工作任务结果评价

按照要求完成实训项目,由完成者与老师共同来评价实训完成情况。

(1)点钞工作是否按照基本程序操作?

(2)点钞方法是否正确?

(3)识别假钞的要点包括什么?

3. 完成实训项目的收获

按照要求和规程完成了工作任务后,结合老师对完成工作任务结果的评价,你自己对完成此项工作任务有何收获?请将你的收获写出来,与老师和同学们一起交流和分享你的收获吧!

项目三

会计数字书写技能

> ### 知识目标

- 了解会计数字书写在会计工作中的作用；
- 掌握会计数字大小写的标准写法；
- 掌握各类单据的金额和日期的正确写法；
- 熟悉会计数字出现书写错误后的更正方法。

> ### 技能目标

- 掌握会计数字小写的标准写法，做到书写规范、清晰、流畅、美观；
- 掌握会计数字大写的标准写法，做到书写规范、流畅，字迹工整、清晰；
- 掌握金额和日期大小写的正确写法，正确书写支票、发票等重要票据的金额和日期，以适应实际工作需要。

▌案例导入 >>>

王先生常年给某饭店供应鸡、鸭。2014 年 3 月 21 日，饭店交付给王先生某银行转账支票一张。此支票在交付时只记载了小写金额 1121 元，收款人以及大写金额均未记载。同年 3 月 23 日，王先生在补记收款人以及大写金额的情况下，将支票交给他人。后来，此支票几经转手，在填写了大写金额"柒仟柒佰贰拾壹元整"且小写金额被改为 7721 元后，于 2014 年 5 月 27 日由李先生持有。李先生将支票交于某银行，银行自饭店账户上划款7721 元至李先生的账户。

饭店将银行及李先生告上法庭，要求他们承担连带责任，返还不当得利 6600 元以及利息。但人民法院一审驳回了饭店的请求。

案例分析 >>>

1.如何书写小写数字以减少被篡改的可能?

2.如何正确书写大写数字?

任务一　会计数字大小写书写

◆ 活动一　会计数字小写书写

1.数字书写基本要求

数字是表示数目的文字。目前,使用最为普遍的是阿拉伯数字。阿拉伯数字由 0、1、2、3、4、5、6、7、8、9 共 10 个计数符号组成。在会计工作中,金额数字几乎全部用阿拉伯数字表示,填制会计凭证、登记账簿、编写会计报告都会大量使用这些数字,而且其书写方法和要求与普通书写不同,必须遵循特定的规范。因此,正确、规范、清晰地书写阿拉伯数字是财会工作者一项基本技能。

在会计工作中,数字书写要做到正确、规范、清晰、流畅、整洁、美观。

(1)数字正确,占位准确

数字的书写首先要做到正确无误。在会计工作中,数字特别是阿拉伯数字经常书写于凭证、账表等有严格数位要求的会计资料中,所以,根据数位准确定位书写位置,并确保一个数字占一个数位格。

(2)标准规范,清晰可辨

规范书写是财会人员素质的基本体现。数字书写要符合财经法规、会计制度的各项规定,符合对财会人员的规范要求。在书写时还应做到书写工整、字迹清晰,不能连笔,不能潦草,以防模棱两可。

(3)书写流畅,整洁美观

书写数字时,要做到长短宽窄比例匀称、大小一致、用力均匀、疏密有度、排列整齐,不得随意涂改,污染账目,给人以整洁美观的感受。

此外,关于书写用笔,根据会计工作基础规范要求,登记账簿要用蓝黑墨水或者碳素墨水笔书写,不得使用圆珠笔(银行的复写账簿除外)或者铅笔书写。红色墨水可以使用,但一般只在错账更正时使用,结账时也使用红色墨水笔画结账线。填写支票必须使用碳素笔书写。

2.数字书写规范要求

阿拉伯数字在凭证和账表中书写与普通书写有所不同,其规定更为严格,必须遵从特定规范。具体要求是:

(1)书写顺序。应从左到右,逐个顺序书写;在笔画顺序上,要自上而下、先左后右完成书写。除 4 和 5 外,其他数字要一笔写成,不能人为增加笔画。

(2)书写高度。除 6、7、9 三个数字以外,其他数字高度要求一致,数字底部要紧贴数字格底线,不要悬空写在数字格中间,数字高度一般应占数字格高度的 1/2,不能超过 2/3,为更正错误留有余地。书写 6 时,上端比其他数字略高 1/4,书写 7、9 时,上端比其他数字略低 1/4，下端要过数字格底线比其他数字略长出 1/4。

(3)书写角度。每个数字要保持倾斜度一致，自右上方向左下方书写并倾斜 45～60 度为宜。

(4)数字排列。每个数字要左右居中，上下对齐。数字之间要保持同等距离，同行相邻两个数字间距大小以不能增加数字为宜。在有数位格的凭证、账表中，要正确对位，同位对齐，一个数字只能占一格。如果没有数位格，数字书写时也要同位对齐。数字整数部分，可以按国际通用的“三位分节制”记数法，即从个位起，向左每三位数字作为一节，用分节点“,”分开或通过空四分之一格分开，以易于辨认和汇总计算。

总之，阿拉伯数字的宽窄和长短比例要匀称，力求美观、大方(见图 3-1-1)。

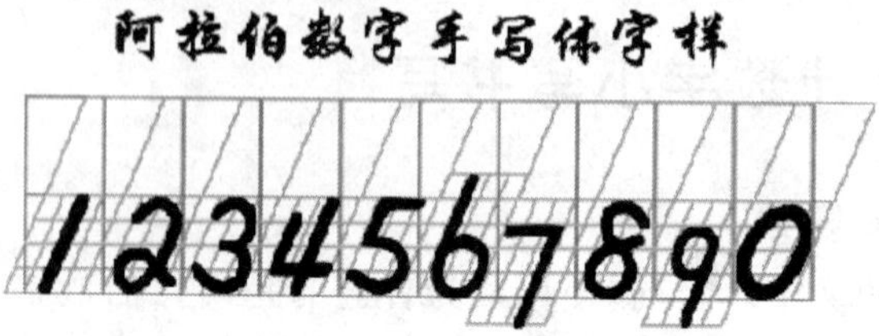

图 3-1-1

3. 数字书写训练

严格按照上述标准，在下列账页上(图 3-1-2)将 0～9 十个阿拉伯数字反复书写 30 遍。要求财会专业达到三级标准，非财会专业达到四级标准。试试你达到了几级。

成绩标准：

四级：4 分钟以内完成；

三级：3.5 分钟以内完成；

二级：3 分钟以内完成；

一级：2.5 分钟以内完成。

年		凭证		对方科目	摘要		借方											贷方												余额										
月	日	种类	号数				亿	千	百	十	万	千	百	十	元	角	分	亿	千	百	十	万	千	百	十	元	角	分		亿	千	百	十	万	千	百	十	元	角	分

图 3-1-2

❖ 活动二　会计数字大写书写

中文数字分为大写和小写两种。大写数字主要用于支票、汇票、收据、发票等重要票据。大写数字由数码和数位两部分组成，其中数码字包括：零、壹、贰、叁、肆、伍、陆、柒、捌、玖，数位字包括：拾、佰、仟、万、亿、元、角、分、整（正）。这些大小写数字以及阿拉伯数字的对照如表 3-1-1 所示。

表 3-1-1

阿拉伯数字	1	2	3	4	5	6	7	8	9	0
中文小写数字	一	二	三	四	五	六	七	八	九	〇
中文大写数字	壹	贰	叁	肆	伍	陆	柒	捌	玖	零

通过对比发现，不管是阿拉伯数字，还是中文小写数字，由于笔画简单，容易被涂改伪造，所以一般文书和商业财务票据上的数字都要采用中文大写数字。

1. 会计数字大写书写要求

会计数字大写的书写具体要求如下：

(1)书写顺序与读数字的顺序一致。

(2)应用正楷或行书书写，不得用草体等其他字体，不得连笔写。

(3)字体要各自成形，大小匀称，排列整齐，字迹要工整、清晰。

(4)不得用一、二（或两）、三……九、〇（或另）等代替，不可随意简化汉字或用谐音字，更不得擅自造字。如果使用繁体字，如貳、陸、億、萬、圓，也属正确。

以上书写规范对于财会工作中的其他文字书写同样适用。

2. 会计数字大写书写训练

按读出的数字书写出下列数字的中文大写数字。

(1)76

(2)396

(3)9,058

(4)4,027,001

(5)248,932,000

按读出的数字将以上 5 组数字写成中文大写数字，应该是：

(1)柒拾陆

(2)叁佰玖拾陆

(3)玖仟零伍拾捌

(4)肆佰零贰万柒仟零壹

(5)贰亿肆仟捌佰玖拾叁万贰仟

◆ 活动三　会计数字书写错误更正

在审核会计资料时,若发现数码字书写错误,应该按照规定的方法进行更正。

1. 会计数字书写错误更正要求

会计数字出现书写错误后更正要求如下:

(1)如果数字书写发生错误,就要进行更正。更正数字要求规范化,不能在原来数字上涂改、挖补、刮擦,或用消字药水消迹。

(2)中文大写数字出现错误或漏写,必须重新填写。先将错误数字从头到尾划一道横线完全划掉,并加盖更正人的图章,以示负责;然后再将正确数字写在上方。更正时,要求是一笔完整的数字,不能只改一半,更不能在原数字上涂改其中一个字码,以免混淆不清。只要部分数字写错(包括一个字码),都要把全部数字划线勾掉并更正。一个数字最多只能修改两次。

2. 会计数字书写错误更正方法

(1)原始凭证数码金额书写错误更正方法:审核原始凭证时,若发现数码金额书写出现错误,根据有关规定,不得更改,只能由原始凭证开出单位重开;对于没有编号的零散作废凭证,应立即销毁废弃;印有编号的作废凭证,应盖有作废印记后保存,或将其各联号留下,粘入其下一号的各相应联上借以向有关部门说明此号作废,以便查改。

(2)记账凭证数码字书写错误更正方法:记账凭证数码字书写出现错误时,如果没有登记入账,应当重新填写。

(3)会计账簿数码字书写错误更正方法:账簿记录错误,可采用划线更正法,即先用红笔在错误的全部数字中间划一横线,然后重新在错误数字的正上方书写全部正确的数码字,并且由记账人员和相关人员在更正处加盖名章,以示负责。

3. 会计数字书写错误更正训练

根据规范的错误更正方法,下面对本业务中写错的三组数字进行更正。表3-1-2是错误的更正方法,表3-1-3是正确的更正方法。

表 3-1-2

千	百	十	万	千	百	十	元	角	分
							8		
				8	7	5	~~3~~	2	1
								0	9
				7	5	6	9	8	~~0~~	~~0~~
			6		6	3	7	0	0

表 3-1-3

千	百	十	万	千	百	十	元	角	分
				8	7	5	8	2	1
				~~8~~	~~7~~	~~5~~	~~3~~	~~2~~	~~1~~
			7	5	6	9	8	0	9
			~~7~~	~~5~~	~~6~~	~~9~~	~~8~~	~~0~~	~~9~~
					6	3	7	0	0
				~~6~~	~~3~~	~~7~~	~~0~~	~~0~~	~~0~~

◆ 实训任务

1.将阿拉伯数字和中文大写数字从零到玖书写30遍。

试试看15分钟之内你写完了吗？是否书写得正确、标准、规范、清晰、流畅、整齐和美观？

2.将下列中文大写数字写成阿拉伯数字。

(1)贰拾捌

(2)肆佰壹拾叁

(3)陆万零柒拾伍

(4)玖拾万

(5)捌佰零玖万陆仟叁佰零伍

3.将下列阿拉伯数字书写成中文大写数字。

(1)8,306

(2)90,507

(3)240,000

(4)538,697

(5)6,003,000

任务二 大小写金额和日期书写

◆ 活动一 大小写金额书写

1.小写金额书写规范

小写金额，就是用阿拉伯数字书写的金额，是在财会工作中最常用的数字书写方法。

书写小写金额除了达到阿拉伯数字书写的基本要求外，还必须遵守以下规范：

(1)正确使用货币符号。阿拉伯数字金额前面必须书写币种符号(如人民币是￥，美元是＄，英镑是￡等)。人民币符号￥，既代表了人民币的币制，还表示了人民币"元"的单位计量单位。因此，阿拉伯数字前面有人民币符号"￥"的，数字后面不再写"元"字。币种符号与阿拉伯数字之间不得留有空白。如"￥3,045.65"书写是正确的，而"￥ 3,045.65"书写是不正确的。如果阿拉伯数字前面不适合写币种符号的，数字后面必须写上"元"、"美元"等字。

(2)以元为单位(其他货币种类为货币基本单位)的阿拉伯数字，除表示单价等情况外，一律写到角分，元和角之间要用小数点"."隔开。所以，会计中的所有数字都会保留两位小数，其他位小数四舍五入。无角分的，不能空位，角位、分位均填写0，或者填写符号"—"，如"5,147.00元"或"5,147.—"元书写均是正确的，而"5,147元"书写是不正确的。

有角无分的,分位填写 0,不得用符号"—"代替,如"9,683.20 元"书写是正确的,而"9,683.2—"元书写是不正确的。

(3)在有严格数位要求的账页中书写时,要遵循书写习惯,自左向右书写,首先找出这一数值的最高位数字(或称首位数字)在凭证、账表中的准确位置,其他数字的位置便可相应确定。

2. 大写金额书写规范

大写金额,就是用中文大写数字书写的金额。其书写规范要求如下:

(1)大写金额数字前应标明货币名称(如"人民币")字样,且与金额数字之间不得留有空白。如果大写数字前没有印好货币名称,应手写填上。

(2)正确使用"整"字。大写金额数字到元或角的,应在元或角后面写"整"字;大写金额数字到分的,在分后面不再写"整"字。例如,"¥3,415.00"应写为"人民币叁仟肆佰壹拾伍元整","¥398.60"应写为"人民币叁佰玖拾捌元陆角整","¥17,462.54"应写为"人民币壹万柒仟肆佰陆拾贰元伍角肆分"。

(3)正确书写数字中间的"零"。小写金额数字中有"0"时,要针对"0"的不同位置,在大写金额中正确使用"零"字。

第一种情况,小写金额数字中间有一个或连续几个"0",且元位不是"0"时,大写金额只写一个"零"字。如"¥8,003.46"应写为"人民币捌仟零叁元肆角陆分"。

第二种情况,小写金额元位是"0",但角位不是"0"时,大写金额可以写一个"零"字,也可以不写,且"零"字之前还必须写上"元"字。如"¥76,200.34"应写为"人民币柒万陆仟贰佰元叁角肆分"或"人民币柒万陆仟贰佰元零叁角肆分"。如果元位和角位都是"0",但分位不是"0"时,大写金额只写一个"零"字,"零"字之前也必须写上"元"字。如"¥302,810.06"应写为"人民币叁拾万零贰仟捌佰壹拾元零陆分"。

第三种情况,小写金额数字末位有"0"时,不论是一个还是连续几个"0",大写金额一般不写"零",而用"整"字结尾。如"¥4,200.00"应写为"人民币肆仟贰佰元整"。

(4)在印有大写金额万、仟、佰、拾、元、角、分数位的凭证中书写大写金额时,应对位填写,在小写金额中有"0"的,均要在相应的数位上对应写上"零"字,金额前面有空位的,可划"×"。

(5)小写金额以"1"开头的,大写金额应加写上"壹"字,这与数字读出的习惯有所不同。如"¥15.37"应写为"人民币壹拾伍元叁角柒分",其中"壹"字不可省略。

(6)各种票据和结算凭证的中文大写金额一律不许涂改,一旦写错,必须作废凭证,重新填写。

3. 大小写金额书写训练

书写下列金额的小写或大写数字。

(1)人民币壹拾陆元贰角整

(2)人民币捌万肆仟柒佰陆拾伍元玖角叁分

(3)人民币玖拾柒万叁仟伍佰陆拾肆元整

(4)人民币叁佰玖拾万元零伍角柒分

(5)￥50.16

(6)￥95,286.12

(7)￥188,369.57

(8)￥3,487,365.09

其金额分别是:

(1)￥16.20

(2)￥84,765.93

(3)￥973,564.00

(4)￥3,900,000.57

(5)人民币伍拾元壹角陆分

(6)人民币玖万伍仟贰佰捌拾陆元壹角贰分

(7)人民币壹拾捌万捌仟叁佰陆拾玖元伍角柒分

(8)人民币叁佰肆拾捌万柒仟叁佰陆拾伍元零玖分

◈ 活动二　大小写日期书写

《支付结算办法》附件规定:票据的出票日期必须使用中文大写,如果使用小写填写,银行不予受理。大写日期未按要求规范填写的,银行可予受理,但由此造成损失的,由出票人自行承担。《支付结算办法》未明确规定的其他票据,可按票面提示书写(一般可以使用小写日期)。

1. 小写日期书写规范

(1)年份:年份应当按照公历习惯,以阿拉伯数字和"年"字完整书写。如 2012 年,不应写为"12 年"。

(2)月份:月份为 1~9 份,在月份前加"0"。如 6 月,应写为"06 月"。月份为 10~12 月的,按照正常数字书写。如 12 月,应写为"12 月"。

(3)日数:日数为 1~9 的,在日数前加写"0"。如 9 日,应写为"09 日"。日数为 10~31 日的,按照正常数字书写。如 18 日,应写为"18 日"。

2. 大写日期书写规范

(1)年份:年份应当按照公历习惯,以中文大写数字和"年"字完整书写。如 2009 年,应写为贰零零玖年。

(2)月份:1、2 和 10 月,在月份前加写"零"字。如 1 月应写为零壹月,10 月应写为零壹拾月。3~9 月,根据《支付结算办法》规定,按照数字的中文发音规律直接书写。如 3 月可写为叁月。11 月和 12 月,按数字的中文发音规律,在第一个数字加写"壹"字。如 11 月应写为壹拾壹月。

注意:虽然在《支付结算办法》中仅对 1、2 和 10 月的写法作出了明确规定,但在实际工作中,人们已经习惯在 1~9 月的数字前都加写"零"字(如 5 月写为零伍月),这反而成为了约定俗成的惯例。

(3)日数:1~9日和10、20、30日,按照数字中文发音规律在第一个数字前加写"零"字。如5日,应写为零伍日,10日应写为零壹拾日。11~19日,按照数字中文发音规律在第一个数字前加写"壹"字。如16日,应写为壹拾陆日。日数为21~29和31日的,按照数字中文发音规律直接书写。如26日,应写为贰拾陆日。

3. 大写日期书写训练

书写下列日期大写。

(1)1月13日

(2)10月30日

(3)2009年4月9日

(4)2013年10月20日

正确、规范的书写如下:

(1)应写为:零壹月壹拾叁日

(2)应写为:零壹拾月零叁拾日

(3)应写为:贰零零玖年零肆月零玖日

(4)应写为:贰零壹叁年零壹拾月零贰拾日

实训任务

1.在账页上书写下列几组大小写金额数字。

￥0.07 ￥0.21 ￥6.30 ￥27.00 ￥863.04 ￥2,700.05

小写金额								大写金额							
十	万	千	百	十	元	角	分	人民币:	万	仟	佰	拾	元	角	分
							7	人民币:	万	仟	佰	拾	元	角	分
						2	1	人民币:	万	仟	佰	拾	元	角	分
					6	3	0	人民币:	万	仟	佰	拾	元	角	分
				2	7	0	0	人民币:	万	仟	佰	拾	元	角	分
			8	6	3	0	4	人民币:	万	仟	佰	拾	元	角	分
		2	7	0	0	0	5	人民币:	万	仟	佰	拾	元	角	分

2.将下列日期写为大写。

(1)2011年3月8日

(2)2010年12月11日

(3)2015年1月30日

(4)2012年11月20日

(5)2018年6月15日

(6)2016年10月6日

(7)2013年9月10日

(8)2014年7月25日

评价分析 >>>

1. 完成会计数字书写的工作任务

正确进行会计数字大小写书写工作;正确进行单据的金额和日期的大小写书写工作;选出规范、工整、清晰符合会计书写要求的作品进行展示。

2. 完成工作任务结果评价

按照要求完成实训项目,由完成者与老师共同来评价实训完成情况。

(1)数字大小写书写是否标准、规范?

(2)金额和日期的拼读和书写是否正确?

(3)数字书写错误应如何更正?

3. 完成实训项目的收获

按照要求和规程完成了工作任务后,结合老师对完成工作任务结果的评价,你对自己完成此项工作任务有何收获? 请将你的收获写出来,与老师和同学们一起交流和分享你的收获吧!

项目四

财经岗位电算化技能

▶ **知识目标**

- 了解电子计算器的种类,掌握电子计算器各功能键的使用方法;
- 了解数字小键盘的结构,掌握数字小键盘的输入指法及输入要领。

▶ **技能目标**

- 能够熟练地使用电子计算器进行正确计算,解决实际工作中的各种计算问题;
- 能够采用正确的指法输入键盘数字,实现快速自如的盲打输入。

案例导入 >>>

毕业生小张被一家私营企业招聘为会计,虽然学生时代整天和电脑打交道,键盘上的字母闭上眼睛就能准确无误地敲出来。但现在面对的是键盘上的数字键,输入时如同新手一般生硬,就连电子计算器小张也无法熟练操作。看着老板怪怪的目光,小张心里真不是滋味,不抓紧时间练习是不行了。回家后,发现数字键练习非常枯燥,关键是对照账目上一长串数字进行练习后,不知哪些数字打错了,还得一一校对才行!

案例分析 >>>

1.电子计算器的功能有什么?

2.数字小键盘有哪些操作要领?

任务一　电子计算器的使用技能

❖ 活动一　电子计算器的种类

电子计算器(简称计算器)是电子计算机大家族中的成员之一,具有计算速度快,精确度高,有记忆和逻辑判断的能力,体积小,重量轻,便于携带等优点。如今,电子计算器已成为人们日常生活中不可缺少的计算工具。目前生产的电子计算器种类繁多,规格也不统一,按电子计算器的功能、显示器的特点和运算方法可将其分为如下几类:

1.按照电子计算器的功能分类

(1)简单计算器(通用型计算器)

这是一种简单的计算器,它可以进行加、减、乘、除四项运算,有的能进行乘方、开方、百分比计算。这种计算器操作简单,便于携带,适用于人们做日常一般运算,属于普及型,也有人称它为算术型计算器。

(2)科学计算器(函数型计算器)

这种计算器除具有普通型计算器的功能外,还具有三角函数、指数函数、反三角函数、对数、倒数、幂函数、阶乘、坐标转换、复数运算、角度变换等运算功能。它还可以利用 EXP 键把参与运算的数用科学计数法表示出来,把计算结果用 $a \times 10^n$ 形式显示,将计算器的数值范围扩大很多倍。

(3)专用计算器

目前这类计算器中使用最多的是一种供财会人员使用的计算器,可做加、减、乘、除四则运算,百分比运算等,有的还附加一些其他的功能,如日历、报时等。

(4)程序型计算器

这是近年来发展最快的一种个人用高级计算器,它除具有函数型计算器的全部功能外,还具有解逻辑方程、代数方程及微分方程的功能。这类计算器一般具有两个以上的数码寄存器,而且还具有不同容量的存储器。

2.按照电子计算器显示器的特点分类

(1)微型数码管显示器计算器

这类计算器的显示器是由微型数码管组成的,数码管显示清晰明亮,可在任何场合使用,但其功耗较大。

(2)液晶型显示器计算器

这类计算器的最主要优点是功耗小、省电,但它本身不发光,只能反射入射的光线,因此在无光处不能使用。

3.按照电子计算器的运算方法分类

(1)法则运算计算器

这类计算器在执行数学运算时,按数学法则进行运算,即先乘除后加减。如 $1+2\times3$,可以按照算式的次序直接按入,即 $\boxed{1}$ $\boxed{+}$ $\boxed{2}$ $\boxed{\times}$ $\boxed{3}$ $\boxed{=}$,计算器会按先乘后加法则运算,结果为 7。

(2)顺序运算计算器

这类计算器的运算是按照操作先后顺序进行的,即先输入的先算,后输入的后算,不是先乘除后加减。如 $1+2\times3$,采用这类计算器依先后顺序按键变成 $(1+2)\times3$,运算结果是 9,而不是 7。要得到正确结果,按键次序应当为 $\boxed{2}$ $\boxed{\times}$ $\boxed{3}$ $\boxed{+}$ $\boxed{1}$ $\boxed{=}$。

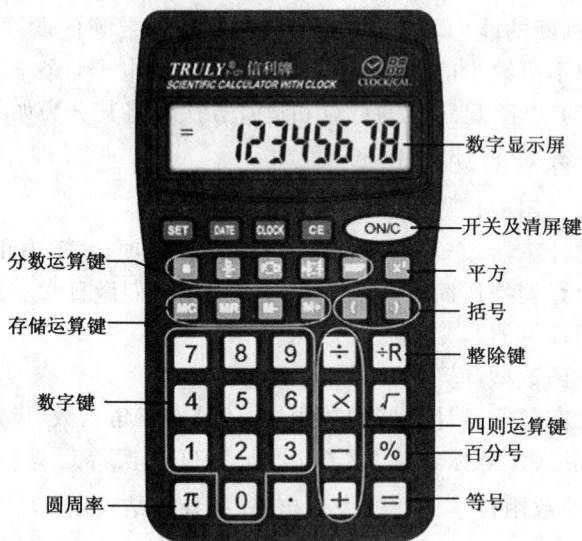

图 4-1-1

◆ 活动二 电子计算器的功能键

电子计算器的功能键如图 4-1-1 所示。

1. 接通/关闭键

计算器键盘上的 $\boxed{ON}$ 键(有时是开关 $\boxed{ON/OFF}$)可接通计算器电源,显示器一亮就表示电源接通。电源接通键有两种:一种是安装在计算器旁边的,一般都是上下推动开关;另一种是安装在键盘上方左侧,设有 $\boxed{ON}$ 和 $\boxed{OFF}$ 两个键,按动 $\boxed{ON}$ 表示开,按动 $\boxed{OFF}$ 表示关。

2. 清除键

$\boxed{AC}$ 及 $\boxed{C}$ 是国内流行的各种计算器上的两个清除键。$\boxed{AC}$ 是总清除键,用来清除计算器中的一切运算及数字,但不能清除存储器中的数。$\boxed{C}$ 是局部清除键,用来清除最后输入的数字及运算符号,在更正按错的数值时经常使用。

3. 数据输入键

(1) ⓪ …… ⑨ 、. 为数字及小数点输入键,每按动一次则输入一个数字或小数点,如要输入 24.3,则按 ② ④ . ③ ,此时显示器显示出"24.3"。

(2) +/- (CHS SC -)是正负交换键(改号键),要改变输入数据的正负号时,只要按下该键,正数就会变成负数。它的使用顺序与书写顺序不同,是先按入数值,再按改号键。如要输入 -5,则先按 ⑤ ,再按 +/- 。

(3) π 是圆周率输入键,按动一次可输入 3.1415926,若为 10 位显示器, π 值为 3.141592654。

(4) EXP (EX)是科学计数法指数控制功能键,当数值要用指数形式表示时使用此键。

4. 基本运算键

(1) + - × ÷ 是四则运算功能键。

(2) (… …) ( ) 是括号运算功能键。

(3) % 是百分比自动显示功能键。

(4) = 是运算结果显示功能键。

5. 数理统计计算键

(1) STAT (ΣOUT)是统计运算结果显示控制功能键,按此键,再分别按下 n σ ΣX ΣX² …… 中的一个键,将提取出输入数据所计算的相应指标。

(2) DATA (X ΣX)是样本单值输入功能键,按此键一次可输入一个(或一组)数据。

(3) n 是样本输入个数显示功能键。

(4) X̄ (Ȳ)是样本平均值显示功能键。

(5) ΣX 是样本总和显示功能键,求输入计算器的统计数据之和时使用。

(6) σ 是标准差显示功能键。

(7) DEL (CD)是样本单值消去功能键。

(8) ΣX² 是样本平方总和显示功能键。

6. 存储键

(1) SUM 或 M+ 存储累加键:这个功能键可代替等号显示运算结果,能把显示数据存入存储器并与原存储数据相加后存入存储器中。

(2) M- 存储累减键:这个功能键是把显示数据的正数作为负数存入存储器,并可以把显示的数据从存储器中数据里扣除。

(3) X→M (MS)显示数据存储功能键:这个功能键是作单数值存储使用的。它可以在把原有的存储数据消去的同时把显示数据输入进去。当显示数据为零时,按下这个功能键还可以清除存储的数据。因而有的计算器将它兼作存储消除功能键,使存储器内存数据为零。

(4) $\boxed{RCL}$ 或 $\boxed{MR}$ 数据存储调出键:若存储器中已存储数据,则按下 $\boxed{RCL}$ 即可将该数据调出,重新显示在显示屏上,并可用于各种计算。按下 $\boxed{RCL}$ 后,存储器中的数据仍然存在,以后只要需要,任何时候都可以取出。

7. 函数功能键

(1) $\boxed{1/X}$ 倒数键:其作用是自动把显示器中的数据取倒数。如求 5 的倒数,只要按动 $\boxed{5}$ $\boxed{1/X}$ 就可算出结果。

(2) $\boxed{X^2}$ 平方自动运算显示功能键:求显示器上数值的平方时使用。

(3) $\boxed{\sqrt[2]{}}$ 平方根自动运算显示功能键:求显示器上数值的平方根时使用。

(4) $\boxed{\sqrt[3]{}}$ 立方根自动运算显示功能键:求显示器上数值的立方根时使用。

(5) $\boxed{log}$ 常用对数自动运算显示功能键:计算以 10 为底的对数时使用。

(6) $\boxed{Hyp}$ 双曲函数键:利用此键与相应的三角函数键,可以求出双曲函数的值。

(7) $\boxed{ln}$ 自然对数自动运算显示功能键:该功能键可求显示数字的以 e 为底的自然对数。

(8) $\boxed{sin}$ $\boxed{cos}$ $\boxed{tan}$ 三角函数键:用这三个功能键可分别求出数的正弦、余弦、正切三个三角函数。它们分别与倒数功能键结合,可以求出反三角函数。在求反三角函数时,只要先输入某值,再按反三角函数即可。

◆ 活动三 电子计算器应用举例

加减乘除运算是最基本的运算,各类计算器都具有这种运算功能。目前计算器有 8 位数和 10 位数两种。计算结果超出显示位数时,通用型计算器自动溢出,而函数型计算器自动用科学计数法显示。(以下计算以 KK-105B 型计算器为例)

1. 加减乘除运算

例 1 计算 $(30+2-5) \times 50 \div 9 = 150$,操作过程如表 4-1-1 所示。

表 4-1-1

操　作	显　示	说　明
$\boxed{(}$ 30	30	
$\boxed{+}$ 2 $\boxed{-}$	32	
5 $\boxed{)}$	27	
$\boxed{\times}$ 50 $\boxed{\div}$	1350	
9 $\boxed{=}$	150	

例2 计算 3 252.6×537×9 362.5＝16 352 975 047.5,操作过程如表 4-1-2 所示。

表 4-1-2

操　作	显　示	说　明
3252.6	3252.6	
⊠ 537 ⊠	1746646.2	
9362.5 ＝	1.6352975　10	1.6352975×10¹⁰

说明:得数超过 10¹⁰时,函数型计算器得数的表示方法自动改为科学计数法显示;显示器右端 10 表示小数点后边有 10 位数字。上题的结果是 16352975000,该结果只是一个近似值,舍去了 47.5。若为通用型计算器,其表示方法为 E1.635297504,E 表示溢出,书写时溢出位上都要补零,该题结果为 16352975040。该结果也是一个近似值,舍去了 7.5。(该题以 10 位显示器为例)

例3 计算 84×(−10)÷(−70)＝12,操作过程如表 4-1-3 所示。

表 4-1-3

操　作	显　示	说　明
84 ⊠ 10 ＋/−	−10	
÷ 70 ＋/−	−70	
＝	12	

例4 计算(42.5×8.3)＋(7.5×4.8)＝388.75,操作过程如表 4-1-4 所示。

表 4-1-4

操　作	显　示	说　明
42.5 ⊠ 8.3	8.3	
＝ M⁺	M 352.75	存入寄存器
7.5 ⊠ 4.8 M⁺	M 36	
MR	388.75	
AC	M 0	
X→M	0	清除寄存器中所有的数字

实训任务

(1)(94.2×36.8)＋(2.4×3.6)

(2)63×(19＋27)＋36÷9

(3)(−58)×46÷(−32)

(4)46.5×28×924.5

(5)75＋8×[(98−100)÷(−4)]

实训结果检查

(1)3 475.2

(2)2 902

(3)83.375

(4)1 203 699

(5)79

2.含常数运算

计算器在作加、减、除运算时,能分别记忆已输入的加、减、除指令及数字。所以,当做完第一次运算后,再进行只是被加数、被减数、被除数不同的计算,只要输入不同的被加数、被减数、被除数后,接着按等号键即能得出结果。而作乘法运算时,计算器能记忆已输入的被乘数和乘法指令,故当做完第一次运算后,再进行被乘数相同的乘法计算,只需输入另一乘数,再按等号键,即能得出结果。

例 5　计算(1)431+246=677　(2)542+246=788　(3)899+246=1 145
操作过程如表 4-1-5 所示。

表 4-1-5

操　作	显　示	说　明
431 ⊞ 246 ⊜	677	(1)答数
542 ⊜	788	(2)答数
899 ⊜	1145	(3)答数

例 6　计算(1)785-196=589　(2)645-196=449　(3)164-196=-32
操作过程如表 4-1-6 所示。

表 4-1-6

操　作	显　示	说　明
785 ⊟ 196 ⊜	589	(1)答数
645 ⊜	449	(2)答数
164 ⊜	-32	(3)答数

例 7　计算(1)38×65=2 470　(2)38×327=12 426　(3)38×6 896=262 048
操作过程如表 4-1-7 所示。

表 4-1-7

操　作	显　示	说　明
38 ⊠ 65 ⊜	2470	(1)答数
327 ⊜	12426	(2)答数
6896 ⊜	262048	(3)答数

例 8　计算 (1)-225÷9=-25　(2)639÷9=71　(3)738÷9=82
操作过程如表 4-1-8 所示。

表 4-1-8

操　作	显　示	说　明
225 ⊞/⊟ ÷ 9 ⊜	-25	(1)答数
639 ⊜	71	(2)答数
738 ⊜	82	(3)答数

实训任务

1. (1)276+43　　(2)821+43　　(3)345+43
2. (1)738-28　　(2)534-28　　(3)275-28
3. (1)96×78　　(2)96×428　　(3)96×(-76.84)
4. (1)835÷6　　(2)726÷6　　(3)(-150)÷6

实训结果检查

1	(1)319	(2)864	(3)388
2	(1)710	(2)506	(3)247
3	(1)7 488	(2)41 088	(3)−7 376.64
4	(1)139.17	(2)121	(3)−25

3.百分数运算

百分数在日常工作、生活中使用很广,通用型和函数型计算器都有专门的百分比键。但由于计算器的结构不同,百分比计算的按键方式也不完全相同,在使用中应注意区分。

例9　某化肥厂全年计划生产2 400吨化肥,一月份生产300吨,是全年计划的百分之几?
操作过程如表4-1-9所示。

表 4-1-9

操　作	显　示	说　明
300 ÷ 2 400 2ndf % =	12.5	12.5%

例10　某化肥厂全年计划生产3 200吨化肥,前三个月分别完成了全年计划的13%、15%、12%,求每个月份分别生产多少吨化肥。
操作过程如表4-1-10所示。

表 4-1-10

操　作	显　示	说　明
3 200 × 13 2ndf % =	416	
15 2ndf % =	480	
12 2ndf % =	384	

例11　计算350增加与减少48%以后各是多少。
操作过程如表4-1-11所示。

表 4-1-11

操　作	显　示	说　明
350 + 48 2ndf % =	518	增加后的结果
350 − 48 2ndf % =	182	减少后的结果

例12　(1)若原数为448,减少后的数为400,求减少的百分率。
(2)若原数为400,增加后的数为448,求增加的百分率。
操作过程如表4-1-12所示。

表 4-1-12

操　作	显　示	说　明
(448 − 400)	48	
÷ 448 2ndf % =	11	11%(1)答案
(448 − 400)	48	
÷ 400 2ndf % =	12	12%(2)答案

实训任务

(1)30÷150　　(2)7.8×32.5%　　(3)21÷25%　　(4)4÷7

(5)724×45%   (6)724×1.25%   (7)724×0.7%   (8)(130－100)÷100

(9)(160－60)÷60   (10)20＋20×10%

实训结果检查

(1)20%	(2)2.54	(3)84	(4)57.1%
(5)325.8	(6)9.05	(7)5.07	(8)30%
(9)167%	(10)22		

4.数理统计运算

在进行数理统计运算时,应使计算器工作模式处在统计运算系统下,操作过程如表4-1-13所示。

表 4-1-13

机　型	键的类型	操　作
KK-105B	按键式	2ndf STAT
BL-810	按键式	INV ΣMODE
LC-0808	按键式	MODE ΣON
广州-8031	滑动式	→ STAT
fx-120	滑动式	→ SD

例 13　某车间甲、乙两个生产小组日产量资料如表 4-1-14 所示。

表 4-1-14

甲组(件)	20	23	25	26	26	30
乙组(件)	24	18	25	29	30	34

要求:分别计算 n、$\sum X$、$\sum X^2$、σ、S、$\overline{X}$。操作过程如表 4-1-15、表 4-1-16 所示。

表 4-1-15

操　作	显　示	说　明
2ndf STAT	0	统计模式
20 DATA	1	样本个数
23 DATA	2	样本个数
25 DATA	3	样本个数
26 DATA	4	样本个数
26 DATA	5	样本个数
30 DATA	6	样本个数
$\overline{X}$	25	平均值
S	3.3471	样本方差 S
2ndf $\sum X$	150	X 值总和
2ndf $\sum X^2$	3 806	X 值平方和
2ndf σ	3.055	标准差 σ

表 4-1-16

操　作	显　示	说　明
2ndf STAT	0	统计模式
24 DATA	1	样本个数
18 DATA	2	样本个数
25 DATA	3	样本个数
29 DATA	4	样本个数
30 DATA	5	样本个数
34 DATA	6	样本个数
$\bar{X}$	27	平均值
S	5.574	样本方差 S
2ndf ΣX	160	X 值总和
2ndf ΣX²	4 422	X 值平方和
2ndf σ	5.088	标准差 σ

若在输入过程中发现有输错的样本数,可以更正,操作方法如表 4-1-17 所示。

表 4-1-17

操　作	显　示	说　明
2ndf STAT	0	统计模式
0.6 DATA	1	样本个数
0.4 DATA	2	样本个数
1.25 DATA	3	样本个数
1.25 DATA	4	输入错误样本数应为 1.5
1.25 2ndf CD	3	错误已更正
1.5 DATA	4	样本个数

◢ 实训任务

1. 自学小组 6 名学生考试成绩统计如下:(单位:分)

　　67　　　70　　　73　　　80　　　85　　　96

要求:计算 n、$\sum X$、$\sum X^2$、σ、S、$\bar{X}$。

2. 某车间两个小组开展劳动竞赛,每组日产量资料如下:(单位:件)

　　甲组:　12　15　17　10　12　20　18　16　19　14

　　乙组:　8　16　10　9　24　23　25　10　11　20

要求:计算 n、$\sum X$、$\sum X^2$、σ、S、$\bar{X}$。

3. 两钢铁企业某月上旬的钢材供货资料如下：

单位：万吨

日 期	1	2	3	4	5	6	7	8	9	10
甲企业	26	26	28	28	29	30	30	30	23	26
乙企业	15	15	17	18	19	18	18	16	16	17

要求：分别计算 n、$\sum X$、$\sum X^2$、σ、S、$\overline{X}$。

实训结果检查

1. $n(6)$　　$\sum X(471)$　　$\sum X^2(37559)$　　$\sigma(9.88)$　　$S(10.82)$　　$\overline{X}(78.5)$

2. 甲组：$n(10)$　　$\sum X(153)$　　$\sum X^2(2439)$　　$\sigma(3.13)$　　$S(3.30)$　　$\overline{X}(15.3)$

　　乙组：$n(10)$　　$\sum X(156)$　　$\sum X^2(2852)$　　$\sigma(6.46)$　　$S(6.82)$　　$\overline{X}(15.6)$

3. 甲企业：$n(10)$　　$\sum X(276)$　　$\sum X^2(7666)$　　$\sigma(2.2)$　　$S(2.32)$　　$\overline{X}(27.6)$

　　乙企业：$n(10)$　　$\sum X(170)$　　$\sum X^2(2910)$　　$\sigma(1.4)$　　$S(1.49)$　　$\overline{X}(17)$

任务二　数字小键盘操作

◆ 活动一　数字小键盘概述

数字小键盘操作是各类企事业单位在进行计算机录入过程中经常应用的技能，其输入的速度和准确性直接影响工作效率和效果。事实上，只要掌握了基本要领和方法并经常进行训练，就能够实现快速自如的盲打输入，从而达到相关岗位的工作要求。

1. 计算机键盘的分区

键盘是计算机中最重要的输入设备，通过键盘可以实现人与计算机的交互，发出各种控制指令。键盘通过一根数据线与主机相连，使用时通过敲击键盘上相应的键位达到录入数据的目的。按照功能的不同，将计算机键盘划分为五个区：打字机键区、编辑键区、数字小键盘区、功能键区、控制键区，如图 4-2-1 所示。

2. 数字小键盘的结构

数字小键盘位于键盘的右下部分，也称小键盘、副键盘或数字/光标移动键盘，主要用于数字、符号的快速录入及财经专业传票录入等，银行职员和财会人员多使用小键盘。

小键盘中共有 17 个键位，如图 4-2-2 所示，其中包括数字操作键——0、1、2、3、4、5、6、7、8、9 和小数点，数学运算符号键——加（＋）、减（—）、乘（＊）、除（/），Enter（回车）键及 NumLock 键（数字锁定键）。而用于屏幕编辑的←、→、↑、↓、Home、End、PgUp、PgDn、Ins、Del 为下档符，下档符用于控制全屏幕编辑时的光标移动，其功能与键盘中部的屏幕编辑键和光标移动键相同。

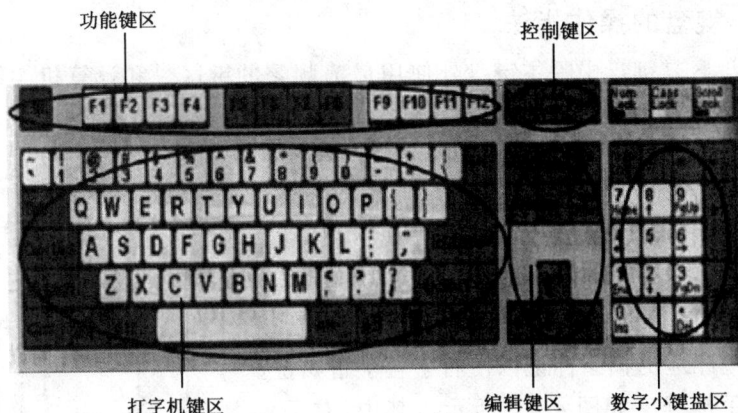

功能键区　　　　　　控制键区

打字机键区　　　　　编辑键区　　数字小键盘区

图 4-2-1

在数字小键盘中,每个键的分布紧凑、合理,适于单手操作,在录入内容为纯数字符号的文本时,使用数字小键盘将比使用主键盘更方便,更有利于提高输入速度。

小键盘区左上角的 NumLock 键是数字小键盘锁定转换键,用来打开与关闭数字小键盘区。按下该键,键盘上的"NumLock"指示灯亮,此时可使用小键盘上的数字键输入数字;再按一次NumLock 键,指示灯灭,数字键作为光标移动键使用。因此,数字锁定键也称为数字/光标移动转换键。

图 4-2-2

❖ 活动二　数字小键盘操作要领

1. 数字小键盘的操作姿势

对于初学者来说,必须掌握数字小键盘的正确操作姿势,养成良好的操作习惯,一方面可以降低对身体健康的危害,另一方面也是提高录入速度的一个必不可少的条件。在进行小键盘录入操作时,应注意以下几点:

(1)应备有专门的电脑桌椅,电脑桌的高度以站起来到达自己的臀部为准,电脑椅最好是可以调节高度的转椅。

(2)双腿平放于桌下,身体微向前倾,背部与转椅椅面垂直,并贴住椅背,身体与数字小键盘的距离为 15～25 厘米。

(3)眼睛的高度应略高于显示器 15°,眼睛与显示器距离为 15～35 厘米。

(4)右上臂自然下垂,右肘可以轻贴腋边,指腕不要压键盘边缘,右下臂和右手腕略微向上倾,与小键盘保持相同的斜度,右肘部与台面大致平行。

(5)右手手指保持弯曲,形成勺状放于键盘上,轻轻按在与各手指相关的基本键位上。

(6)打字教材或文稿放在键盘的左侧,或用专用夹固定在显示器旁边,注意力集中在原稿上,左手食指指向要输入的数据,右手凭借触觉和指法规则击键,此时尽量不看小键盘。打字时眼观文稿,身体不要倾斜。

2. 数字小键盘的操作指法

数字小键盘区是键盘中除主键盘外使用最为频繁的键区。和计算机主键盘区一样，数字小键盘区同样存在基准键位和原点键。数字小键盘区的基准键位是 4、5、6 三个键。将右手的食指、中指和无名指依次放在基准键位上，以确定手在键盘上的位置和击键时相应手指的出发位置。原点键也称盲打定位键，在小键盘基准键区中间位置的"5"键上有一个凸起的短横条（一些键盘上为小圆点），这个键就是小键盘盲打定位键，可用右手指触摸相应的横条标记以使右手各手指归位。

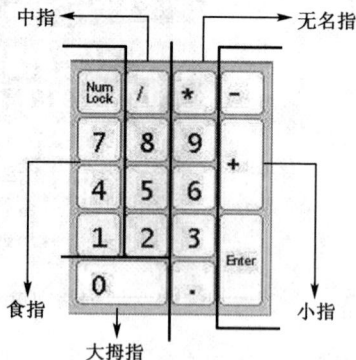

图 4-2-3

小键盘区手指分工如图 4-2-3 所示。其中，右手食指负责击打 1、4、7、NumLock 四个键，右手中指负责击打 2、5、8、/ 四个键，右手无名指负责击打 .、3、6、9、* 五个键，右手小指负责击打 Enter、+、- 三个键，右手大拇指负责击打 0 键。通过划分，整个小键盘手指分工明确，击打任何键时，只需把手指从基准键位移到相应的键上，正确输入后再返回基准键位即可。

开始击键之前，将右手拇指、食指、中指、无名指、小指分别放置在 0、4、5、6、+ 键上，同时右手拇指可自然向掌心弯曲，手掌与键面基本平行。

击键时，右手对应的手指从基准键位出发迅速移向目标键，当指尖在目标键上方 1 厘米左右时，指关节瞬间发力，以第一指关节的指肚前击键，力度适中，每次击打一键，注意不要用指甲击键。击键后，击键的手指立即回归基准键位，恢复击键前的手形。由于数字小键盘各键位之间的距离短，击键数量少，从基准键位到其他键位路径简单易记，所以很容易实现盲打，减少击键错误，提高输入速度。

（1）基准键位和原点键的录入

操作要领：将右手食指、中指、无名指轻放在 4、5、6 键上，屈指用食指、中指、无名指指尖击打基准键。

例 1　输入 456。

🔲 实训任务

数字小键盘基准键和原点键的练习。

1. 666 665 656 554 654 456 546 456 546
2. 455 544 454 554 545 466 646 664 564
3. 4565 6556 5454 6545 5456 5566 5554
4. 4445 5654 5544 5565 6656 6665 5454
5. 44455 565465 54645 54656 54654 654
6. 546544 5465466 5465466 5466565 5465464
7. 54654654 56465466 54654656 54545666 54654656
8. 5645646546 4564646546 4546546466 4645646445

9. 4654654646 6454654654 4546545644 4564654564

10. 5646546546546545 55655455464546 546546546456654

（2）数字键 7、8、9 的录入

操作要领：将右手食指、中指、无名指轻放在 4、5、6 键上，以指尖为轴同时向基准键上方屈指移动，用食指、中指、无名指指尖分别点击 7、8、9 键，击打完成后迅速返回到基准键上。

例 2 输入 789。

实训任务

数字小键盘 789 键位的练习。

1. 777 888 999 987 789 897 798 879 978

2. 888 778 887 797 899 889 998 989 878

3. 7788 8899 8778 8979 9878 9789 7979 8797

4. 7899 9988 7889 9897 8978 7998 9797 7879

5. 778899 887799 998877 997788 987789 978789

6. 987798 798998 789987 879987 897789 897797

7. 7899877 7899878 7899879 8799879 8979878 9877897

8. 7998789 7889789 7978989 7898979 7889979 8897789

9. 97887998 97998979 98778979 89778899 97887979 89897789

10. 98797997 89799897 79897789 97879987 89897789 99898877

（3）数字键 0、1、2、3 的录入

操作要领：将右手食指、中指、无名指轻放在 4、5、6 键上，以指尖为轴同时向基准键下方屈指移动，用食指、中指、无名指指尖分别点击 1、2、3 键，大拇指向掌心微屈，用指关节第一节侧方击打 0 键，击打完成后食指、中指、无名指迅速返回到基准键上，拇指在原键位不动。

例 3 输入 1023。

实训任务

数字小键盘 0123 键位的练习。

1. 22222 33333 22333 11332 22122 21002 32121

2. 123213213 23132131 321321312 2132132132131

3. 231321321 02131233 021321322 0213213123123

4. 213321021 02123123 213213200 0213213213233

5. 021312321 02112321 212321310 223123123213

6. 213321021 02123123 213213200 0213213213233

7. 021312321 02112321 212321310 2231231232133

8. 213123123 02323332 0211122211 2312312300000

9. 231300000 22220123 2321300201 21321321321321

10. 2233130201 3213002013 2311021322 2300133102

例 4 输入 4075。

实训任务

数字小键盘各键位和原点键的练习。

1. 156 892 238 258 367 786

2. 1568 2489 3894 6587 6321

3. 30259 62078 52310 86349 47980

4. 25698 45623 68720 16349 38760

5. 453289 462189 489703 548910 776538

6. 4562318 8614319 1598420 4587621

7. 35345566 55543543 23516897 53454351

8. 678248761 863168765 217870068 107686723

9. 678713675 87138578 78527686 78634872068

10. 464521786 54643256 673078768 867868722678

(4) 公式(数字键及运算符号)的录入

公式的录入是本单元的提高部分,在熟练掌握计算机数字小键盘各数字键位的基础上,强化运算符号实训,从而更加熟练地使用小键盘,掌握小键盘录入技术,全面提升对数字小键盘的操控能力。

操作要领:将右手食指、中指、无名指轻放在 4、5、6 键上准备开始,录入完其他键位后,要迅速返回基准键位,再录入下一个公式要素。要求录入速度快且录入准确率高。注意运算结果按回车键确认。

例 5 输入 21312+32432432+44354353-23432=。

实训任务

公式录入练习。

1. 343+443+567+789+897+456-545-454=

2. 6783*23*22*789/20/15/10=

3. 56*234*21*12*78=

4. 9884/2*65*50/40+789+4329879-98+909+21345=

5. 654*345*34*45*5/20/15/10+123463+853760=

6. 56546+45654+46456+234568+786-4354-43543+478-43=

7. 33890+4354-453+324-2342-3-332-522-6-4=

8. 46456+234568+786+4329879-98+909+21345=

9. 2*65*50/40*50/40+789+4329879-98+909=

10. 45*34*45*56+333+2345654+46456-234568=

实训结果检查

题号	1	2	3	4	5
答案	2496	902668.07	257572224	4754361.5	1044912
题号	6	7	8	9	10
答案	336548	34906	4633845	4331682.13	6013475

3. 数字小键盘的技能训练

（1）利用传票算练习小键盘输入

小键盘录入可以采用全国珠算比赛使用的传票进行训练。传票算题型如表 4-2-1 所示。

表 4-2-1　　　　　　　　　　　传票算题型示例

序　号	起止页数	行　次	答　案
一	31—50	（二）	
二	6—25	（四）	
三	45—64	（五）	
四	57—76	（三）	
五	66—85	（一）	

上表中的"序号"表示第几道题，"起止页数"表示传票从第几页算到第几页，"行次"表示该题每页均打第几行数字，"答案"表示该题的计算结果。

实训任务

传票算测试题

序号	起止页数	行次	答案	序号	起止页数	行次	答案
一	31—50	（一）		十六	56—75	（三）	
二	14—33	（四）		十七	27—46	（五）	
三	28—47	（二）		十八	78—97	（二）	
四	68—87	（五）		十九	1—20	（四）	
五	52—71	（三）		二十	69—88	（一）	
六	42—61	（一）		二十一	55—74	（三）	
七	63—82	（四）		二十二	38—57	（五）	
八	16—35	（二）		二十三	29—48	（二）	
九	46—65	（五）		二十四	76—95	（四）	
十	70—89	（三）		二十五	3—22	（一）	
十一	39—58	（一）		二十六	30—49	（三）	
十二	44—63	（四）		二十七	27—46	（五）	
十三	71—90	（二）		二十八	4—23	（二）	
十四	67—86	（五）		二十九	31—50	（四）	
十五	45—64	（三）		三十	43—62	（一）	

（2）利用账表算练习小键盘输入

小键盘录入还可以利用账表算进行练习。

◆◆ 实训任务

账表算测试题

序号	一	二	三	四	五	合计
一	8 069	57 828	2 458 626	239 747	69 247 058	
二	27 290 354	7 843 604	26 987	6 502	890 743	
三	73 062	654 982	4 232	76 598 478	9 672 508	
四	−7 092 435	86 793 465	301 874	26 259	6 243	
五	547 628	5 273	28 947 062	7 309 684	37 895	
六	68 743	4 892 506	6 758	95 764 023	−968 724	
七	5 962	93 670 872	85 068	−820 417	−8 427 950	
八	−7 208 537	293 405	94 672 785	86 931	5 447	
九	475 985	67 683	−2 849 430	2 476	60 827 589	
十	35 806 474	2 056	223 489	9 867 205	96 314	
十一	92 674 068	−9 754 832	459 723	30 846	7 506	
十二	2 457	81 460	5 637 978	−678 269	24 905 781	
十三	8 345 620	407 627	9 023	47 590 768	37 856	
十四	908 874	57 692 064	60 597	8 523	4 869 432	
十五	47 896	6 729	30 547 621	6 539 874	782 085	
十六	6 785	−789 644	−8 204 579	90 248 235	56 274	
十七	−9 374 086	28 574 289	79 206	5 784	−43 756	
十八	809 564	82 057	3 574	3 468 920	23 695 427	
十九	20 715 689	3 647 978	584 286	50 746	2 809	
二十	29 743	8 567	78 026 495	467 032	2 908 842	
合计						

实训结果检查

序号	一	二	三	四	五	合计
一	8 069	57 828	2 458 626	239 747	69 247 058	72 011 328
二	27 290 354	7 843 604	26 987	6 502	890 743	36 058 190
三	73 062	654 982	4 232	76 598 478	9 672 508	87 003 262
四	−7 092 435	86 793 465	301 874	26 259	6 243	80 035 406
五	547 628	5 273	28 947 062	7 309 684	37 895	36 847 542
六	68 743	4 892 506	6 758	95 764 023	−968 724	99 763 306
七	5 962	93 670 872	85 068	−820 417	−8 427 950	84 513 535
八	−7 208 537	293 405	94 672 785	86 931	5 447	87 850 031
九	475 985	67 683	−2 849 430	2 476	60 827 589	58 524 303
十	35 806 474	2 056	223 489	9 867 205	96 314	45 995 538
十一	92 674 068	−9 754 832	459 723	30 846	7 506	83 417 311
十二	2 457	81 460	5 637 978	−678 269	24 905 781	29 949 407
十三	8 345 620	407 627	9 023	47 590 768	37 856	56 390 894
十四	908 874	57 692 064	60 597	8 523	4 869 432	63 539 490
十五	47 896	6 729	30 547 621	6 539 874	782 085	37 924 205
十六	6 785	−789 644	−8 204 579	90 248 235	56 274	81 317 071
十七	−9 374 086	28 574 289	79 206	5 784	−43 756	19 241 437
十八	809 564	82 057	3 574	3 468 920	23 695 427	28 059 542
十九	20 715 689	3 647 978	584 286	50 746	2 809	25 001 508
二十	29 743	8 567	78 026 495	467 032	2 908 842	81 440 679
合计	164 141 915	274 237 969	231 081 375	336 813 347	188 609 379	1 194 883 985

（3）利用软件练习小键盘输入

目前常见的练习软件有《轻轻松松学五笔》、《数字小键盘练习》、《百乐财务金额小键盘打字练习》等。

软件一：《轻轻松松学五笔》。这个软件可以提供分项练习，先进行单独的数字练习，然后分别进行 15 位和 18 位身份证号码输入的练习，最后再进行含运算符号的多项式练习，循序渐进地进行，可以达到良好的小键盘练习效果，如图 4-2-4 至图 4-2-6 所示。

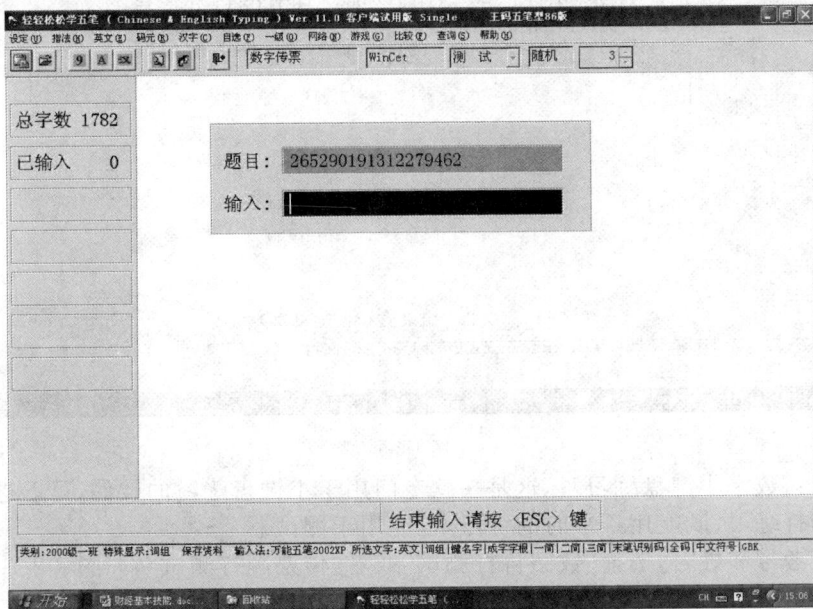

图 4-2-4

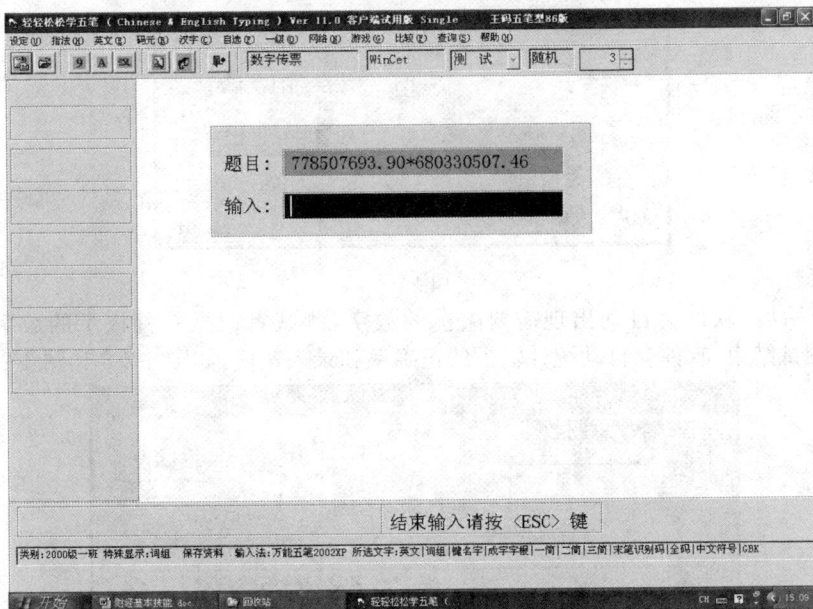

图 4-2-5

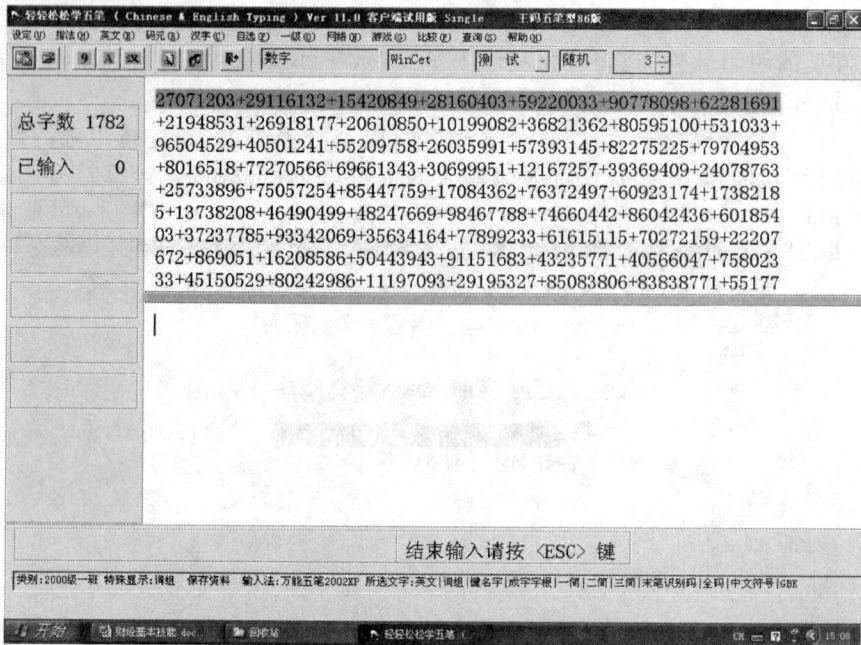

图 4-2-6

软件二:《数字小键盘练习》。这是一款专门用于小键盘练习的软件,可以进行数字盲打和传票翻打练习,既能用于平时的练习,也能用于测试。

先输入考号和姓名,选择"数字盲打测试"或者"传票翻打测试",如图 4-2-7 所示。

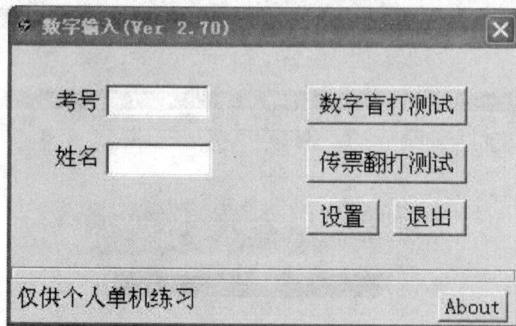

图 4-2-7

测试开始后,软件会自动出现需要敲击的数字,测试者根据软件提示的数字用小键盘进行录入,测试结束,软件会自动统计输入的正确率和录入速度,如图 4-2-8 和图 4-2-9 所示。

图 4-2-8

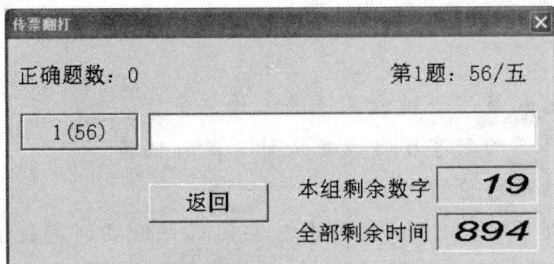

图 4-2-9

　　软件三:《百乐财务金额小键盘打字练习》。这是一款用小键盘练习传票金额输入的软件,通过练习可以提高运用会计电算化输入传票的技能。使用这款软件进行练习时,可自行设定单据样式、计时方式、习题总量,经随机出题后,根据模拟的收款凭证、付款凭证、现金收入日记账、现金支出日记账、出库单、入库单等进行输入。

　　这款软件可以实现多人练习,同一组题目还允许多次练习,以便相互对比找出经常出错的地方,并有个人积分榜、练习成绩排行榜以及同一组题目多次练习后的成绩对比表,这样可以及时发现薄弱环节,在短时间内快速突破单手输入关。软件界面如图 4-2-10 和图 4-2-11 所示。

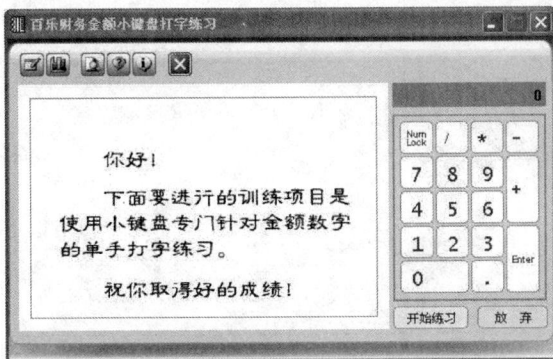

图 4-2-10

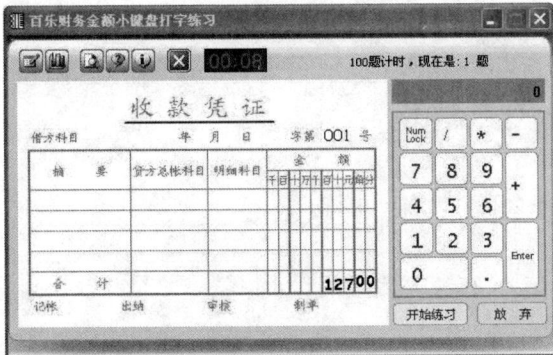

图 4-2-11

　　上述几项内容应结合起来进行训练,可先利用软件熟悉小键盘操作,对于屏幕上显示的输入内容能实现盲打并准确输入后,再加强传票翻打方法的训练,最后做到两者的有机结合。

评价分析 >>>

1. 完成电子计算器和数字小键盘练习的工作任务

正确使用电子计算器和数字小键盘完成计算工作任务。

2. 完成工作任务结果评价

按照要求完成实训项目,由完成者与老师共同来评价实训完成情况。

(1)对电子计算器的各个功能键的使用是否正确?

(2)是否掌握数字小键盘的操作要领?

3. 完成实训项目的收获

按照要求和规程完成了工作任务后,结合老师对完成工作任务结果的评价,你自己对完成此项工作任务有何收获? 请将你的收获写出来,与老师和同学们一起交流和分享你的收获吧!

项目五

会计凭证单据审核技能

知识目标

- 了解原始凭证的概念,掌握原始凭证的种类;
- 了解原始凭证审核的规范要求,掌握原始凭证的审核要求。

技能目标

- 能够正确审核原始凭证所反映业务的真实性;
- 能够正确审核原始凭证填制的规范性。

案例导入 >>>

　　企业的会计、业务部门每天都要接触大量来自企业内外部的凭证和单据,在对这些单据进行处理和利用之前,往往要进行严格的审核,对于错误、违规、虚假或不符合手续的各类凭证单据,应当拒绝办理或予以退回,对于违法违纪事项还要上报上级主管部门。

案例分析 >>>

　　1.企业日常经济活动中凭证单据的审核要点有哪些?
　　2.企业会计审核凭证时需要注意哪些事项?

任务一　企业经济活动中常见凭证单据概述

　　原始凭证又称单据,是在经济业务发生时取得或填制的,用以记录经济业务的发生或完成情况,明确经济责任并具有法律效力的文字凭证。企业经济活动中常见的凭证单据主要有发货票、委托银行收款结算凭证、借款单、差旅费报销单、收料单和领料单等。

凭证单据按其来源不同,可分为外来凭证单据和自制凭证单据。

1. 外来凭证单据

外来凭证单据是指同外部发生经济往来时,从外部单位或个人处取得的单据。如购买货物时取得的增值税专用发票、收款单位开出的收款收据、银行的各种结算凭证、对外支付款项时取得的收据,出差取得的飞机票、车船票、住宿发票等。

外来凭证单据"发票"的格式如表 5-1-1 所示,"统一银钱收据"如表 5-1-2 所示。

表 5-1-1

黑龙江增值税专用发票　　　　No _____

记账联　　　　开票日期　年　月　日

购货单位	名称: 纳税人识别号: 地址、电话: 开户行及账号:				密码区			
货物或应税劳务名称	规格型号	单位	数量	单价	金额	税率	税额
价税合计(大写)		(小写)					
销货单位	名称: 纳税人识别号: 地址、电话: 开户行及账号:				备注			

第三联　记账联　销货方记账凭证

收款人:　　　　　　复核:　　　　　　开票人:　　　　　　销货单位:(章)

增值税专用发票是由国家税务总局监制设计印制的,只限于增值税一般纳税人领购使用的,既作为纳税人反映经济活动中的重要会计凭证,又是兼记销货方纳税义务和购货方进项税额的合法证明,是增值税计算和管理中重要的合法的专用发票。

一般纳税人应通过增值税防伪税控系统使用增值税专用发票。

增值税专用发票由基本联次或者基本联次附加其他联次构成,基本联次为三联:发票联、抵扣联和记账联。发票联作为购买方核算采购成本和增值税进项税额的记账凭证;抵扣联作为购买方报送主管税务机关认证和留存备查的凭证;记账联作为销售方核算销售收入和增值税销项税额的记账凭证。其他联次用途由一般纳税人自行确定。

增值税专用发票开具时应做到:项目齐全,与实际交易相符;字迹清楚,不得压线、错格;发票联和抵扣联加盖财务专用章或者发票专用章;按照增值税纳税义务的发生时间开具。

表 5-1-2　　　　　　　　　　　　　　统一银钱收据

No _____

今收到 _____
交 来 _____
人民币(大写) _____ ¥ _____
收款单位　　　　　　　　　　收款人
(公章) _____　(签章) _____　　年　月　日

2. 自制凭证单据

自制凭证单据即内部凭证单据,是指由本单位内部经办业务的部门和人员在执行或完成某项经济业务时填制的、仅供本单位内部使用的单据。按自制凭证单据填制方法不同,又可分为一次凭证、累计凭证和汇总凭证单据。

(1)一次凭证单据是指凭证的填制手续是一次完成的,用以记录一项或若干项同类性质的经济业务的单据,如收料单、领料单、销货发票、收款收据、费用报销单、工资单等。大部分自制凭证单据都是一次凭证。外来的凭证单据一般都是一次凭证。如表 5-1-3 所示的收料单就是一次凭证。

表 5-1-3　　　　　　　　　　　　　　　　晋阳食品厂收料单

类别:原料及主要材料 　　　　　　　　　　　　　　　　　　　　　　　　　　No

库别:1 号库　　　　　　　　　　　2014 年 6 月 20 日　　　　　　　　　　金额单位:元

材料编号	名称	规格与型号	计量单位	数量		实际成本				
				应收	实收	买价		运杂费	其他	合计
						单价	金额			
	白砂糖		kg	1000	1000	4.20	4200.00			4200.00
请购单位	供应科	供应单位		宏发糖厂			单据号码			
备注										

主管:杨怡　　　　　　　验收:张尔　　　　　　　采购:王杉　　　　　　　制单:刘思

(2)累计凭证单据是指在一定时期内在一张凭证中,连续记录同类经济业务,期末按其累计数作为记账依据的自制凭证单据。累计凭证主要适用于大量重复发生的经济业务,如工业企业的"限额领料单"就是典型的累计凭证,其格式如表 5-1-4 所示。

表 5-1-4　　　　　　　　　　　　　　　　限额领料单

2014 年 6 月 1 日

材料类别:黑色金属　　　　　　　　　　　　　　　　　　　　　发料仓库:1 号仓库

领料单位:三车间　　　　　　　　　　　　　　　　　　　　　　产品编号:006

用　途:A

材料编号	材料名称及规格	计量单位	本月领用限额	计划单位成本	备注
0205	圆钢 18 mm	kg	3000	4.30	

日期	实发				限额结余	退库	
	数量	金额	发料人签名盖章	领料人签名盖章		数量	领料单编号
2	1000	4300	略	略	2000		
12	900	3870	略	略	1100		
22	1000	4300	略	略	100		
合计	2900	12470					

供应部门负责人:　　　　　　　　　　　　　　　　　　生产计划部门负责人:

(3)汇总凭证单据也称为凭证单据汇总表,是对一定时期内反映经济业务内容相同的若干张单据,按照一定标准综合填制的单据。这种凭证单据的作用主要是把许多同类性质的经济业务汇总后一次记账,以简化会计工作,如收料凭证汇总表、发出材料汇总表、工资结算汇总表、差旅费报销单、销售日报等。"原材料收料凭证汇总表"格式如表 5-1-5 所示。

表 5-1-5

原材料收料凭证汇总表

年　　月　　日

材料类别	计划成本	实际成本	材料成本差异
原料及主要材料			
辅助材料			
备品备件			
燃料			
合计			

审核：　　　　　　　　　　　　　　　　制表：

值得注意的是，有些凭证不是凭证单据，由于它们不能证明经济业务已经发生或完成情况，不能作为编制记账凭证和登记账簿的依据，如用工计划表、经济合同、银行存款余额调节表、派工单等。

任务二　外来凭证单据的审核要点和注意事项

为了正确核算和监督各种经济业务事项，保证会计核算资料的真实、正确和合法，凭证单据取得或填制完成以后，经办业务的有关部门和人员必须对其进行审核，并及时将凭证单据送交会计机构，会计人员也必须对其进行严格的审核。

1. 凭证单据的审核要点

会计人员对凭证单据的审核主要从以下两个方面进行：

（1）审核凭证单据所反映的经济业务是否合法、合理、合规。

审核时应以国家颁布的现行财经法规、财会制度，以及本单位制定的有关规则、预算和计划为依据，审核经济业务是否符合有关规定，有无弄虚作假、违法乱纪、贪污舞弊的行为；审核经济活动的内容是否符合规定的开支标准，是否履行规定的手续，有无背离经济效益原则和内部控制制度的要求。

（2）审核凭证单据的填制是否符合规定的要求。

首先应该审核凭证单据是否具备作为合法凭证所必需的基本内容，所有项目是否填写齐全，有关单位和人员是否已签字盖章；其次要审核单据中所列数字的计算是否正确，大小写金额是否相符，数字和文字是否清晰等。

凭证单据的审核是一项细致而严肃的工作，必须坚持原则，依法办事。对于不真实、不合法的凭证单据，会计人员有权不予受理，并要向单位负责人报告；对于记载不准确、不完整的凭证单据应予以退回，并要求按照国家统一的会计制度的规定更正、补充。凭证单据审核无误后,才能作为编制记账凭证和登记明细分类账的依据。

2.外来凭证单据审核的规范要求

(1)核对外来凭证单据上各个记载事项是否与实际业务相符,对与实际业务不相符的凭证单据,财务人员应该拒绝办理相应的业务。

(2)外来凭证单据上的各项内容应该无遗漏项,尤其是收款单位、付款单位等项目,财务人员对缺项的外来凭证单据应该拒绝受理,并责成有关经办人员负责外来凭证单据的更换。

(3)外来凭证单据同样不能有任何的涂改,涂改的外来凭证单据无效,需要开票单位重新开具。财务人员不能以涂改后的凭证单据为依据办理相应的业务。

(4)核对外来凭证单据的大小写金额是否相符,对大小写金额不相符的外来凭证单据,财务人员应该拒绝办理。

(5)外来凭证单据上是否有开票单位的财务专用章或者发票专用章,印章是否清晰。财务人员对没有开票单位印章的凭证单据应责成有关人员去补盖印章,对印章不清晰的应要求有关人员去补盖清晰的印章。

(6)外来凭证单据如果为无碳复写多联的外来凭证单据,收据联应该为复写字迹,不能直接用笔书写。如果不是复写字迹,而是直接用笔书写,财务人员应该拒绝办理。

(7)外来凭证单据应该为相关部门认可的正式的票据,如税务局监制的发票、财政部监制的行政事业单位的银钱收据等。

(8)对不能取得相关正式发票的,财务人员应责成相关的业务人员写出正式的书面说明,按照授权管理制度和审批权限,报相关领导人员进行审批,并在书面说明上签署意见,财务人员按照领导的批示办理相应的业务。

(9)对普通的没有得到认可的收据,财务人员应该拒绝受理,只有取得正式的票据后,才能作为办理财务事项的依据。

(10)相关的人员按照公司的授权管理制度等的规定,应该在外来的凭证单据后面或者适当的位置签字,包括经办人员的签字、领款人员的签字、相关领导的签字。如为领导的签字,应该签上"同意"两个字。凡是签字人,在签字的同时,要签上签署的日期。

(11)出纳人员应该在上述审核完毕,凭证单据合规的情况下支付相应的款项,并加盖"现金付讫""银行付讫"的印章。

3.外来凭证单据的审核要点

下面以几种常见的外来凭证单据为例,说明其审核的要点。

(1)增值税专用发票

①凭证的名称

外来凭证单据必须有明确的名称,以便于凭证的管理和业务处理。增值税专用发票上必须注明"增值税专用发票"字样。

②审核基本要素

在确认增值税专用发票是税务部门允许使用的专用发票基础上,根据《会计基础工作规范》规定,进行其基本要素构成的完备性检查,即审核凭证的名称,凭证填制日期和编号,接受单位名称,经济业务内容,数量、单价和金额,填制凭证单位名称及经办人的签名及盖章等。

③审核接受单位名称

接受单位名称,即通常所说的"抬头",审核凭证上的"抬头"是否与本单位名称相符,有无添加、涂改的现象。如果不符,应查清为什么在本单位报销,防止把其他单位或私人购物的发票拿来报销。

④审核"发票号码""开票日期""报销日期"

首先要审核同一单位出具的凭证的号码与日期是否矛盾。如果同一单位出具的凭证较多,可以通过摘要排序发现问题。例如,某单位开出的 14667 号发票的日期是 2010 年 9 月,而同本中 14682 号发票的开具日期则为 2009 年 7 月。后经审核,该事项严重违纪。

其次要审核凭证的开具日期与报销日期是否异常。一般情况下,上述两者的日期不会间隔太长。如果间隔时间较长,则要查明原因。

⑤审核填写内容

发票中各项内容填写不规范、不齐全、不正确,涂改现象严重,是虚假原始支出凭证的主要表现特征。例如,凭证字迹不清,开票人仅填姓氏;计量单位不按国家计量法定单位而随意以"桶""袋""车"来度量;货物名称填写不具体或胡乱填写其他物品名称。

⑥审核金额

具体检查内容包括:数量乘单价是否等于金额;税额是否等于金额乘增值税税率;价税合计是否等于金额加税额;分项金额相加是否等于合计数;小写金额是否等于大写金额;阿拉伯数字是否有涂改。

⑦审核是否"阴阳票"

电脑版增值税专用发票由基本联次或者基本联次附加其他联次构成,基本联次为三联:发票联、抵扣联和记账联。一般纳税人应通过增值税防伪税控系统使用增值税专用发票。套打的增值税专用发票字迹清楚,没有压线、错格现象。

除增值税专用发票以外,有些手写发票的复写是必不可少的环节。对于背面无复写笔迹的发票(通常称"阴阳票"),存在"大头小尾"的可能性,必须向持票人查明原因。

⑧审核"经济内容"

审核专用发票与填写的经济内容是否一致。

⑨审核签章

检查印章是否符合规定。这里所说的印章,是指具有法律效力和特定用途的"公章",即能够证明单位身份和性质的印鉴,包括业务公章、财务专用章、发票专用章、结算专用章等。虚假发票印章的一般特征表现为:印章本身模糊,或盖印时有意用力不够以致不清晰;专用章不是采用符合规定的印章而是乱盖其他印章,张冠李戴。此外,有的凭证甚至干脆不盖印章。

⑩审核报销手续

重点检查增值税专用发票报销必须经过的程序。例如,采购货物的入库有无经手人、验收人、审批人,是否按单位的审批制度、程序、权限由相应单位负责人审批。通过上述程序的审核,认定增值税专用发票的真实性、合法性,从而防止虚假和舞弊的发生。

（2）银行汇票

银行汇票是出票银行签发的，由其在见票时按照实际结算金额无条件支付给收款人或者持票人的票据。银行汇票的出票银行为银行汇票的付款人。单位和个人的各种款项结算，均可使用银行汇票。银行汇票具有使用灵活、票随人到、兑现性强等特点，适用于先收款后发货或钱货两清的商品交易。

银行汇票可以用于转账，填明"现金"字样的银行汇票也可以用于支取现金。银行汇票的付款期限为自出票日起 1 个月内，超过付款期限提示付款不获付款的，持票人须在票据权利时效内向出票银行做出说明，并提供本人身份证件或单位证明，持银行汇票和解讫通知向出票银行请求付款。银行汇票如表 5-2-1、表 5-2-2、表 5-2-3 所示。

××银行

表 5-2-1　　　　　　　　　　　　　　**银行汇票**

第　号

出票日期 （大写）	年　月　日	代理付款行：　　　行号：
收款人：		账号：
出票金额	人民币 （大写）	
实际结算金额	人民币 （大写）	千 百 十 万 千 百 十 元 角 分

申请人：_____

出票行：_____　行号：_____

备注：_____

凭票付款

出票行盖章

账号或住址：_____

	多余金额		科目（借）_____
			对方科目（贷）_____
千 百 十 万 千 百 十 元 角 分			兑付日期　年　月　日
			复核　　　记账

此联代理付款行付款后作联行往账借方凭证附件

10 cm×17.5 cm（专用水印纸蓝油墨，出票金额栏加红水纹）　注：汇票号码前加印省别代号

表 5-2-2

	被背书人	被背书人	被背书人	
	背书人签章 年月日	背书人签章 年月日	背书人签章 年月日	粘贴单处
持票人向银行 提示付款签章：	身份证件名称： 号　　码： 发证机关：			

××银行

表 5-2-3　　　　　　　**银行汇票**（解讫 通知）

第　　号

出票日期（大写）　年　月　日	代理付款行：　　　　　　行号：	
收款人：　　　　　　　　　账号：		
出票金额　人民币（大写）		
实际结算金额　人民币（大写）	千 百 十 万 千 百 十 元 角 分	

申请人：＿＿＿＿＿＿＿＿　　　　　账号或住址：＿＿＿＿＿＿＿＿

出票行：＿＿＿＿　行号：＿＿＿＿

备注：＿＿＿＿＿＿＿＿＿＿

代理付款行盖章

复核　　　经办

	多余金额		
	千 百 十 万 千 百 十 元 角 分		

科目（借）＿＿＿＿＿＿
对方科目（贷）＿＿＿＿＿＿
兑付日期　年　月　日

复核　　　记账

此联代理付款行兑付后随报单寄出票行，由出票行作多余款贷方凭证

10 cm×17.5 cm(白纸红油墨,实际结算金额栏加红水纹)　注:汇票号码前加印省别代号

对银行汇票主要审核以下几点:

①日期的写法是否正确。票据的出票日期必须使用中文大写。为防止变造票据的出票日期,在填写月、日时,月为壹、贰和壹拾的,日为壹至玖和壹拾、贰拾及叁拾的,应在其前加"零";日为拾壹至拾玖的,应在其前加"壹"。如 1 月 15 日,应写成零壹月壹拾伍日;再如 10 月 20 日,应写成零壹拾月零贰拾日。

②收款人名称是否准确。收款人名称应与预留印鉴名称一致,不能多字、少字、错字。比如"哈尔滨市长城公司"不能写为"哈尔滨长城公司"。

③大写金额书写是否准确,与小写金额是否一致。

④用途是否合理。

⑤正面是否加盖单位预留印鉴,加盖位置是否适当,如是否盖到下面的条码上,是否有重影等。

⑥是否有支付密码(前提是有圈存器的情况下)。

⑦票面有无涂改。

⑧背面是否加盖单位预留印鉴背书。

⑨是否填写取款人姓名和证件号码。

4.外来凭证单据审核的注意事项

(1)外来凭证单据审核不严的危害

①造成填制凭证单据单位的财务部门对该单位的部分资金失控。财务部门对其所收款项是否符合上级的收费标准和收费范围不清楚,对资金的流向缺乏了解,更谈不上对该款项从政策上进行控制和管理了。

②为铺张浪费提供了可能的条件。由于不正规凭证单据的存在,形成了账外资金,此项资金主要用于单位不合理的各种开支,而且只需某些领导的同意即可支取,带有很大的

随意性。

③为设立小金库提供方便条件。不经单位财务部门管理和控制的资金就形成了该单位的小金库,也就是将从事正常经济业务的资金,通过不正规的凭证单据来源渠道,转变成非正常的资金。这部分资金大部分用于不正当的经济活动,为搞不正之风提供经济来源。

④为贪污、行贿等犯罪活动提供可乘之机。账外资金大部分管理不善,缺乏健全的财务管理制度,没有相应的传递手续,在一定程度上很容易被不法分子所利用,变公有为私有。

由此可见,不规范、不合理的凭证单据,不仅给国家和人民的财产带来严重的经济损失,而且也能严重地腐蚀一批意志薄弱的干部和从事管理工作的有关业务人员,财务人员必须在保持高度警惕性的同时,提高业务理论水平和防控能力,严格把好凭证单据的审核关。

(2)外来凭证单据常见错弊形式

凭证单据会计错误主要有:

①凭证单据无名称。各凭证名称应与其记载、反映的经济活动一致。

②凭证单据名称不准确。如有的企业对于材料名称的说明不够简明或准确。

③数字书写不清晰。

④金额前未加人民币字样或标志性符号。例如,会计金额前未加人民币符号;大写金额前未注明"人民币"字样,且留有空余,易被人在此和相应阿拉伯数字前填加数字,达到贪污目的。

⑤"整"字填写错误。例如,288 元写为"贰佰捌拾捌元",漏写了"整"字,而 288.32 元写为"贰佰捌拾捌元叁角贰分整",多写了"整"字。

⑥凭证单据编号错误、缺失、不连续。凭证单据一般应按照一定的标准或顺序编号,在实际工作中存在着凭证单据无编号、编号不连续、编号连续但不符合经济业务实际情况的错误。

⑦凭证单据摘要缺失、过繁或过简。

⑧凭证单据日期缺失或错误。

⑨凭证单据汇总时重汇、漏汇,如多汇付款凭证、少汇收款凭证等。

⑩凭证单据签章不全、造假。

⑪弄错凭证单据的接收单位或人员。例如,凭证单据中的印鉴错误会使单位财务人员对其真实性和合法性产生怀疑。

凭证单据会计舞弊是指篡改、伪造、窃取、不如实填写凭证单据。如利用旧、废凭证单据来将个人花费伪造为单位的日常开支,借以达到损公肥私的目的。

(3)审核外来凭证单据的方法

①被刮、擦、用胶带拉扯过的凭证单据,其表面总会有毛糙的感觉,可用手摸、背光目视的方法检查出来。对用"消字灵"等化学试剂消退字迹而后写出的凭证单据,其纸张上会显示出表面光泽消失,纸质变脆,有泛黄色污斑和略微可见的笔画残留痕迹,纸张格子线和保护花纹受到破坏,新写的字迹由于药剂作用而渗散、变淡等特征中的一条或几条。

②被填加改写过的凭证单据,其文字分布位置不合比例,字体不是十分一致,有时会出现不必要的重描和交叉笔画。

③对于伪造的凭证单据,可以通过对比凭证单据的防伪标志来鉴别。

④对于冒充签字的凭证单据,其冒充签字常常在笔迹熟练程度、字形、字的斜度、字体方向和形态以及字与字、行与行的间隔,字的大小,用力轻重,字的基本结构等方面存在差异,有时可以通过肉眼观察发现。

⑤凭证单据的经手人经常藏而不露,有名无姓或有姓无名,如果仔细追查很可能查无此人。

⑥凭证单据上的时间与业务活动发生的时间及以后的入账时间相去甚远。

⑦凭证单据上的金额一般只有一个总数,而没有分项目的明细。

⑧凭证单据明显不规范,要素不齐全,缺少部分要素,其关键要素经常出现模糊的情况,以致让人对经济业务活动的全貌感到模糊。

⑨主要业务凭证与其他相关的凭证不能匹配。如销售货物只有销售发票而无托运证明、发货单据、结算凭证等。

任务三　内部凭证单据的审核要点和注意事项

1. 内部凭证单据审核的规范要求

(1)内部凭证单据应该由相关业务的经办人员填写,不能由不相关人员代笔填写。

(2)内部凭证单据的各项内容应该用黑色碳素笔填写,不能用圆珠笔、铅笔或者其他颜色的笔填写。

(3)内部凭证单据上的各项内容的填写,不能涂改,更不能用涂改液进行修正,凡是有涂改的、挖补的,财务人员应让相关的经办人员重新填写一张凭证单据。

(4)内部凭证单据上的业务内容要符合公司的有关规定(比如差旅费、住宿费等),大小写金额应该一致。

(5)小写金额前面要加人民币符号"￥",并且符号和金额之间不能留有空白,大写金额应该写在"大写人民币"后面,之间也不能留有空白。

(6)各相关人员应该按照授权管理制度、签字管理制度、预算管理制度的有关规定行使相应的签字权,出纳人员以及相关的财务人员应该按照有关规定,将凭证单据上的签字与各相关被授权人员的签字进行比对,看签字是否为本人亲自签署,对发现模仿领导笔迹的,应该拒绝支付任何款项,并应及时将情况向领导报告。

(7)出纳人员应该在上述审核完毕,凭证单据合规的情况下支付相应的款项,并加盖"现金付讫""银行付讫"的印章。

(8)财务人员在上述审核无误的前提下,办理与财务有关的业务。

(9)对记载内容缺项的内部凭证单据,财务人员应该责成相关的经办人员补齐。未能补齐内容的,财务人员应该拒绝接收。不能以内容缺项的内部凭证单据为依据进行款项的支付,比如领款人没有签字的凭证单据等。

2.内部凭证单据审核的要点

(1)限额领料单

限额领料单是为了实施成本控制、避免浪费而产生的,它同领料单的区别在于它多了一项"限额"。在领料时,仓库发料人员可以根据"限额"栏的数量来确定是否发料,如果要领的材料累计已超过限额,仓库就不能发料。

限额领料单是多次使用的累计领发料凭证。在有效期内(一般为一个月),只要领用数量不超过限额就可以连续使用。领料的限额是班组为完成规定的工程任务所能消耗材料的最高数量标准,是评价班组完成工程任务情况的一项重要指标。"限额领料单"不仅起到事先控制材料消耗的作用,而且可以减少原始凭证的数量,简化填制凭证的手续。

限额领料单按以下要点进行审核:

①审核凭证名称。即审核是否注明"限额领料单"。

②审核经济业务的内容。如审核是否注明领用的材料名称等。

③审核经济业务的数量和金额。如审核是否注明所领材料的数量、金额等。

④审核经济业务的当事单位和当事人。如审核是否注明某车间的某产品领用等,某车间即当事单位和当事人。

⑤审核责任单位和责任人。每一项经济业务的发生都有其特定的责任人,如领用材料时的领用车间、领用人、发料人等即为责任单位和责任人。在审核限额领料单时,要审核是否每次领用均注明领用单位、领用人、发料人等,以明确责任。

⑥审核是否注明每次的领用时间。限额领料单可在限额内多次使用,每次领用时必须注明领用时间。

⑦审核是否超出限额。如累计领用材料已超出审批的限额,就不能继续使用。

⑧审核实发与累计数量,核对其数量关系是否正确。

(2)差旅费报销单

差旅费报销单是出差人员完成出差任务回来以后进行报销时使用的一种专门用途的固定表格式单据,它不能代替发票、车票及其他一些凭证单据的功能。差旅费报销单的格式如表 5-3-1 所示,其审核要点有以下几个方面:

①报销明细表上是否填列了各次车、船、飞机出发和到达的日期,即月、日、钟点和地点。

②是否填列了出差的各次车、船、飞机票别和金额。

③是否填列了软席或硬席的卧铺票别和金额。

④是否填列了市内交通费按不同车票单价的张数合计的票价金额(若企业实行了市内交通包干,此项业务可以改革)。

⑤是否填列了住宿费金额。

⑥出差补助费用是否符合本单位的补助标准。

⑦是否填列了有关订票费、退票费、邮电费、行李费、运输搬运费、资料费、文具费、会议交通费和其他费用分项的合计金额。

⑧是否有报销人签字或签章,是否有相关责任人签字或签章。

表 5-3-1   **差旅费报销单**

部门：   年   月   日

出差人姓名		事由										
起止日期	起讫地点	车船费	途中补助			起止日期	工作地点	住宿费	住勤补助			其他费用	结算情况	
			天数	标准	金额				天数	标准	金额		项目	金额
													预借款	
													报销	
													退款	
													支现	
													附单据　张	
合计（大写）												￥		

单位领导：   财会主管：   审核人：   报领人：

3．内部凭证单据审核的注意事项

（1）限额领料单

限额领料单的实质是一种计划生产，在生产的具体环节上控制材料的使用。就像企业要做预算一样，指定的预算与实际开支进行对比，关注超出计划的部分，并对其进行分析，这样做体现了在生产过程中的"三控制"，事前、事中、事后的原则。

限额领料要求对生产过程充分了解，避免不必要的材料浪费，严格控制材料成本。如果限额领料后的材料节约度与绩效挂钩的话，还可以提高生产车间员工的积极性，降低成本压力，提升管理水平。因此在实际工作中，各个企业都很注重对限额领料的管理，从而减少企业不必要的浪费。

（2）差旅费报销单

差旅费必须在各部门预算总额内控制开支，但有些差旅费开支过大，且差旅费报销单的填制极不规范，所附原始单据五花八门。具体表现在：

①任务、路线不明。部分差旅费报销单填制出差事由不明确，有的只填"因公"，导致有些人借出差之名，改道走亲访友、游山玩水。

②时间、日期不详。有些差旅费报销单不填制出差日期、制单日期和报销日期，以致同一张报销单所附单据时间上相差很大。

③支出票据杂乱。差旅费报销单所附票据五花八门，包罗万象，有外地票据，有本地票据，有吃喝招待、景点门票、办公用品、礼品购物等。

因此，在审核差旅费报销单时应看其是否遵循这样一个程序，即出差人员填制差旅费报销单—直属上级审查—分管领导核准—财务人员审核—出纳结算付款。各分管领导应对差旅费报销的真实性、合理性负全部责任。同时财务人员、稽核人员、资金管理人员按规定对报销手续、预算额度、票据合法性和真实性、出差标准进行审核并对此负责，以避免企业资金的不必要损失。

凭证单据的审核是一项非常严肃、重要的工作,会计人员必须熟悉国家有关法规、制度以及本单位的有关规定,这样才能掌握审核和判断是非的标准,确定经济业务是否合理、合法,从而做好凭证单据的审核工作,实现正确有效的会计监督。

实训任务

1.基本技能训练

(1)2014 年 6 月 27 日,明达电机厂采购员谢亮报销当月去石家庄购买材料的差旅费,其具体情况及明达电机厂的有关规定如下:

①车费:6 月 13 日,大同至石家庄硬卧 165 元,6 月 18 日石家庄至大同硬卧 170 元。

②住宿费:480 元(4 天,每天 120 元)。

③途中补助:80 元(2 天,每天 40 元)。

④住勤补助:160 元(4 天,每天 40 元)。

⑤列车餐费补助:25 元/次。

⑥谢亮预借款 1 500 元,余款以现金退回。

采购员谢亮填写的差旅费报销单见表5-3-2,请指出其错误之处并改正。

表 5-3-2　　　　　　　　　　　　差 旅 费 报 销 单

部门:供应科　　　　　　　　　　　　　2014 年 6 月 27 日

出差人姓名		谢亮	共1人			事由		购买材料						
起止日期	起讫地点	车船费	途中补助			起止日期	工作地点	住宿费	住勤补助			其他费用	结算情况	
			天数	标准	金额				天数	标准	金额		项目	金额
6.13—6.13	大同—石家庄	165	1	40	40	6.14—6.17	石家庄	480	4	40	160	25	预借款	1500
6.18—6.18	石家庄—大同	170	1	40	40							25	报销	1845
												740(公文包)	退款	
													支现	345
													附单据4张	
合计(大写)		壹仟捌佰肆拾伍元整											￥1845.00	

单位领导:　　　　财会主管:　　　　审核人:　　　　报领人:谢亮

(2)假设明达电机厂销售科业务员张强于2014 年 6 月 10 日填制的增值税专用发票如表5-3-3所示,请指出其错误并加以改正。

黑龙江增值税专用发票

表 5-3-3　　　　　　　　　　记账联　　　开票日期　　2014 年 6 月 10 日

| 购货单位 | 名　称:东方明珠有限公司
纳税人识别号:3708662346633898
地址、电话:哈尔滨市民主路16号 6230355
开户行及账号:工商银行民主路支行 8040-4129 | | | | | 密码区 | 6+—〈2〉6〉927+296+/ *加密版本 01
446〈600375〈35〉〈4/ *　37009931410
2—2〈2051+24+2618〈7　07050445
/3—15〉〉09/5/—1〉〉〉+2 | | |

货物或应税劳务名称	规格型号	单位	数量	单价	金额	税率	税额
甲产品	CG-1	件	500	200.00	100 000.00	17%	17 000.00
甲产品	HG-2	件	100	500.00	50 000.00		8 500.00
合　计					￥150 000.00		25 500.00

价税合计(大写)	⊗拾陆万伍仟伍佰元	(小写)￥165 500.00

| 销货单位 | 名　称:明达电机厂
纳税人识别号:370863786263589
地址、电话:哈尔滨市民主路108号 65560368
开户行及账号:中国建设银行福州路支行 560101180016 | 备注 |

收款人　　　　复核　　　　开票人　张强　　　　　销货单位:(章)

第三联　记账联　销货方记账凭证

2.应用与思考

某公司购进货物一批,取得一份增值税专用发票的抵扣联和发票联,会计人员审核过程如下,请指出审核时的不足之处。

(1)购货方为本单位,单位名称、开户行、账号等无误。

(2)货物名称为某型号钢材,数量100吨,单价5 000元,金额500 000元,税额85 000元,价税合计585 000元,大小写金额正确、一致。

(3)销货方栏记载的销货单位名称与购货合同所记载的单位名称一致。

(4)销货单位公章与销货单位栏记载一致、清晰。

(5)销货单位开票人为王丽。

评价分析 >>>

1.完成会计凭证审核的工作任务

采用正确的方法完成各类会计凭证的审核任务。

2.完成工作任务结果评价

按照要求完成实训项目,由完成者与老师共同来评价实训完成情况。

(1)会计凭证的审核要点有什么?

(2)会计凭证的审核注意事项有哪些?

3.完成实训项目的收获

按照要求和规程完成了工作任务后,结合老师对完成工作任务结果的评价,你自己对完成此项工作任务有何收获?请将你的收获写出来,与老师和同学们一起交流和分享你的收获吧!

下 篇

实训篇

全国珠算技术等级鉴定标准

加 减 算

限时 10 分钟

项目 \ 等级	能手级 一级	二级	三级	四级	五级	六级	普通级 一级	二级	三级	四级	五级	六级
题 数	——		20	——			10	10	10	10	10	10
其中:连加法			12				6	6	6	6	6	6
加 减 混 合			8				4	4	4	4	4	4
其中:每题带减号笔数		7/20	5/15				5	5	5	5	5	5
其中:带角分题数			10				5	5				
整 数 题			10				5	5	5	10	10	10
每 题 行 数		20	15				15	15	15	15	15	14
题型 其中:10 位数			3									
9 位数			3									
8 位数		4	3				3					
7 位数		4	3				3	2				
6 位数		4	3				3	5	4	2		
5 位数		4					3	4	5	2		
4 位数		4					3	4	5	5	4	
3 位数									3	6	10	4
2 位数												6
每 题 字 数			120				90	80	70	60	50	40
总 字 数	——		2 400	——			900	800	700	600	500	400
要求合格题数	18	16	14	12	10	8	9	9	8	8	8	8
按数合计格算题 字 数	2 160	1 920	1 680	1 440	1 200	960	810	720	560	480	400	320
每分钟字数	216	192	168	144	120	96	81	72	56	48	40	32
每字占用秒数	0.278	0.313	0.357	0.416	0.5	0.625	0.74	0.83	1.07	1.25	1.51	1.88

注:

1. 能手级 20 题中,10 题为 15 行,10 题为 20 行。15 行的加减混合题有 5 笔减数,20 行的加减混合题有 7 笔减数。减数的字数占 1/3,即每题 40 字。

2. 字码搭配要求 0~9 均衡出现。每题有一个数字与另一题交换。

3. 普通级中的加减混合题均包括 5 笔减数,减数字码约占题字数的 1/3。

乘 算

限时 5 分钟

项目＼等级	能手级 一级	二级	三级	四级	五级	六级	普通级 一级	二级	三级	四级	五级	六级
题 数	——		20		——		10	10	10	10	10	10
其中:整数题			12				5	6	7	8	8	10
带小数题			8				5	4	3	2	2	
四舍题			4				2	2	2	1	1	
五入题			4				3	2	1	1	1	
题型 实6位×法5位			2									
5×6			2									
6×4			2									
4×6			2									
5×5			2									
5×4			3				2					
4×5			3				2					
4×4			4				6	4				
5×3								1	1			
3×5								1	1			
4×3								2	2	1		
3×4								2	2	1		
3×3									4	2	2	
4×2										3	1	
2×4										3	1	
3×2											3	3
2×3											3	3
2×2												4
实、法位数合计	——		190		——		84	76	68	62	54	46
要求合格题数	18	16	14	12	11	10	9	9	8	8	8	8
题 量	——		450		——		176	142	114	90	70	52
按数合计格算题 题量	405	360	315	270	248	225	158	128	91	72	56	42
每分钟字数	81	72	63	54	50	45	32	25	18	14	11	8
每字占用秒数	0.74	0.83	0.95	1.11	1.21	1.33	1.9	2.3	3.3	4.2	5.4	7.1

注:

1. 能手级保留四位小数,普通级 1～5 级保留两位小数,以下四舍五入。

2. 字码搭配 0～9 均衡出现。

3. 积的位数要求占实、法位数和的 83%,上下浮动 3%,即 80%～86%。

除　算

限时 5 分钟

项目＼等级	能手级 一级	二级	三级	四级	五级	六级	普通级 一级	二级	三级	四级	五级	六级
题　数	——		20	——			10	10	10	10	10	10
其中:除尽题数			12				6	6	7	8	8	10
除不尽题数			8				4	4	3	2	2	
四舍题			4				2	2	2	1	1	
五入题			4				2	2	1	1	1	
题型 ÷6位＝4位			3									
÷4 ＝6			3									
÷5 ＝5			2									
÷5 ＝4			4									
÷4 ＝5			4									
÷4 ＝4			4									
÷3 ＝5							2	1				
÷5 ＝3							2	1				
÷3 ＝4							3	2	1			
÷4 ＝3							3	1				
÷3 ＝3								4	8	4		
÷2 ＝3										3	3	
÷3 ＝2										3	3	
÷2 ＝2											4	10
法、商位数合计	——		184	——			74	68	62	54	46	40
要求合格题数	18	16	14	12	11	10	9	9	8	8	8	8
题　量	——		418	——			132	114	96	72	52	40
按数合计格算题 题　量	376	334	293	251	230	209	119	103	77	58	42	32
每分钟字数	75	67	59	50	46	42	24	21	15	12	8	6
每字占用秒数	0.8	0.9	1.02	1.2	1.3	1.43	2.5	2.9	3.9	5.2	7.1	9.4

注:

1. 能手级保留四位小数,普通级 1～5 级保留两位小数,以下四舍五入。

2. 字码搭配 0～9 均衡出现。

全国珠算技术等级鉴定普通六级试题(一)

	答题数	对题	等级	初评	复核
加减算					
乘算					
除算					

加减算(限时 10 分钟)

(一)	(二)	(三)	(四)	(五)
9 385	61	2 436	3 618	38
253	12	63	−37	−19
72	75	31	82	64
59	329	52	2 641	82
95	6 042	2 817	−625	2 517
4 806	57	564	58	−781
265	18	85	71	3 051
42	3 862	54	5 409	43
31	741	631	−893	−365
975	409	1 578	6 479	46
1 852	26	7 892	85	7 981
7 534	6 241	783	−365	−243
485	8 509	15	78	8 521
51	452	348	−841	−298

(六)	(七)	(八)	(九)	(十)
61	54	25	19	653
37	49	53	91	−35
103	31	7 493	−23	86
915	9 843	169	7 816	−63
54	568	51	−574	1 764
47	15	15	9 743	59
8 396	53	578	−892	−398
867	791	7 235	76	86
104	8 973	2 901	41	6 021
45	1 298	97	6 217	−386
1 785	75	286	−249	1 607
7 059	327	528	8 435	79
967	713	95	−672	−687
56	6 571	6 342	29	1 694

乘　算		除　算	
一	798 × 19 =	一	1 170 ÷ 18 =
二	35 × 906 =	二	2 730 ÷ 39 =
三	26 × 531 =	三	1 520 ÷ 40 =
四	403 × 32 =	四	1 128 ÷ 24 =
五	94 × 807 =	五	832 ÷ 52 =
六	69 × 25 =	六	3 599 ÷ 61 =
七	82 × 48 =	七	5 670 ÷ 70 =
八	107 × 64 =	八	1 920 ÷ 96 =
九	51 × 75 =	九	7 990 ÷ 85 =
十	12 × 84 =	十	1 679 ÷ 73 =
限时 5 分钟		限时 5 分钟	

全国珠算技术等级鉴定普通六级试题（二）

	答题数	对题	等级	初评	复核
加减算					
乘算					
除算					

加减算（限时 10 分钟）

（一）	（二）	（三）	（四）	（五）
23	9 124	97	4 357	1 396
674	843	7 258	−39	−943
15	4 372	973	43	62
281	763	32	3 054	−29
4 176	19	95	−491	7 291
6 014	94	469	67	−957
31	5 916	6 723	−936	2 869
473	298	9 106	7 628	35
701	706	19	2 054	−758
63	8 075	983	35	4 982
4 936	41	4 852	−793	−459
15	84	134	67	41
82	72	26	62	16
3 642	54	65	−391	82

（六）	（七）	（八）	（九）	（十）
62	7 964	6 548	48	478
28	1 497	132	−84	−62
574	972	54	3 789	24
4 207	23	86	−537	−341
1 579	41	654	15	4 213
57	5 824	2 516	−682	3 092
873	352	1 847	3 298	51
982	597	24	6 835	−203
58	8 164	918	−349	7 689
5 940	45	5 489	36	−521
32	51	835	92	67
65	43	51	58	−63
2 679	59	23	−765	78
684	543	37	3 086	9 682

	乘　算			除　算
一	$492 \times 81 =$		一	$7\,968 \div 83 =$
二	$54 \times 703 =$		二	$2\,160 \div 27 =$
三	$71 \times 954 =$		三	$1\,710 \div 90 =$
四	$805 \times 16 =$		四	$938 \div 14 =$
五	$68 \times 309 =$		五	$1\,334 \div 58 =$
六	$97 \times 67 =$		六	$2\,982 \div 71 =$
七	$36 \times 28 =$		七	$2\,340 \div 30 =$
八	$203 \times 42 =$		八	$1\,380 \div 46 =$
九	$13 \times 57 =$		九	$3\,162 \div 62 =$
十	$54 \times 46 =$		十	$2\,655 \div 59 =$
限时 5 分钟			限时 5 分钟	

全国珠算技术等级鉴定普通六级试题(三)

	答题数	对题	等级	初评	复核
加减算					
乘算					
除算					

加减算(限时 10 分钟)

(一)	(二)	(三)	(四)	(五)
23	9 036	29	1 836	9 703
86	68	92	-23	12
1 398	19	815	32	-67
712	921	3 167	94	28
45	87	6 382	-287	-341
74	714	147	35	3 528
308	4 579	68	97	-897
4 172	6 281	75	4 761	56
8 749	17	3 059	-632	-675
16	976	673	9 218	1 796
752	394	961	54	6 321
823	47	1 608	-302	-207
7 948	34	83	8 596	48
72	1 738	18	-687	31

(六)	(七)	(八)	(九)	(十)
7 861	31	86	2 809	4 108
97	914	63	-298	-85
243	7 458	3 915	31	58
24	5 748	193	-82	-869
427	471	35	6 281	48
4 352	59	18	-912	8 657
1 598	45	415	24	-765
15	5 637	9 741	-417	2 689
901	516	1 328	3 968	92
743	145	56	-719	-723
58	5 927	563	1 246	1 269
3 687	19	1 734	79	-756
29	58	847	81	17
93	96	39	16	32

乘　　算		除　　算	
一	287 × 48 =	一	1 274 ÷ 91 =
二	39 × 604 =	二	570 ÷ 19 =
三	52 × 865 =	三	3 220 ÷ 70 =
四	901 × 37 =	四	812 ÷ 28 =
五	45 × 103 =	五	3 886 ÷ 67 =
六	64 × 91 =	六	2 916 ÷ 36 =
七	76 × 29 =	七	3 880 ÷ 40 =
八	103 × 72 =	八	3 120 ÷ 52 =
九	82 × 53 =	九	6 059 ÷ 83 =
十	98 × 37 =	十	2 340 ÷ 45 =
限时 5 分钟		限时 5 分钟	

全国珠算技术等级鉴定普通五级试题(一)

	答题数	对题	等级	初评	复核
加减算					
乘算					
除算					

加减算(限时 10 分钟)

(一)	(二)	(三)	(四)	(五)
369	2 709	147	784	8 526
287	631	398	9 601	-479
4 105	584	2 506	-235	531
5 280	4 708	693	481	3 475
713	526	524	-3 507	269
697	391	1 807	126	-108
219	4 063	392	657	4 680
604	509	465	-219	-175
5 837	128	789	3 408	932
1 408	7 234	2 436	952	-1 305
759	918	805	-347	964
236	456	917	861	-287
3 105	3 609	3 108	-1 407	6 109
742	125	742	326	283
869	847	6 905	5 809	457

(六)	(七)	(八)	(九)	(十)
712	936	8 203	2 508	8 905
809	587	961	-376	721
3 046	421	475	1 409	-3 406
987	5 604	192	892	169
432	187	5 340	536	748
5 601	893	1 672	-147	-235
274	759	506	3 246	8 761
318	2 486	247	-508	-260
9 650	301	839	971	459
963	642	714	-3 507	6 301
504	175	9 605	439	-279
2 187	938	832	182	548
285	2 017	963	-249	8 502
179	3 904	281	8 503	-347
6 403	856	7 504	761	961

	乘　算				除　算		
一	201 ×	98	=	一	162.42 ÷	18	=
二	72 ×	529	=	二	5 451 ÷	69	=
三	0.537 ×	2.06	=	三	1 696 ÷	32	=
四	16 ×	701	=	四	4 284 ÷	51	=
五	458 ×	43	=	五	1 334 ÷	23	=
六	0.390 7 ×	0.54	=	六	1.115 1 ÷	0.74	=
七	89 ×	873	=	七	38 080 ÷	56	=
八	908 ×	61	=	八	8 547 ÷	407	=
九	462 ×	387	=	九	33 485 ÷	905	=
十	65 ×	1 902	=	十	36 984 ÷	804	=
保留两位小数,以下四舍五入(限时 5 分钟)				保留两位小数,以下四舍五入(限时 5 分钟)			

全国珠算技术等级鉴定普通五级试题(二)

	答题数	对题	等级	初评	复核
加减算					
乘算					
除算					

加减算(限时 10 分钟)

(一)	(二)	(三)	(四)	(五)
317	8 926	628	7 309	5 709
5 902	354	137	−246	−163
486	107	4 095	185	208
347	395	971	2 501	−745
568	742	364	−748	6 809
2 109	816	8 502	−4 205	312
589	8 605	726	369	691
3 706	591	431	837	−7 408
142	423	5 809	−1 409	532
267	7 102	134	265	−378
3 704	859	609	723	4 605
198	346	7 028	801	219
649	9 804	159	−167	−157
1 830	765	694	362	4 209
527	1 302	5 378	5 498	368

(六)	(七)	(八)	(九)	(十)
752	3 507	195	237	6 708
469	148	6 807	189	235
1 384	296	243	6 405	1 904
675	930	8 032	−307	429
2 104	1 805	961	4 186	−517
389	147	457	−295	6 208
871	429	9 760	481	−134
923	6 853	2 108	−2 508	389
5 406	217	534	697	−6 507
934	563	640	−348	298
271	1 408	513	1 905	−143
568	927	2 679	267	−507
7 809	342	854	−318	164
621	1 508	369	5 209	253
4 503	697	827	647	9 367

乘　算			除　算		
一	308 ×	73 =	一	379. 32 ÷	78 =
二	19 ×	57 =	二	480 ÷	15 =
三	0.451 ×	1.08 =	三	861 ÷	21 =
四	83 ×	209 =	四	3 225 ÷	43 =
五	254 ×	62 =	五	2 176 ÷	34 =
六	0.206 3 ×	8.4 =	六	2.530 5 ÷	0.97 =
七	78 ×	416 =	七	60 030 ÷	69 =
八	579 ×	37 =	八	7 236 ÷	402 =
九	601 ×	586 =	九	21 758 ÷	506 =
十	92 ×	4 059 =	十	73 255 ÷	805 =
保留两位小数,以下四舍五入(限时 5 分钟)			保留两位小数,以下四舍五入(限时 5 分钟)		

全国珠算技术等级鉴定普通五级试题(三)

	答题数	对题	等级	初评	复核
加减算					
乘算					
除算					

加减算(限时 10 分钟)

(一)	(二)	(三)	(四)	(五)
381	247	3 854	192	1 590
629	386	2 970	6 580	263
547	1 590	106	-347	-378
5 691	683	275	482	5 239
4 806	4 205	604	1 590	801
327	791	1 893	-673	-647
278	172	167	159	-2 760
3 509	569	289	-2 460	359
4 160	3 840	354	783	481
695	105	2 690	235	5 230
187	2 870	134	794	-697
432	943	578	-1 086	478
746	248	3 052	691	3 260
3 290	791	789	-548	475
185	5 063	136	2 704	-198

(六)	(七)	(八)	(九)	(十)
584	5 367	165	3 459	375
269	219	492	-173	-291
7 301	840	783	2 680	8 460
849	1 605	486	157	-189
3 501	284	257	-4 290	354
267	397	3 190	806	-6 720
2 410	3 902	4 708	241	475
386	461	236	763	108
795	578	591	-895	2 563
859	2 051	5 603	2 760	-689
4 327	361	1 870	-489	537
601	789	429	391	2 140
4 980	3 407	5 624	3 250	-389
152	185	129	-687	251
613	698	730	419	4 706

	乘　算			除　算	
一	984 ×	83 =	一	207.86 ÷	69 =
二	69 ×	972 =	二	1 360 ÷	85 =
三	0.106 ×	6.09 =	三	7 636 ÷	92 =
四	75 ×	295 =	四	1 924 ÷	37 =
五	573 ×	14 =	五	3 618 ÷	54 =
六	0.250 8 ×	4.8 =	六	0.271 2 ÷	0.18 =
七	42 ×	169 =	七	12 480 ÷	16 =
八	814 ×	36 =	八	19 747 ÷	403 =
九	301 ×	754 =	九	18 894 ÷	201 =
十	93 ×	5 087 =	十	16 146 ÷	702 =
保留两位小数,以下四舍五入(限时 5 分钟)			保留两位小数,以下四舍五入(限时 5 分钟)		

全国珠算技术等级鉴定普通四级试题(一)

	答题数	对题	等级	初评	复核
加减算					
乘算					
除算					

加减算(限时 10 分钟)

(一)	(二)	(三)	(四)	(五)
9 148	6 907	627 031	783	507
205 367	1 583	5 948	195	648
841	246	731 026	326 401	2 719
5 029	709	84 509	−4 062	−305
763	3 851	713	38 759	2 846
29 148	79 642	4 862	578	−513
503	5 108	95 031	8 102	8 206
489	2 094	476	−3 081	510 284
703	683 715	9 508	645	−9 673
6 152	71 083	123	−792	−71 905
19 205	465	497	914	364 827
367 841	927	6 108	−2 603	901
209	643 081	523	8 759	4 635
7 635	295	954	−26 041	−91 728
6 784	324	7 268	459 763	493

(六)	(七)	(八)	(九)	(十)
6 731	8 206	302	528 073	912
902 845	1 549	514	−6 941	−748
173	738	8 769	873 205	3 065
2 096	602	203	−14 069	21 984
548	9 451	4 815	837	256 037
96 371	62 837	458	−4 152	−891
208	5 104	2 601	96 073	7 906
159	4 082	260 473	916	−3 091
608	675 913	8 159	−2 804	462
4 237	19 703	76 903	537	857
36 902	842	215 487	719	473
845 173	561	906	5 304	−5 602
906	483 079	1 523	−286	1 984
5 482	652	96 784	694	56 037
4 517	973	379	8 251	−145 328

乘　算		
一	1 437 × 85 =	
二	314 × 418 =	
三	58 × 7 043 =	
四	6 209 × 96 =	
五	28 × 1 032 =	
六	2 956 × 27 =	
七	59 × 9 164 =	
八	0.407 8 × 5.87 =	
九	7.16 × 0.632 5 =	
十	403 × 908 =	

保留两位小数，以下四舍五入（限时 5 分钟）

除　算		
一	74 422 ÷ 254 =	
二	801 474 ÷ 961 =	
三	37 343 ÷ 349 =	
四	23.746 8 ÷ 8.02 =	
五	29 624 ÷ 56 =	
六	0.360 2 ÷ 0.769 =	
七	49 350 ÷ 75 =	
八	6 510 ÷ 21 =	
九	7 344 ÷ 108 =	
十	22 599 ÷ 243 =	

保留两位小数，以下四舍五入（限时 5 分钟）

全国珠算技术等级鉴定普通四级试题（二）

	答题数	对题	等级	初评	复核
加减算					
乘算					
除算					

加减算（限时 10 分钟）

（一）	（二）	（三）	（四）	（五）
7 869	73 102	75 301	549	605
23 605	849	482 697	872	794
431	5 406	590 168	−168	8 103
502	781 329	3 427	7 206	−725
478 921	567	305	5 014	8 396
603	482 013	2 841	−369	−4 127
8 745	659	35 796	834	83 059
3 219	3 906	104	952 076	−146
605 478	4 587	826	3 841	972
912	213	9 753	−276 059	−5 038
5 063	906	401	14 308	64 127
874	7 854	9 628	−267	683 059
63 219	96 312	931	4 195	214
504	5 408	8 405	−83 076	4 607
7 891	721	627	2 591	−129 385

（六）	（七）	（八）	（九）	（十）
219 468	105	649	7 201	3 504
705	8 396	183 052	635	6 917
9 123	15 427	467	569	35 082
5 864	609	2 078	318 042	−964
852	180 253	6 803	958	4 109
906	4 796	523 147	−4 107	−368
7 314	45 106	92 503	623	527
85 703	938 724	817	984	782
703 219	387	9 514	−9 597	271
468	4 251	362	842 103	−8 053
3 075	609	807	79 065	46 917
912	2 783	4 159	−824	435 082
75 864	235	87 263	9 731	196
302	7 604	5 901	−56 043	−1 704
1 946	891	436	−8 137	−394 268

	乘　算		除　算
一	1 706 × 539 =	一	385 263 ÷ 751 =
二	372 × 2 709 =	二	127 798 ÷ 314 =
三	5 013 × 45 =	三	554 182 ÷ 802 =
四	74 × 8 634 =	四	22.465 3 ÷ 7.56 =
五	0.428 × 6.75 =	五	55 936 ÷ 92 =
六	9 583 × 73 =	六	0.161 5 ÷ 0.301 =
七	895 × 108 =	七	21 492 ÷ 36 =
八	61 × 2 104 =	八	46 740 ÷ 57 =
九	2 091 × 41 =	九	19 437 ÷ 627 =
十	6.4 × 0.962 8 =	十	56 322 ÷ 894 =
保留两位小数,以下四舍五入(限时 5 分钟)		保留两位小数,以下四舍五入(限时 5 分钟)	

全国珠算技术等级鉴定普通四级试题（三）

	答题数	对题	等级	初评	复核
加减算					
乘算					
除算					

加减算（限时 10 分钟）

（一）	（二）	（三）	（四）	（五）
8 562	73 908	914	82 706	601
34 062	125	482	154 398	795
479	6 408	765	450 632	5 379
103	721 359	3 028	−7 819	−482
197 538	647	5 903	702	8 603
604	218 093	167	−4 516	−2 417
7 912	465	371	72 893	86 059
4 385	2 041	564 098	601	423
602 197	9 857	1 372	543	971
583	362	498 605	−9 827	−5 068
2 064	104	27 013	106	−32 417
791	7 589	489	−3 945	386 059
64 385	14 263	7 256	836	142
201	8 905	31 098	−9 502	−9 506
9 758	736	4 652	471	278 315

（六）	（七）	（八）	（九）	（十）
94 307	396	142	492	971 584
658 129	147	5 706	5 801	602
304	938 052	893	7 364	1 793
138	1 409	972	−3 506	−270 536
904	538 627	4 805	491	9 148
6 725	72 508	631	−872	−42 603
8 567	416	387	58 029	26 485
4 921	6 809	259 064	371	−309
307 658	4 237	3 871	946	715
129	516	964 502	−2 085	8 426
7 034	908	17 038	−17 364	−903
856	7 324	946	158 029	8 517
34 921	98 615	7 125	637	−362
706	2 403	83 064	−4 701	8 405
8 512	751	9 521	386 295	971

	乘　算			除　算
一	9 107 × 23 =	一	77 748 ÷ 627 =
二	462 × 873 =	二	112 785 ÷ 365 =
三	38 × 1 604 =	三	203 708 ÷ 401 =
四	6 792 × 78 =	四	14.644 2 ÷ 8.97 =
五	54 × 9 703 =	五	23 387 ÷ 91 =
六	5 049 × 95 =	六	0.100 3 ÷ 0.206 =
七	38 × 5 608 =	七	33 934 ÷ 38 =
八	0.861 5 × 3.49 =	八	24 300 ÷ 54 =
九	12.7 × 0.615 2 =	九	19 992 ÷ 952 =
十	503 × 271 =	十	60 544 ÷ 704 =

保留两位小数,以下四舍五入(限时 5 分钟)　保留两位小数,以下四舍五入(限时 5 分钟)

全国珠算技术等级鉴定普通三级试题(一)

	答题数	对题	等级	初评	复核
加减算					
乘算					
除算					

加减算(限时 10 分钟)

(一)	(二)	(三)	(四)	(五)
407	8 601	973 026	42 058	265 793
5 829	29 574	584	369 701	84 013
97 103	310 852	1 026	542	975 628
285 649	527 496	37 948	−9 638	104
107	9 013	362 015	170 245	−5 793
70 613	386	620 158	−91 702	5 608
294	2 109	84 973	458 369	−37 912
6 358	57 438	501	−42 071	206 548
10 479	592 106	2 673	385	17 934
285 361	347	94 851	−7 196	−10 482
5 823	69 472	497	836 917	84 026
17 964	631 085	8 602	402	−139 657
832 506	52 749	14 397	6 385	425
49 017	801	586 201	89 602	7 608
465 823	36 947	57 934	−41 537	−193

(六)	(七)	(八)	(九)	(十)
8.17	632.89	9 143.56	74.02	197.83
923.05	1 705.46	679.02	8.51	42.06
46.92	4.05	820.97	513.96	5 426.01
185.03	71.98	3.41	8 024.67	−538.79
3 296.47	236.45	97.65	9.31	964.05
5.08	2 890.71	802.14	−20.85	3 217.89
17.46	4.63	3 560.97	−396.74	−350.46
502.61	50.71	1.82	4 250.37	6 987.12
1 749.83	982.36	65.34	1 689.42	4.05
6.02	9 170.54	7 902.81	−37.05	−32.17
53.89	3.82	4 356.79	498.61	−890.46
471.62	57.08	8.02	2 507.13	8 712.35
4 980.53	642.13	53.41	−689.42	1.28
620.17	9 578.06	913.05	7.05	−35.04
5 389.74	931.24	468.72	−986.13	9.76

乘　算		除　算	
一	405 × 213 =	一	273 768 ÷ 671 =
二	924 × 394 =	二	396 256 ÷ 406 =
三	0.097 5 × 3.806 7 =	三	53 342 ÷ 149 =
四	53 147 × 184 =	四	453.911 9 ÷ 54.6 =
五	2 956 × 947 =	五	380.990 3 ÷ 4.06 =
六	317 × 5 938 =	六	1 044.846 ÷ 734.1 =
七	194 × 725 =	七	201 096 ÷ 392 =
八	643 × 864 =	八	220 023 ÷ 843 =
九	0.710 5 × 6.01 =	九	169 058 ÷ 274 =
十	80.7 × 0.420 9 =	十	728.838 9 ÷ 95.3 =
保留两位小数,以下四舍五入(限时 5 分钟)		保留两位小数,以下四舍五入(限时 5 分钟)	

全国珠算技术等级鉴定普通三级试题(二)

	答题数	对题	等级	初评	复核
加减算					
乘算					
除算					

加减算(限时 10 分钟)

(一)	(二)	(三)	(四)	(五)
2 934	58 467	308	18 096	403 851
60 175	532 901	4 167	327	−26 719
16 029	617	140 839	56 908	8 305
857	2 903	95 267	172 345	97 624
843 926	648	52 938	9 654	−40 937
701	7 109	276 041	−18 702	756 184
3 485	23 584	395	345 096	−39 028
72 041	930 782	8 041	−718	216 573
568 937	821 546	67 259	5 432	409
402	7 039	614 083	690 817	−6 218
8 651	64 512	527	234 569	39 075
42 739	693 078	8 306	−108	482 156
615 809	82 154	47 159	−4 327	215
37 042	703	283 604	37 506	−4 308
938 651	96 415	29 517	−14 829	769

(六)	(七)	(八)	(九)	(十)
7.09	50.28	6 390.51	740.86	8 742.56
45.12	641.73	7.84	3 502.91	890.31
704.65	3 570.24	93.02	8.67	1 652.47
5 132.98	9 186.35	871.65	41.93	3.09
6.04	42.07	4 203.96	7 680.52	−87.42
860.37	2.89	8 420.39	−805.23	74.05
9.45	73.05	651.78	3 914.76	−932.16
12.83	896.41	2.04	−250.68	8 745.09
497.06	2 053.17	56.93	7.41	−861.23
6 382.15	4.69	248.71	−93.25	613.09
78.92	368.91	5.17	5 239.14	−560.31
315.64	5 702.49	13.09	8.06	5 247.89
3 290.78	186.35	547.82	−74.19	4.52
604.51	2.07	2 031.96	204.75	−37.08
7 892.13	681.94	874.65	−938.16	1.69

	乘　算			除　算	
一	507 ×	638 =	一	679 343 ÷	749 =
二	293 ×	619 =	二	307 648 ÷	352 =
三	914 ×	0.726 =	三	68 068 ÷	187 =
四	158 ×	307 =	四	168.086 7 ÷	81.2 =
五	2.81 ×	0.650 13 =	五	388 589 ÷	523 =
六	42 813 ×	963 =	六	3 817.289 ÷	53.4 =
七	7 235 ×	163 =	七	378.699 2 ÷	91.06 =
八	371 ×	5 319 =	八	71 715 ÷	683 =
九	8 304 ×	295 =	九	278.309 8 ÷	42.9 =
十	61.7 ×	0.408 6 =	十	149 424 ÷	283 =
保留两位小数,以下四舍五入(限时 5 分钟)			保留两位小数,以下四舍五入(限时 5 分钟)		

全国珠算技术等级鉴定普通三级试题（三）

	答题数	对题	等级	初评	复核
加减算					
乘算					
除算					

加减算（限时 10 分钟）

（一）	（二）	（三）	（四）	（五）
8 126	952	178 095	45 017	98 564
75 602	4 108	624	762 398	756 038
318 497	59 637	3 591	105	914 275
605	280 174	426 078	−4 893	−8 306
8 132	369	781 953	26 017	72 419
65 749	3 907	602	239 845	560 398
90 574	528 014	60 781	−5 604	−731
263	73 695	195 342	18 379	6 402
7 481	802	87 026	256 401	31 985
50 936	3 741	435	−29 738	−702 456
218 475	82 596	9 187	67 105	891
309	714 063	34 062	−489 326	2 073
123 048	86 425	3 459	658	−14 275
97 605	509 371	80 274	−4 903	306
948 132	24 618	61 953	217	−24 198

（六）	（七）	（八）	（九）	（十）
901.87	3 120.59	81.09	1.73	3 628.47
7 635.24	7 846.31	763.24	28.49	1.05
8.01	95.02	5 901.48	3 710.65	97.48
94.25	364.87	2.36	6 594.82	−260.13
367.81	1 205.79	18.05	−1.07	2 847.95
3 520.94	846.31	647.92	32.84	−9.68
810.67	5.02	2 081.53	−503.41	20.35
283.06	2.74	7 590.18	106.59	−63.02
5.79	86.05	423.67	9 482.37	148.57
41.28	749.31	9.05	−560.71	9 632.01
756.03	2 056.18	24.81	3.28	−975.84
3 821.49	3.94	957.36	49.56	631.05
6.05	50.27	4 180.23	−230.17	9 748.26
79.41	931.86	6.75	9 605.48	−950.13
9 425.36	648.79	974.63	−876.92	1.74

乘　算		除　算	
一	268 × 5 207 =	一	338 133 ÷ 807 =
二	793 × 903 =	二	308 396 ÷ 946 =
三	403 × 689 =	三	52 815 ÷ 503 =
四	189 × 382 =	四	5 447.885 ÷ 785.6 =
五	826 × 284 =	五	166 624 ÷ 328 =
六	802 × 27 504 =	六	104.553 ÷ 14.5 =
七	5.813 9 × 7.48 =	七	564 682 ÷ 698 =
八	0.961 3 × 4.09 =	八	102 207 ÷ 471 =
九	629 × 1 502 =	九	193.856 9 ÷ 21.4 =
十	0.361 5 × 0.863 =	十	100.321 6 ÷ 5.72 =
保留两位小数,以下四舍五入(限时 5 分钟)		保留两位小数,以下四舍五入(限时 5 分钟)	

全国珠算技术等级鉴定普通二级试题（一）

	答题数	对题	等级	初评	复核
加减算					
乘算					
除算					

加减算（限时 10 分钟）

（一）	（二）	（三）	（四）	（五）
3 708	76 021	134 087	57 901	186 029
41 265	458 903	9 256	362 084	807 354
437 809	6 721 394	16 095	−5 791	6 129
1 265 980	6 085	283 407	36 248	7 354
1 437	72 139	6 195 742	379 052	−62 035
26 095	760 854	6 083	6 841 520	79 481
214 378	2 139 548	19 574	6 379	−1 950
6 590 873	13 065	160 832	−84 105	4 678
956 214	487 209	95 724	3 792	−320 915
67 041	4 156	5 916 083	−684 105	34 678
2 539	3 789	742 830	4 863 792	209 185
80 761	315 602	5 916	−105 279	−423 067
825 394	8 497	74 238	4 863	9 158 746
1 903	15 602	513 076	10 529	8 519 023
524 867	348 927	9 284	−148 637	−76 432

（六）	（七）	（八）	（九）	（十）
67.05	5 240.31	460.27	270.59	6 480.53
342.18	78.69	1 905.83	8 601.34	1 972.05
9 076.85	630.15	59 146.72	27.95	−64.38
70 934.21	2 907.48	38.20	−618.43	19.72
65.18	79 263.51	914.67	4 920.17	730.59
390.42	84.10	5 380.72	29 063.58	−824.16
7 658.21	926.35	83 591.46	41.87	63.90
6 709.34	784.01	6870.14	−36.05	−4 872.51
58 124.93	7 926.35	309.25	924.17	97.04
270.45	84 015.63	87.61	−9 063.58	615.82
36.89	7 480.92	23.45	24 178.35	6 974.03
754.01	15.36	9 078.16	−1 429.06	−1 580.32
2 396.18	487.92	35.62	78.53	85 169.74
49.06	8 640.79	908.74	429.60	23 047.96
8 351.27	52.13	9 325.41	−1 785.36	−328.51

乘　算		除　算	
一	$836 \times 18\,365 =$	一	$256\,473 \div 621 =$
二	$72.94 \times 30.24 =$	二	$5\,733.135 \div 43.9 =$
三	$8.206\,3 \times 7.38 =$	三	$380\,097 \div 807 =$
四	$45.71 \times 45.69 =$	四	$8\,195.541 \div 26.5 =$
五	$9\,028 \times 203 =$	五	$1\,128\,278 \div 193 =$
六	$71.36 \times 94.17 =$	六	$210.236\,9 \div 80.4 =$
七	$5\,409 \times 6\,542 =$	七	$6\,828\,486 \div 7\,562 =$
八	$368 \times 6\,809 =$	八	$40\,952.876 \div 8\,439.1 =$
九	$501 \times 7\,309 =$	九	$492\,804 \div 507 =$
十	$1\,754 \times 472 =$	十	$6\,090\,296 \div 8\,506 =$
保留两位小数,以下四舍五入(限时5分钟)		保留两位小数,以下四舍五入(限时5分钟)	

全国珠算技术等级鉴定普通二级试题(二)

	答题数	对题	等级	初评	复核
加减算					
乘算					
除算					

加减算(限时 10 分钟)

(一)	(二)	(三)	(四)	(五)
635 409	7 049 628	39 701	718 463	73 618
53 062	826 049	3 985	2 046 817	163 702
7 926	69 281	70 258	184 502	8 209 361
71 035	4 015	3 709	27 059	694 028
2 653	90 462	248 937	−2 718	18 209
948 017	51 037	6 402	9 503	−375 094
6 271	315 628	15 829	−51 846	6 149
62 948	7 862	985 164	936 481	−61 375
518 492	78 359	3 416 589	6 379	854 736
2 948 356	269 473	851 673	48 712	−5 281
586 071	1 536	7 390 426	−59 301	1 854
3 017 845	315 049	642 013	5 072	−20 945
481 703	7 904 153	4 207	−936 207	8 027
9 037	510 487	16 075	6 240 395	−945 732
92 481	3 728	851 642	−593 648	6 370 495

(六)	(七)	(八)	(九)	(十)
91.65	627.13	3 298.01	29 074.51	713.08
208.53	90.68	710.84	5 840.92	−40.86
82.69	701.83	71.32	−129.04	8 467.53
4 530.92	14.69	408.53	21.38	23 504.68
27 453.08	3 806.94	80.71	904.83	6 920.53
8 503.47	49 608.35	4 561.07	−29.06	83.05
50.81	5 286.09	61 905.48	4 863.79	−108.29
4 503.17	540.96	84.05	−7 630.48	53.02
39.56	2 176.49	832.96	51.84	347.19
471.69	17.25	4 569.23	175.63	−5 319.74
6 714.32	394.52	56.47	−2 836.75	47 912.56
92 847.16	5 483.17	923.71	93.21	−6 829.17
1 708.29	27 138.05	7 329.65	675.12	908.64
690.82	1 830.72	10 692.37	−1 567.09	71.46
347.16	72.54	8 456.92	57 603.43	−3 529.17

	乘　算		除　算
一	731 × 45 916 =	一	501 024 ÷ 614 =
二	8 962 × 2 308 =	二	476.228 6 ÷ 5.23 =
三	9.603 1 × 6.17 =	三	82 236 ÷ 308 =
四	287 × 4 952 =	四	2 752.815 5 ÷ 7.91 =
五	3 045 × 803 =	五	3 284 874 ÷ 486 =
六	405 × 3 807 =	六	65.709 8 ÷ 9.07 =
七	16.92 × 7.16 =	七	117 468 ÷ 502 =
八	45.78 × 0.259 4 =	八	321.315 9 ÷ 19.73 =
九	1 706 × 7 083 =	九	29 981 976 ÷ 68 452 =
十	0.259 4 × 9.461 =	十	3 733 180 ÷ 3 905 =
保留两位小数,以下四舍五入(限时 5 分钟)		保留两位小数,以下四舍五入(限时 5 分钟)	

全国珠算技术等级鉴定普通二级试题（三）

	答题数	对题	等级	初评	复核
加减算					
乘算					
除算					

加减算（限时 10 分钟）

（一）	（二）	（三）	（四）	（五）
7 104	957 036	68 092	816 042	76 043
96 538	8 142	574 103	−107 935	298 501
971 402	23 087	6 829	6 842	6 743 152
6 538 240	654 601	57 431	7 935	6 098
6 971	3 287 169	739 068	25 085	−74 315
53 028	3 054	1 258 604	46 371	760 982
569 714	28 716	1 739	−4 207	4 315 829
3 820 471	230 549	25 046	5 368	−24 301
238 596	87 196	7 398	910 247	956 087
89 065	7 823 054	152 406	−95 386	−2 413
2 137	169 405	5 217 398	102 478	5 976
40 986	7 823	406 839	−519 306	−241 308
421 375	16 945	5 217	2 478 635	9 657
8 207	832 054	40 689	8 742 019	41 308
931 546	7 916	452 173	−63 591	−295 687

（六）	（七）	（八）	（九）	（十）
89.07	410.75	8 760.19	970.38	9 250.64
635.12	6 809.23	52.43	2 460.15	3 871.06
4 098.27	98 641.75	680.32	79.38	95.24
90 463.51	32.07	1 904.75	−462.15	−38.17
87.12	864.15	49 168.23	1 280.94	920.78
640.35	9 320.57	57.30	82 056.37	−364.15
9 872.51	23 986.41	916.82	19.43	83.07
8 904.63	9 240.13	457.03	65.07	−5 124.96
72 153.46	6 025.87	4 916.82	−281.94	19.05
305.91	54.91	57 032.68	2 056.73	836.74
87.64	86.37	4 750.91	81 943.67	8 195.02
519.02	5 024.91	32.86	−9 182.05	−3 670.24
3 876.24	62.79	754.91	43.76	76 381.95
63.05	508.43	4 920.87	−182.05	42 095.18
2 814.79	5 687.31	51.63	−9 437.56	−247.63

	乘　算		除　算
一	495 × 34 152 =	一	532 172 ÷ 571 =
二	1 837 × 9 078 =	二	5 901.073 9 ÷ 63.4 =
三	206 × 6 907 =	三	34 112 ÷ 208 =
四	45 081 × 634 =	四	677.204 4 ÷ 90.8 =
五	23.69 × 0.825 1 =	五	15 504 736 ÷ 752 =
六	70.54 × 0.709 =	六	568.310 5 ÷ 14.3 =
七	0.691 8 × 14.36 =	七	167 610 ÷ 906 =
八	307 × 5 287 =	八	4 974.138 1 ÷ 825.7 =
九	184.5 × 0.560 2 =	九	76 398 413 ÷ 96 341 =
十	9 632 × 831 =	十	3 986 890 ÷ 8 705 =
保留两位小数,以下四舍五入(限时 5 分钟)		保留两位小数,以下四舍五入(限时 5 分钟)	

全国珠算技术等级鉴定普通一级试题(一)

	答题数	对题	等级	初评	复核
加减算					
乘算					
除算					

加减算(限时 10 分钟)

(一)	(二)	(三)	(四)	(五)
639 078	7 418	852 091	96 301 258	1 742 036
2 504 197	930 652	47 603	7 431	−589 637
6 143	39 064 257	4 175	−528 604	95 812
85 273	8 132 507	36 089 271	−79 281	46 580 173
29 014 685	41 968	2 430 685	3 054 796	4 092
148 057	6 024	73 504 692	−846 057	−905 768
93 268	358 179	8 179	3 192	24 103
5 132	81 302 475	9 243 508	13 546	4 265
7 490 658	69 478	610 589	20 789 613	7 183 956
97 213	16 903	20 714 365	−9 802 547	71 240 938
40 391 526	9 850 736	19 684	20 179	−302 816
6 743	25 304 819	7 326	43 058 617	9 547 206
670 958	4 125 087	478 123	5 643	−57 430 198
2 145 068	259 681	9 543 617	−892 071	58 397
49 607 321	4 372	29 548	2 836 059	−4 761

(六)	(七)	(八)	(九)	(十)
2 805.34	39.64	417.05	52 086.71	240 653.87
71.96	580.21	69.32	−439.86	91 256.73
741 860.92	8 502.97	896 013.82	53.29	−184.96
57 031.48	713 046.25	8 450.73	470 819.35	85.21
692.35	68 713.94	1 605.42	−2 710.46	−3 904.76
1 687.09	2 798.01	38 925.74	−4 921.03	401 279.35
35.24	46.35	60 798.23	608 574.92	87.93
350 768.29	640 879.13	46.18	681.95	240.16
4 182.03	718.52	149.57	72.56	−39 106.58
51 476.98	93.46	573 690.82	−84 071.93	520 847.91
349.02	54 103.82	6 524.93	−7 635.14	−8 746.02
21.65	2 107.69	80 712.34	982.03	539.26
109 245.36	501 236.74	607.85	450 789.62	53 074.81
876.94	987.15	198 263.57	93 704.16	−4 738.65
72 085.31	24 609.83	50.94	82.15	31.02

乘 算		除 算	
一	$50\,639 \times 1\,802 =$	一	$2\,330.626\,6 \div 5.68 =$
二	$8\,217 \times 6\,143 =$	二	$4\,719\,168 \div 8\,193 =$
三	$9.405\,6 \times 39.76 =$	三	$41\,864.03 \div 42.5 =$
四	$68.04 \times 2.904\,1 =$	四	$7\,201\,264 \div 9\,104 =$
五	$3\,817 \times 7\,856 =$	五	$62\,853\,644 \div 76\,094 =$
六	$2\,359 \times 5\,302 =$	六	$1\,301\,456 \div 6\,257 =$
七	$72.96 \times 4.071\,6 =$	七	$3.560\,5 \div 0.183 =$
八	$4\,782 \times 9\,472 =$	八	$0.761\,39 \div 0.024 =$
九	$104.3 \times 0.839\,5 =$	九	$19\,861\,398 \div 31\,082 =$
十	$510.8 \times 58.42 =$	十	$3\,076\,758 \div 753 =$
保留两位小数,以下四舍五入(限时 5 分钟)		保留两位小数,以下四舍五入(限时 5 分钟)	

全国珠算技术等级鉴定普通一级试题(二)

	答题数	对题	等级	初评	复核
加减算					
乘算					
除算					

加减算(限时 10 分钟)

(一)	(二)	(三)	(四)	(五)
21 894 065	6 549	78 934	2 195 086	83 450 926
7 305 948	13 724	6 521 384	−374 629	−701 359
210 476	6 153 082	709 651	4 817	4 271 608
9 321	79 601 823	2 139	35 091 748	−24 310 795
30 587 946	4 597 028	42 568	60 253	86 172
18 357	30 691	70 526 931	−7 408 256	−5 894
6 720 564	41 579	870 134	30 917 824	3 698 475
1 982	58 203 476	2 198 706	39 165	6 321
85 936	379 426	3 165	−835 097	62 803
721 049	8 015	57 902 486	2 098 461	−105 794
21 085 736	21 874	3 980 712	−52 134	9 017
81 372	5 693 802	45 026 187	−764 803	63 450 827
9 584	73 054 961	5 394	3 195	26 143
3 804 976	320 457	87 506	62 109 783	−859 432
521 036	9 146	174 029	5 642	2 689 075

(六)	(七)	(八)	(九)	(十)
62 087.35	19.67	478.31	53.96	560.82
941.68	520.48	96.52	471.28	73.14
307 514.29	3 520.76	60 149.82	804 962.71	604 718.92
92.83	81.39	713 824.56	−3 567.04	−3 509.21
145.76	4 751.08	5 703.92	−3 180.95	39.68
41 580.23	62 384.19	8 960.41	380 271.64	−754.28
7 692.03	342 075.69	34 076.95	25.93	91 576.04
710 896.54	27.01	17.82	−725.49	370 812.54
59.16	389.46	538.09	86 015.93	−39 607.52
4 813.07	850 194.36	764 520.31	−47 086.12	680 431.97
341.96	72 103.45	5 362.97	−6 432.18	−6 951.08
78 025.36	278.96	15 849.67	657.01	234.69
159 470.28	406 931.57	403.51	640 239.58	21 478.05
76.45	2 085.16	281 976.34	74 902.16	−3 579.41
903.18	73 204.98	20.85	85.37	98.32

乘　算		除　算	
一	54 821 × 6 403 =	一	746.511 4 ÷ 534.08 =
二	7 581 × 9 174 =	二	2 857 121 ÷ 9 013 =
三	2.609 9 × 42.31 =	三	83 004.626 ÷ 85.2 =
四	10.65 × 3.864 7 =	四	6 929 874 ÷ 729 =
五	2 319 × 8 075 =	五	52 015 968 ÷ 716 =
六	4 231 × 5 208 =	六	3 296 879 ÷ 3 847 =
七	79.04 × 9.610 5 =	七	2.995 91 ÷ 0.167 =
八	3 965 × 1 798 =	八	2 209 660 ÷ 268 =
九	356.4 × 0.423 5 =	九	6 301 568 ÷ 60 592 =
十	709.8 × 29.86 =	十	141.638 8 ÷ 45.39 =
保留两位小数,以下四舍五入(限时 5 分钟)		保留两位小数,以下四舍五入(限时 5 分钟)	

全国珠算技术等级鉴定普通一级试题（三）

	答题数	对题	等级	初评	复核
加减算					
乘算					
除算					

加减算（限时 10 分钟）

（一）	（二）	（三）	（四）	（五）
459 078	13 852	5 894	3 415 026	62 907
2 103 685	46 709	60 723 154	−897 132	3 415
7 913	2 460 319	790 268	7 465	8 273 654
64 278	78 509 632	3 142 605	89 054 637	−108 945
21 046 593	5 148 702	98 713	80 912	8 036
61 237 085	389 674	6 987	−3 508 467	95 270 468
4 903 765	5 128	503 142	20 193 654	−201 937
910 842	41 507 693	5 749 801	12 978	1 243 509
8 239	965 873	23 685	4 921	−49 320 687
60 745 198	2 014	47 203 986	−456 037	76 158
67 324	39 564	1 320 489	6 035 812	−1 764
5 160 749	7 821 609	75 069 328	−49 761	28 590 314
1 532	82 035 417	7 415	−892 364	65 821
39 764	450 978	23 605	5 872	−293 486
258 031	2 861	147 098	31 705 968	3 192 075

（六）	（七）	（八）	（九）	（十）
978.05	16.32	807.91	63.12	530 879.64
16 023	547.98	632 457.18	87 905.43	21 576.04
405 376.28	67 903.45	50.69	240 785.19	−892.13
149.65	2 018.94	30 249.15	678.02	43.28
81 047.29	702 365.81	4 267.83	−3 956.41	15.97
53 692.71	476.12	671 850.43	−69 058.73	−6 913.48
3 482.90	58 390.27	297.58	25.49	21 067.94
470 658.13	630 891.54	61.93	436.51	652.31
72.41	79.86	60 435.71	807 251.47	−8 734.05
5 398.06	3 125.09	892 143.65	−6 932.08	710 982.43
476.98	58 146.79	2 709.48	−514.23	−57 806.92
35 071.68	342 059.87	6 470.28	890 673.25	180.76
749 210.53	2 103.68	59 031.86	89.41	49.53
71.24	650.39	47.25	−761.38	501 268.73
3 906.58	27.41	412.03	52 046.79	−2 104.96

乘　算		除　算	
一	30 512 × 5 106 =	一	4 998.525 9 ÷ 7.45 =
二	9 746 × 3 854 =	二	3 600 896 ÷ 4 328 =
三	6.908 2 × 23.98 =	三	30 157.28 ÷ 51.9 =
四	46.03 × 6.302 4 =	四	328 128 ÷ 1 709 =
五	2 548 × 7 129 =	五	93 437 964 ÷ 97 028 =
六	5 179 × 8 706 =	六	1 888 971 ÷ 6 153 =
七	78.13 × 4.052 9 =	七	102 488 ÷ 0.364 =
八	8 247 × 1 764 =	八	6.009 61 ÷ 0.084 =
九	105.9 × 0.951 8 =	九	11 063 088 ÷ 25 609 =
十	360.2 × 73.62 =	十	3 478 968 ÷ 687 =
保留两位小数,以下四舍五入(限时5分钟)		保留两位小数,以下四舍五入(限时5分钟)	

全国珠算技术等级鉴定能手级试题（一）

	答题数	对题	等级	初评	复核
加减算					
乘算					
除算					

加减算（限时 10 分钟）

（一）	（二）	（三）	（四）	（五）
273 540.61	16 452.83	3 961 280.54	41 785 692.03	78 103 459.26
6 398.07	79 205 813.64	57 826 491.03	9 841.62	−379 642.08
149 506.32	3 241.97	9 318.67	−504 693.27	5 714 169.82
1 290.48	592 306.78	78 904.25	5 426 071.38	−76 581.34
453 479.81	4 863 157.09	215 349.07	75 613.04	−7 251 864.09
48 075 631.92	6 978 201.54	43 197.86	−17 250.38	2 307.59
3 962 085.17	493 785.06	528 643.09	81 492 537.06	675 028.39
89 573 164.02	21 078.41	2 052 834.17	5 460.98	14 769 283.05
47 280.56	43 956.02	6 091.75	−6 324 581.79	5 092.14
7 583 461.09	14 608 235.97	1 204 976.53	7 413.82	741 680.31
9 705.28	2 893.45	2 517.08	908 372.16	−9 458 763.02
45 137 098.62	134 572.06	46 985 201.73	−9 642 813.05	73 298.16
28 416.07	3 615 420.89	69 325.84	45 061 238.79	40 568 139.72
613 574.82	81 096 546.73	743 698.01	−53 794.06	−47 312.21
5 029 617.34	7 238.19	79 084 521.36	462 189.75	4 260.53

（六）	（七）	（八）	（九）	（十）
1 972	409 825	5 108	74 603 981	6 592 013
645 038	1 743 062	40 652 973	5 469 302	−265 874
2 718 653	6 537	46 327	−8 752	18 503 497
670 149	18 563 409	1 217 098	−752 103	9 743
9 845	79 128	583 609	9 014	10 826
38 106 796	3 694 507	4 870 295	−24 153 806	−6 548
28 043	41 982	3 164	39 687	7 520 931
3 987 504	682 053	91 786	2 965 748	13 279 604
58 126	60 928 517	53 670 294	−106 481	31 968
120 647	3 417	81 523	50 678 239	−704 582
30 742 596	80 961	9 031	21 953	21 485 907
8 139	4 523 076	24 170 685	4 997 605	−8 736
641 398	387 621	286 054	−3 482	134 029
2 830 957	59 716 034	7 681 943	806 925	−6 802 745
24 375 601	4 925	3 857 429	78 341	95 631
4 095	8 706 935	6 712	37 925 016	−97 186
82 617	530 821	194 605	8 741	615 423
3 627 105	71 849 062	68 725 904	−9 164 203	−90 370 254
84 573 069	4 027	86 423	810 657	8 745 963
82 194	89 153	459 371	−19 423	5 028

（续表）

（十一）	（十二）	（十三）	（十四）	（十五）
1 968 420.57	605 287.93	802 361.97	32 096 478.51	52 869 043.17
31 867.25	84 019 763.52	43 980.65	-598 047.23	-4 716 539.02
392 618.04	43 602.19	5 208 697.14	16 824.37	39 257.81
43 096 281.75	5 812 394.07	54 126 083.97	-4 632 509.81	46 897 503.12
9 057.43	3 175.86	7 154.32	7 910.65	-405 291.86
2 704 983.15	52 401 386.97	5 702 391.68	369 521.04	4 086.73
83 401.56	725 048.69	47 165.03	90 487 652.37	68 023 971.45
964 158.23	6 524.78	485 731.26	2 391.78	769 413.05
3 279.06	1 962 807.53	49 261 358.07	-53 680.47	-85 794.32
26 047 851.39	38 054.19	6 042.89	-2 476 509.18	3 912.68
38 694.27	64 095 832.71	315 678.24	9 651.87	-7 045 106.82
514 209.73	6 127.04	6 209.13	25 182 309.46	1 402 397.58
7 806 432.51	7 921 645.38	7 352 198.04	937 845.02	64 183.05
51 682 347.09	84 032.87	40 638 215.97	6 854 790.13	-71 027.86
8 069.15	702 416.59	46 857.09	-47 932.01	5 846.39

（十六）	（十七）	（十八）	（十九）	（二十）
7 480 129	92 058	728 065	81 645 923	9 561 342
72 653	6 741	92 431	20 837	-98 407
15 948 036	3 251 074	4 953	-159 476	37 026 158
6 714	329 806	67 870 481	5 967 082	78 693
239 805	43 971 568	5 123 096	-3 401	-93 847 065
6 153 792	40 537	57 643	7 604 813	130 139
34 048	8 296	8 091	545 092	24 795 086
58 126 907	1 583 429	27 523 108	71 869	-804 521
2 658	857 106	319 694	-32 237 096	4 375 902
394 701	90 631 472	765 248	4 158	-6 516
3 465	48 691	15 976	-5 706	30 219 748
810 729	3 765 027	4 328	-4 292 813	-1 693 487
93 108	3 218	60 790 421	50 149	8 752
46 395 072	603 495	289 358	73 954 108	45 206
8 756 124	17 845 209	1 576 034	287 623	-346 152
604 537	97 012	64 593	6 418 709	7 914 538
1 829	5 867 348	82 258 061	-45 036	67 029
9 850 342	29 570 334	5 179	9 786	-2 901
61 298 057	2 047	786 064	-382 513	742 516
63 571	956 318	9 425 301	46 178 502	3 807

乘 算

一	5 987	×	8 102	=	
二	16.203 4	×	3.605 7	=	
三	30 576	×	2 435	=	
四	28.91	×	7.148 96	=	
五	4 651	×	6 245	=	
六	842 379	×	91 083	=	
七	0.483 1	×	73.064 7	=	
八	7 209	×	8 921	=	
九	9.605 2	×	0.539 7	=	
十	74.065	×	15.248 6	=	
十一	80.13	×	7.806 3	=	
十二	6 893	×	40 512	=	
十三	75 142	×	590.812	=	
十四	2 469	×	5 679	=	
十五	0.731 58	×	0.094 3	=	
十六	53 012	×	78 016	=	
十七	947 806	×	3 452	=	
十八	2 714	×	49 213	=	
十九	390 658	×	6 057	=	
二十	92 453	×	18 485	=	

保留四位小数,以下四舍五入(限时 5 分钟)

除 算

一	41 965 437	÷	8 103	=	
二	2 069 608 821	÷	250 467	=	
三	384.358 9	÷	6 423.09	=	
四	124 859 272	÷	1 978	=	
五	42.956 232	÷	0.594 3	=	
六	745 213 184	÷	2 816	=	
七	2.201 359 22	÷	0.058 7	=	
八	4 856 528 544	÷	769 412	=	
九	39 944 916	÷	5 309	=	
十	5 697 441	÷	637.58	=	
十一	72 362 565	÷	4 829	=	
十二	0.207 792 82	÷	0.765 8	=	
十三	3.071 405 46	÷	4.310 2	=	
十四	4 938 972 372	÷	71 802	=	
十五	2 715.554 98	÷	645.1	=	
十六	3 573.958 305	÷	963.17	=	
十七	21 466 644	÷	5 493	=	
十八	71 323 064	÷	48 952	=	
十九	142 795 632	÷	1 708	=	
二十	187 633 389	÷	36 021	=	

保留四位小数,以下四舍五入(限时 5 分钟)

说明:1.加减算 10 分钟,乘算和除算各 5 分钟,共 20 分钟。

2.加减算、乘算和除算各打对 18 题,为能手一级;各打对 16 题,为能手二级;各打对 14 题,为能手三级;各打对 12 题,为能手四级;加减算打对 10 题,乘算和除算各打对 11 题,为能手五级;加减算打对 8 题,乘算和除算各打对 10 题,为能手六级。

全国珠算技术等级鉴定能手级试题（二）

	答题数	对题	等级	初评	复核
加减算					
乘算					
除算					

加减算（限时 10 分钟）

（一）	（二）	（三）	（四）	（五）
3 521 024.67	926 513.04	1 461 750.83	56 379 402.81	20 851 967.43
84 630.75	7 845 807.39	48 575 623.09	94 321.03	−682 530.79
76 309 218.59	18 936.26	9 742.31	−2 565 970.67	6 801.47
4 120.63	71 209 248.45	61 209.78	4 609.53	6 901 341.82
358 974.06	5 613.75	367 858.04	7 186 087.45	−97 505.23
6 320.71	674 802.91	43 915.26	904 831.96	43 561 492.87
129 594.08	3 716 934.08	3 601 258.97	−1 768 729.85	−84 715.32
52 375.87	25 068.75	8 640.54	4 253.01	−6 941 279.07
81 064 198.94	15 202 794.86	91 732 305.42	18 026 421.43	9 108.56
7 980.51	7 341.65	87 969.61	−98 358.07	247 083.65
6 483 729.05	23 139.04	284 615.03	925 764.31	69 412 758.03
39 615.42	892 680.15	82 076 594.13	−46 917.08	−8 709 869.41
61 327 091.86	4 977 403.23	8 079.36	25 272 890.41	4 014.37
459 383.72	68 051 547.81	2 503 582.14	5 639.75	692 253.08
6 045 129.47	2 083.69	149 297.06	−407 313.82	71 325.46

（六）	（七）	（八）	（九）	（十）
71 809	2 197	80 547 231	73 765 061	19 473 502
32 203 769	4 856 039	84 769	8 219	48 625
4 158	601 823	1 523 096	−4 487 301	−703 917
140 576	87 459	7 589	502 693	3 689 410
3 492 928	3 091	412 603	−25 867	−5 432
3 751	45 856 072	5 201 976	49 501 313	269 087
940 618	740 293	53 284	2 794 806	−9 604 731
76 235	6 215 431	96 703 418	−6 152	95 128
85 297 063	7 986	64 853	−987 403	−47 586
1 182 408	98 423 560	2 017	1 067	964 132
76 345	7 364 501	98 410 279	39 478	13 720 586
2 019	21 987	943 065	90 516 342	2 186 943
97 548 306	632 741	2 637 518	7 261 508	8 157
8 950 231	9 296 508	9 701	−8 936	5 176 082
283 764	20 875	453 826	405 127	−471 934
9 576	5 641	86 947	59 248	3 592
50 678 251	40 293 718	78 251 301	−89 654 320	−90 530 818
730 419	867 509	534 609	13 972	60 472
64 813	23 142	3 256	47 302 825	−1 294
2 546 509	64 381 705	7 398 014	−408 659	3 760 586

(续表)

（十一）	（十二）	（十三）	（十四）	（十五）
7 023.61	8 741.23	42 879.05	46 083 291.57	7 405 639.81
54 914 982.08	243 095.61	10 361 963.42	−875 039.24	22 496.03
829 324.51	67 108 253.94	7 854 128.07	12 347.16	−573 210.18
75 801.46	2 849.57	9 309.56	−5 696 408.38	8 694.75
3 501 679.84	1 361 570.94	654 123.78	1 570.29	62 439 017.58
3 058.62	32 102.68	6 067.93	913 645.02	−8 315 974.02
92 078 791.54	36 053 689.47	18 426 932.08	80 721 478.35	32 596 037.58
625 943.01	401 725.89	725 415.14	9 132.96	209 765.41
87 201.43	8 927 804.65	46 769.08	−67 570.48	−66 918.74
2 851 760.34	91 056.73	7 108 325.94	23 045 213.69	3 048.21
3 697.03	8 203 147.96	4 258.31	876 825.03	25 097 341.86
95 026 891.47	7 698.13	67 918 092.67	−5 962 408.31	843 175.06
73 582.16	1 972 451.58	3 452 716.08	7 815.96	−96 453.12
564 702.93	93 064.17	44 330.59	4 794 353.01	9 682.79
3 908 249.67	106 425.83	206 859.71	−71 820.69	−1 307 406.28

（十六）	（十七）	（十八）	（十九）	（二十）
80 434	97 436 851	9 018	6 820 795	8 413 759
62 758 901	70 354	52 218 307	−1 034	80 276
5 862	6 928	946 913	6 731 804	−1 029
174 903	5 961 187	6 471 509	59 173 840	715 246
3 564	342 508	78 265	295 405	9 308
920 718	60 729 431	8 234	96 817	35 769 084
81 309	91 756	70 630 589	−23 239 067	−243 521
72 645 093	6 732 048	124 892	8 514	−97 408
7 482 156	5 436	3 451 069	−6 057	21 073 856
703 564	809 123	34 567	90 415	12 584
9 281	48 571 092	25 281 708	−2 413 829	−906 378
8 290 435	34 805	9 173	326 782	3 429 057
29 167 058	2 971 786	640 687	4 609 871	−8 436
71 436	65 720 341	5 931 402	−36 504	15 961 702
1 629 753	4 029	34 675	6 879	−93 187 486
853 902	813 659	3 569 012	−135 293	2 587
7 316	681 092	87 480 276	17 642 508	56 024
94 156 038	5 314 703	3 954	−467 951	9 605 407
36 527	1 764	43 192	37 982	−2 310 913
8 790 124	85 092	865 027	24 813 294	235 641

乘　算

一	6 593 × 8 106 =		十一	50.27 × 7.405 1 =	
二	14.702 8 × 3.209 7 =		十二	6 392 × 30 916 =	
三	20 753 × 4 516 =		十三	8.741 3 × 280.453 =	
四	46.19 × 9.452 73 =		十四	3 459 × 6 218 =	
五	4 867 × 8 396 =		十五	0.821 65 × 0.972 =	
六	953 481 × 54 078 =		十六	57 089 × 98 072 =	
七	0.821 7 × 85.016 2 =		十七	961 324 × 3 516 =	
八	6 305 × 4 973 =		十八	4 725 × 24 817 =	
九	9.204 6 × 0.743 2 =		十九	380 176 × 4 093 =	
十	81.049 × 16.859 2 =		二十	95 347 × 17 564 =	

保留四位小数,以下四舍五入(限时 5 分钟)

除　算

一	38 663 532 ÷ 5 409 =		十一	71 482 032 ÷ 3 824 =	
二	1 031 975 645 ÷ 120 873 =		十二	0.421 850 66 ÷ 0.796 2 =	
三	432.769 6 ÷ 6 243.07 =		十三	3.393 011 ÷ 5.410 2 =	
四	167 774 468 ÷ 2 857 =		十四	3 719 872 891 ÷ 81 403 =	
五	46.167 544 9 ÷ 0.614 5 =		十五	7 819.655 21 ÷ 965.1 =	
六	3 208 237 824 ÷ 3 916 =		十六	1 980.236 387 ÷ 764.39 =	
七	2.267 895 67 ÷ 0.058 9 =		十七	33 189 900 ÷ 8 725 =	
八	7 297 921 212 ÷ 869 732 =		十八	66 471 712 ÷ 38 512 =	
九	69 082 200 ÷ 9 304 =		十九	118 726 715 ÷ 1 405 =	
十	42.922 53 ÷ 617.85 =		二十	476 964 137 ÷ 67 093 =	

保留四位小数,以下四舍五入(限时 5 分钟)

说明:1.加减算 10 分钟,乘算和除算各 5 分钟,共 20 分钟。

2.加减算、乘算和除算各打对 18 题,为能手一级;各打对 16 题,为能手二级;各打对 14 题,为能手三级;各打对 12 题,为能手四级;加减算打对 10 题,乘算和除算各打对 11 题,为能手五级;加减算打对 8 题,乘算和除算各打对 10 题,为能手六级。

全国珠算技术等级鉴定能手级试题(三)

	答题数	对题	等级	初评	复核
加减算					
乘算					
除算					

加减算(限时 10 分钟)

(一)	(二)	(三)	(四)	(五)
957 416.83	48 153 069.02	36 815.47	1 236.48	53 407 016.92
93 541.06	1 749 302.58	312 604.78	51 086 072.39	6 218 709.53
6 712 085.94	571 283.09	20 149 063.57	82 753.04	−75 132.08
7 350.42	5 796 134.28	82 713 905.64	−1 297.86	257 034
5 923 176.84	4 698.13	52 371.49	2 568 134.07	−68 427.95
81 562.93	427 069.58	81 074 032.65	−692 540.18	156 298.03
9 416.58	82 194.35	802 394.51	69 317 054.82	−7 982 653.14
19 725 064.08	21 479.05	4 180.63	−8 571 609.43	146 230.58
974 108.25	2 537 914.86	3 245.08	65 094.71	24 685 093.17
68 543 070.19	378 601.29	6 872 453.91	8 169.57	−8 463 950.21
957 108.23	39 246 070.85	581 394.02	−5 137 694.82	15 427.03
26 075.49	9 631.24	8 503 649.17	97 053 028.16	3 190.84
8 691.54	45 183.92	7 186 504.93	−174 506.38	1 576.28
51 362 049.87	1 975.24	71 436.89	458 719.02	36 024 019.75
8 703 254.91	32 785 096.41	3 915.27	46 920.15	−459 768.32

(六)	(七)	(八)	(九)	(十)
1 597 386	10 784 625	4 517	75 312	35 102 469
3 064	65 728	365 148	52 138	48 356 901
4 276 801	1 304	23 876	418 953	65 298
81 943 057	5 301 267	1 369	78 439	−172 839
692 501	72 910 586	6 234 097	−1 376	31 645
4 672	798 162	29 805 716	2 368 405	8 504
94 506 327	9 017	783 402	−53 780 612	−2 175 398
83 479	120 398	56 791	84 569 207	6 751 943
321 587	9 738 402	26 871 403	−6 953	−813 609
12 375	170 265	8 925 064	54 269 718	8 093
4 958	29 746	609 271	−5 637 481	26 714 589
906 723	3 807	78 092	173 956	−7 835 902
21 085	891 572	9 807	71 563	127 483
8 712 604	31 586	798 526	6 108	79 215
97 865 421	1 293 487	97 034	−394 561	−8 639
4 903	68 795 204	7 563 408	51 684	−149 728
5 670 839	2 109	49 751 263	−9 463 175	58 231
13 456 082	9 726 514	8 149	93 672 518	9 357 204
85 193	95 167 348	6 731 524	−1 257	63 192 508
619 042	54 683	54 230 986	3 819 524	−3 245

（续表）

（十一）	（十二）	（十三）	（十四）	（十五）
24 386 090.15	5 260.89	65 870 902.13	98 052 016.74	32 978 645.06
4 752.69	2 867 105.43	48 430.27	687 495.32	−61 284.37
1 905 326.84	24 509 780.36	9 208.27	4 579.32	576 031.48
726 538.09	48 035 069.71	371 526.49	23 491.86	−1 687.94
38 947 012.56	19 472.56	7 163.52	−1 782 569.03	80 526 043.79
1 764.25	38 915.62	3 286 594.01	9 325 684.17	28 934 705.01
3 027 418.69	9 170.24	41 972.85	−187 432.56	815 639.72
4 135.86	91 238.46	237 615.98	−2 748 013.69	143 805.29
427 081.63	31 572 064.98	54 789.63	−4 138.05	−3 801 249.57
5 389 214.71	786 930.54	43 589 045.27	83 025.71	2 704.89
72 683.05	5 419 673.02	158 764.09	73 184 502.06	15 647.23
64 930.87	674 802.31	80 239 045.16	−815 670.94	−6 439 021.75
91 354.68	3 580.14	2 341 850.79	91 542 087.36	6 958.41
107 863.52	8 751 934.26	4 501.86	95 426.03	−6 509 831.72
37 612 495.08	419 625.83	4 721 689.03	−6 209.71	23 910.65

（十六）	（十七）	（十八）	（十九）	（二十）
			5 218	64 328
671 074	53 170 948	9 385 602	1 689 304	−26 145
7 609 831	8 473	38 251 476	−97 208 135	2 195 367
68 497 152	6 954 317	8 107	6 523	57 219 438
75 093	15 628 749	7 901 432	−3 816 054	−7 951
601 352	16 378	32 149 608	23 745 168	5 678 143
98 045	708 164	84 176	−81 695	70 843 692
1 764	81 057	639 715	325 168	16 239
7 461 598	8 419	97 548	49 681	−437 951
76 918 345	6 459 701	9 035	−52 368	140 395
3 427	17 308 456	4 769 153	3 478 916	7 948
4 834	872 469	83 420 719	69 507 281	−7 695 302
45 269 817	5 803	128 407	362 795	72 953 168
3 471 256	19 702 538	2 086	−2 651	−621 834
189 503	3 890 725	94 156 703	73 461 592	1 967
46 258	931 472	5 267 039	−2 156 947	67 810 832
3 586	43 705	637 458	264 071	−3 974 086
587 341	1 837	49 583	90 362	236 594
61 087	306 714	4 165	−1 805	−13 275
5 172 608	96 538	782 614	537 246	6 127
73 519 642	6 274 903	20 981		

乘 算				
一	$70\,915 \times 534\,861 =$	十一	$2\,013 \times 941\,026 =$
二	$4\,291 \times 83\,517 =$	十二	$8.742\,6 \times 78.934\,6 =$
三	$0.158\,7 \times 0.654\,7 =$	十三	$5\,369 \times 31\,425 =$
四	$71\,308 \times 2\,156 =$	十四	$0.502\,9 \times 4.605\,2 =$
五	$97\,361 \times 30\,951 =$	十五	$615\,389 \times 1\,054 =$
六	$487\,159 \times 79\,516 =$	十六	$2\,301 \times 1\,284 =$
七	$2.910\,8 \times 5.382\,4 =$	十七	$82.791\,5 \times 6.943\,7 =$
八	$56\,132 \times 8\,043 =$	十八	$9\,732 \times 9\,083 =$
九	$648\,257 \times 2\,493 =$	十九	$0.196\,5 \times 62.94 =$
十	$2.607\,9 \times 0.659\,3 =$	二十	$19.24 \times 18.593\,2 =$

保留四位小数，以下四舍五入（限时 5 分钟）

除 算				
一	$4\,650\,789\,741 \div 857\,921 =$	十一	$3\,233\,186\,642 \div 4\,918 =$
二	$172.851\,364 \div 643.07 =$	十二	$2\,642.051\,94 \div 481.5 =$
三	$2\,801\,590\,153 \div 375\,901 =$	十三	$668\,712\,421 \div 32\,071 =$
四	$4\,431.876\,1 \div 5\,176.30 =$	十四	$19\,624\,041 \div 3\,027 =$
五	$828\,555\,624 \div 612\,837 =$	十五	$1\,351\,063\,824 \div 38\,967 =$
六	$1.454\,543\,39 \div 0.482\,3 =$	十六	$26\,865\,904 \div 2\,951 =$
七	$6\,379\,332\,199 \div 8\,293 =$	十七	$5.319\,604\,48 \div 7.341\,9 =$
八	$3\,738.189\,03 \div 497.5 =$	十八	$39\,118\,068 \div 6\,852 =$
九	$2\,873\,744\,908 \div 2\,987 =$	十九	$173.642\,98 \div 456.13 =$
十	$29.443\,792 \div 18.64 =$	二十	$28\,129\,264 \div 3\,847 =$

保留四位小数，以下四舍五入（限时 5 分钟）

说明：1. 加减算 10 分钟，乘算和除算各 5 分钟，共 20 分钟。

2. 加减算、乘算和除算各打对 18 题，为能手一级；各打对 16 题，为能手二级；各打对 14 题，为能手三级；各打对 12 题，为能手四级；加减算打对 10 题，乘算和除算各打对 11 题，为能手五级；加减算打对 8 题，乘算和除算各打对 10 题，为能手六级。

全国珠算技术等级鉴定普通级试题答案
普通六级试题答案

序 号		（一）	（二）	（三）
加减算	1	25 905	21 126	25 178
	2	26 834	30 461	24 911
	3	17 349	30 832	17 177
	4	15 760	14 717	22 792
	5	20 637	13 628	19 336
	6	20 496	17 820	20 128
	7	29 361	26 175	27 124
	8	25 868	19 214	19 033
	9	30 057	14 840	12 107
	10	10 480	24 184	13 772
乘算	1	15 162	39 852	13 776
	2	31 710	37 962	23 556
	3	13 806	67 734	44 980
	4	12 896	12 880	33 337
	5	75 858	21 012	4 635
	6	1 725	6 499	5 824
	7	3 936	1 008	2 204
	8	6 848	8 526	7 416
	9	3 825	741	4 346
	10	1 008	2 484	3 626
除算	1	65	96	14
	2	70	80	30
	3	38	19	46
	4	47	67	29
	5	16	23	58
	6	59	42	81
	7	81	78	97
	8	20	30	60
	9	94	51	73
	10	23	45	52

注: 普通六级题加减算 10 题,共 400 个数字,要求合格题数 8 题;乘算 10 题,实、法字数共 46 个,要求合格题数 8 题;除算 10 题,法、商位数 40 位,要求合格题数 8 题。

普通五级试题答案

序　号		（一）	（二）	（三）
加减算	1	25 230	21 341	25 863
	2	27 438	41 137	22 503
	3	22 634	35 665	17 891
	4	17 290	12 075	9 096
	5	23 872	14 811	13 496
	6	32 350	27 679	27 894
	7	20 706	19 777	21 144
	8	38 334	34 979	25 293
	9	14 660	16 447	8 392
	10	31 548	18 147	11 691
乘算	1	19 698	22 484	81 672
	2	38 088	1 083	67 068
	3	1.11	0.49	0.65
	4	11 216	17 347	22 125
	5	19 694	15 748	8 022
	6	0.21	1.73	1.20
	7	77 697	32 448	7 098
	8	55 388	21 423	29 304
	9	178 794	352 186	226 954
	10	123 630	373 428	473 091
除算	1	9.02	4.86	3.01
	2	79	32	16
	3	53	41	83
	4	84	75	52
	5	58	64	67
	6	1.51	2.61	1.51
	7	680	870	780
	8	21	18	49
	9	37	43	94
	10	46	91	23

注：普通五级题加减算 10 题，共 500 个数字，要求合格题数 8 题；乘算 10 题，实、法字数共 54 个，要求合格题数 8 题；除算 10 题，法、商位数 46 位，要求合格题数 8 题。

普通四级试题答案

序　号		（一）	（二）	（三）
加减算	1	659 817	1 207 836	933 624
	2	1 500 030	1 463 832	1 064 862
	3	1 574 577	1 221 210	1 146 213
	4	808 320	631 547	728 279
	5	721 942	714 515	717 457
	6	1 906 956	1 115 721	1 133 811
	7	1 274 292	1 210 176	1 673 118
	8	678 276	917 958	1 358 667
	9	1 486 357	1 181 203	589 927
	10	194 057	128 030	721 933
乘算	1	122 145	919 534	209 461
	2	131 252	1 007 748	403 326
	3	408 494	225 585	60 952
	4	596 064	638 916	529 776
	5	28 896	2.89	523 962
	6	79 812	699 559	479 655
	7	540 676	96 660	213 104
	8	2.39	128 344	3.01
	9	4.53	85 731	7.81
	10	365 924	6.16	136 313
除算	1	293	513	124
	2	834	407	309
	3	107	691	508
	4	2.96	2.97	1.63
	5	529	608	257
	6	0.47	0.54	0.49
	7	658	597	893
	8	310	820	450
	9	68	31	21
	10	93	63	86

注:普通四级题加减算10题,共600个数字,要求合格题数8题;乘算10题,实、法字数共62个,要求合格题数8题;除算10题,法、商位数54位,要求合格题数8题。

普通三级试题答案

序 号		（一）	（二）	（三）
加减算	1	2 133 333	3 212 379	2 013 534
	2	2 328 976	3 322 458	2 372 472
	3	2 845 386	1 628 451	1 923 462
	4	1 782 462	1 532 066	881 678
	5	1 453 650	1 887 951	1 693 385
	6	18 256.59	25 839.72	27 757.26
	7	26 962.11	23 462.64	18 013.05
	8	28 877.68	24 419.52	23 662.35
	9	15 452.86	19 187.50	27 443.53
	10	23 715.48	23 496.56	24 498.13
乘算	1	86 265	323 466	1 395 476
	2	364 056	181 367	716 079
	3	0.37	663.56	277 667
	4	9 779 048	48 506	72 198
	5	2 799 332	1.83	234 584
	6	1 882 346	41 228 919	22 058 208
	7	140 650	1 179 305	43.49
	8	555 552	1 973 349	3.93
	9	4.27	2 449 680	944 758
	10	33.97	25.21	0.31
除算	1	408	907	419
	2	976	874	326
	3	358	364	105
	4	8.31	2.07	6.93
	5	93.84	743	508
	6	1.42	71.48	7.21
	7	513	4.16	809
	8	261	105	217
	9	617	6.49	9.06
	10	7.65	528	17.54

注:普通三级题加减算 10 题,共 700 个数字,要求合格题数 8 题;乘算 10 题,实、法字数共 68 个,要求合格题数 8 题;除算 10 题,法、商位数 62 位,要求合格题数 8 题。

普通二级试题答案

序　号		（一）	（二）	（三）
加减算	1	11 040 264	9 441 306	13 795 380
	2	11 431 791	17 496 747	14 136 747
	3	14 182 227	14 546 610	9 013 032
	4	11 538 243	8 579 663	12 350 597
	5	18 128 258	14 991 752	12 575 609
	6	165 226.23	148 243.32	194 610.69
	7	198 533.70	97 789.41	166 755.65
	8	178 076.25	103 981.32	134 457.75
	9	55 603.67	87 112.24	151 430.13
	10	117 501.50	73 154.51	132 303.58
乘算	1	15 353 140	33 564 596	16 905 240
	2	2 205.71	20 684 296	16 676 286
	3	60.56	59.25	1 422 842
	4	2 088.49	1 421 224	28 581 354
	5	1 832 684	2 445 135	19.55
	6	6 719.97	1 541 835	50.01
	7	35 385 678	121.15	9.93
	8	2 505 712	11.88	1 623 109
	9	3 661 809	12 083 598	103.36
	10	827 888	2.45	8 004 192
除算	1	413	816	932
	2	130.60	91.06	93.08
	3	471	267	164
	4	309.27	348.02	7.46
	5	5 846	6 759	20 618
	6	2.61	7.24	39.74
	7	903	234	185
	8	4.85	16.29	6.02
	9	972	438	793
	10	716	956	458

注:普通二级题加减算 10 题,共 800 个数字,要求合格题数 9 题;乘算 10 题,实、法字数共 76 个,要求合格题数 9 题;除算 10 题,法、商位数 68 位,要求合格题数 9 题。

普通一级试题答案

序 号		（一）	（二）	（三）
加减算	1	132 905 320	93 058 348	157 014 076
	2	169 474 556	228 135 633	219 400 025
	3	153 583 456	188 129 926	194 816 170
	4	153 941 774	123 091 055	144 713 484
	5	77 247 798	131 768 093	86 859 538
	6	1 393 189.96	1 374 640.17	1 825 615.49
	7	2 018 463.71	1 818 568.21	1 868 803.52
	8	1 866 326.51	1 891 980.05	2 361 292.96
	9	1 578 068.32	1 926 693.79	1 998 731.85
	10	1 251 415.28	1 715 622.67	1 710 265.09
乘算	1	91 251 478	351 018 863	155 794 272
	2	50 477 031	69 548 094	37 561 084
	3	373.97	110.42	165.53
	4	197.59	41.16	290.10
	5	29 986 352	18 725 925	18 164 692
	6	12 507 418	22 035 048	45 088 374
	7	297.06	759.61	316.65
	8	45 295 104	7 129 070	14 547 708
	9	87.56	150.94	100.80
	10	29 840.94	21 194.63	26 517.92
除算	1	410.32	1.40	670.94
	2	576	317	832
	3	985.04	974.23	581.07
	4	791	9 506	192
	5	826	72 648	963
	6	208	857	307
	7	19.46	17.94	281 560.44
	8	31.72	8 245	71.54
	9	639	104	432
	10	4 086	3.12	5 064

注：普通一级题加减算 10 题，共 900 个数字，要求合格题数 9 题；乘算 10 题，实、法字数共 84 个，要求合格题数 9 题；除算 10 题，法、商位数 74 位，要求合格题数 9 题。

全国珠算技术等级鉴定能手级试题答案

序 号		（一）	（二）	（三）
加 减 算	1	200 944 250.18	235 893 388.33	164 083 973.16
	2	191 682 900.63	173 579 915.06	131 809 703.89
	3	192 812 350.98	230 972 441.57	208 367 968.01
	4	158 691 298.08	103 916 932.20	206 109 533.74
	5	123 442 556.23	125 242 246.92	103 864 664.47
	6	193 314 544	284 303 548	310 788 099
	7	232 045 052	279 702 278	275 895 810
	8	206 700 334	373 329 352	192 949 443
	9	144 206 959	176 593 021	170 342 110
	10	−21 225 362	−51 909 410	178 694 723
	11	135 351 671.18	254 552 689.70	112 768 662.67
	12	218 428 100.32	124 613 678.38	123 204 624.35
	13	164 050 125.45	116 862 171.41	200 983 099.35
	14	148 156 696.50	143 792 425.94	267 454 274.59
	15	157 755 855.15	118 274 936.74	127 211 016.18
	16	216 336 277	287 868 374	290 263 613
	17	199 530 786	296 383 985	132 471 366
	18	257 708 125	257 832 469	277 765 607
	19	185 632 610	94 355 171	70 203 670
	20	18 169 867	−1 390 640	264 397 694
乘 算	1	48 506 674	53 442 858	37 929 667 815
	2	58.424 6	47.191 6	358 371 447
	3	74 452 560	93 720 548	0.103 9
	4	206.676 4	436.621 6	153 740 048
	5	29 045 495	40 863 332	3 013 420 311
	6	76 726 406 457	51 562 345 518	38 736 935 044
	7	35.297 6	69.857 8	15.667 1
	8	64 311 489	31 354 765	451 469 676
	9	5.183 9	6.840 9	1 616 104 701
	10	1 129.387 6	1 366.421 3	1.719 4
	11	625.518 8	372.254 4	1 894 285 338
	12	279 249 216	197 615 072	690.093 6
	13	44 394 795.304	2 451.523 8	168 720 825
	14	14 021 451	21 508 062	2.316 0
	15	0.069 0	0.798 6	648 620 006

（续表）

序	号	（一）	（二）	（三）
乘 算	16	4 135 784 192	5 598 832 408	2 954 484
	17	3 271 826 312	3 380 015 184	574.879 3
	18	133 564 082	117 260 325	88 395 756
	19	2 366 215 506	1 556 060 368	12.367 7
	20	1 708 993 705	1 674 674 708	357.733 2
除 算	1	5 179	7 148	5 421
	2	8 263	8 537.685 4	0.268 8
	3	0.059 8	0.069 3	7 453
	4	63 124	58 724	0.856 2
	5	72.280 4	75.130 3	1 352
	6	264 635.363 6	819 264	3.015 8
	7	37.501 9	38.504 2	769 243
	8	6 312	8 391	7.513 9
	9	7 524	7 425	962 084
	10	8 936.041 0	0.069 5	1.579 6
	11	14 985	18 693	657 419
	12	0.271 3	0.529 8	5.487 1
	13	0.712 6	0.627 2	20 851
	14	68 786	45 697	6 483
	15	4.209 5	8.102 4	34 672
	16	3.710 6	2.590 6	9 104
	17	3 908	3 804	0.724 6
	18	1 457	1 726	5 709
	19	83 604	84 503	0.380 7
	20	5 209	7 109	7 312

注：能手级题加减算 20 题，共 2 400 个数字；乘算 20 题，实、法字数共 190 个；除算 20 题，法、商位数 184 位。鉴定能手一到六级合格标准见"全国珠算技术等级鉴定标准"。

珠算普通级的六个级别，如采用两套题鉴定，可按下列办法执行：用一级考题鉴定 1～3 级，按打对题数定级。对 9 题为一级，对 8 题为二级，对 6 题为三级。用四级考题鉴定 4～6 级，对 8 题为四级，对 7 题为五级，对 6 题为六级。这样做既不降低按六个级别考核的题量要求，又方便人们，有利于报考人员的积极性。

全国珠算技术等级鉴定普通四级模拟练习题（一）

	答题数	对题	等级	初评	复核
加减算					
乘算					
除算					

加减算（限时 20 分钟）

（一）	（二）	（三）	（四）	（五）
576 314	6 742	21 480	891	4 312
340 289	42 170	762	13 502	126
56 817	159 084	9 305	413	39 075
28 965	819	52 017	−2 079	893 604
4 103	237	7 846	521 367	−6 543
7 490	80 523	108	−7 945	938
6 351	6 471	634	690	−451
9 076	508 692	4 573	−6 458	7 809
5 728	458	302 981	386	−40 297
342	9 016	456	−80 603	780
879	395	8 795	308 746	−5 679
216	7 103	319	294	601 542
543	934	870 632	4 575	318
984	2 843	243	5 827	−2 497
798	607	2 959	−138	851

（六）	（七）	（八）	（九）	（十）
78 023	351	106 798	9 503	627 540
158	2 043	537	372 645	−5 406
6 795	798	204	−4 836	981
412	65 102	9 165	502	12 794
301 649	974	52 013	−793	−6 032
1 386	178 109	8 670	658	358
26 704	586	3 421	2 371	54 239
932	7 642	342	−54 130	−865
4 290	295	70 879	903 427	916
547 869	720	2 596	−284	372
438	36 417	937	7 865	−7 103
9 216	407 368	648	−86 046	102 084
670	3 954	8 705	692	−4 629
8 721	8 206	492 186	359	647
305	1 435	961	1 287	865

	乘　算		除　算
一	5 029 × 16 =	一	575 476 ÷ 638 =
二	386 × 27 =	二	0.091 3 ÷ 0.482 =
三	0.419 7 × 6.28 =	三	50 050 ÷ 175 =
四	45 × 3 701 =	四	17 613 ÷ 57 =
五	7 094 × 56 =	五	284 592 ÷ 308 =
六	12 × 8 927 =	六	4 644 ÷ 43 =
七	603 × 795 =	七	4.898 1 ÷ 2.95 =
八	8 402 × 59 =	八	29 585 ÷ 305 =
九	235 × 836 =	九	84 000 ÷ 96 =
十	9.4 × 0.710 8 =	十	75 576 ÷ 804 =
保留两位小数,以下四舍五入(限时 5 分钟)		保留两位小数,以下四舍五入(限时 5 分钟)	

全国珠算技术等级鉴定普通四级模拟练习题(二)

	答题数	对题	等级	初评	复核
加减算					
乘算					
除算					

加减算(限时 20 分钟)

(一)	(二)	(三)	(四)	(五)
807 149	571 038	98 521	672	6 027
531	47 961	672	910 485	— 305
60 184	306	7 439	— 38 617	914
2 613	534	753	409	701
478	3 859	429 508	— 3 951	— 3 198
2 403	4 723	398	2 164	846 719
639	5 201	5 047	802	5 046
6 085	857	135	— 295	807 516
362	972	509 817	615 073	— 234
509 427	7 038	7 164	— 57 836	783 516
98 251	85 104	80 941	403	4 375
4 379	9 642	7 103	— 8 245	— 9 052
7 108	525	396	638	326
257	6 109	2 065	1 794	249
926	386	928	9 207	— 9 182

(六)	(七)	(八)	(九)	(十)
7 108	617	29 175	795 268	63 857
396	165	328	697	— 1 849
2 063	62 518	5 067	— 1 369	846 093
923	943	273	3 908	102
98 251	4 038	4 139	247	971
672	105 972	647	641	— 4 093
539	48 036	8 472	— 5 104	5 409
742	809	691	651 393	— 2 285
429 508	39 157	156	501	836
389	382	206 514	— 37 825	75 381
4 057	5 706	493	547	627
135	273	3 048	— 2 086	— 1 426
40 918	4 129	501 729	93 184	972
3 164	694	48 062	407	— 205
904 871	2 487	5 809	— 3 082	370 516

乘　算			除　算		
一	546 ×	301 =	一	10 792 ÷	76 =
二	7 015 ×	42 =	二	20.481 8 ÷	45.8 =
三	3.7 ×	0.908 2 =	三	56 488 ÷	84 =
四	8 103 ×	64 =	四	20 822 ÷	29 =
五	46 ×	2 857 =	五	7 982 ÷	307 =
六	6 341 ×	59 =	六	176 416 ÷	296 =
七	295 ×	7 934 =	七	3.606 6 ÷	9.41 =
八	98 ×	7 065 =	八	569 184 ÷	672 =
九	0.709 2 ×	0.36 =	九	32 370 ÷	83 =
十	128 ×	817 =	十	465 778 ÷	503 =
保留两位小数,以下四舍五入(限时 5 分钟)			保留两位小数,以下四舍五入(限时 5 分钟)		

全国珠算技术等级鉴定普通四级模拟练习题(三)

	答题数	对题	等级	初评	复核
加减算					
乘算					
除算					

加减算(限时 20 分钟)

(一)	(二)	(三)	(四)	(五)
390 719	2 410	64 593	732	7 231
528 601	50 829	745	30 941	506
80 526	134 052	5 386	689	97 412
47 360	864	42 970	—4 325	376 095
9 453	615	1 092	702 481	—8 257
6 912	97 306	419	—8 516	439
2 807	4 839	308	953	—196
1 395	350 241	7 852	—16 074	5 870
4 079	578	270 961	9 537	—40 928
368	8 693	184	916 340	965
735	275	6 803	628	—6 281
241	6 019	546	7 105	841 037
487	947	816 724	—3 062	—604
652	6 162	307	897	1 543
184	638	9 235	—458	832

(六)	(七)	(八)	(九)	(十)
84 326	914	574 023	6 085	340 708
137	2 083	291	279 459	—975
5 092	426	459	—1 398	6 029
391	52 197	1 086	740	—24 356
405 968	239	92 617	—379	8 270
1 604	328 054	8 145	401	467
36 875	796	3 204	3 627	—17 026
452	1 589	598	—80 264	814
8 729	507	76 820	932 817	193
214 605	610	3 964	—532	—425
594	63 796	785	5 986	753 281
9 087	483 261	209	—61 024	—9 368
731	7 845	6 431	815	5 842
6 903	7 108	810 673	709	1 906
218	4 035	537	4 153	539

	乘　算			除　算	
一	3 108 ×	79 ＝	一	375 840 ÷	928 ＝
二	267 ×	9.024 ＝	二	0.043 6 ÷	0.384 ＝
三	0.638 7 ×	1.24 ＝	三	104 492 ÷	173 ＝
四	49 ×	6 543 ＝	四	16 092 ÷	27 ＝
五	1 493 ×	58 ＝	五	377 696 ÷	592 ＝
六	72 ×	1 046 ＝	六	5 676 ÷	66 ＝
七	408 ×	237 ＝	七	6.290 1 ÷	1.05 ＝
八	9 431 ×	27 ＝	八	40 120 ÷	472 ＝
九	704 ×	365 ＝	九	4 088 ÷	28 ＝
十	8.9 ×	0.443 6 ＝	十	27 738 ÷	402 ＝
保留两位小数,以下四舍五入(限时 5 分钟)			保留两位小数,以下四舍五入(限时 5 分钟)		

全国珠算技术等级鉴定普通四级模拟练习题（四）

	答题数	对题	等级	初评	复核
加减算					
乘算					
除算					

加减算（限时 20 分钟）

（一）	（二）	（三）	（四）	（五）
			914	5 927
3 906	8 237	497	70 265	—849
297	60 941	81 026	481	43 061
269 031	385 472	5 321	—6 012	650 312
856	501	39 047	780 235	—9 231
8 715	675	5 281	593	748
63 467	37 291	654	—7 806	—567
941	8 074	735	6 917	8 146
7 062	493 048	7 048	—90 254	—57 082
238	732	639 108	307 148	934
5 834	6 914	916	432	8 097
791	526	5 369	—857	531 602
3 514	9 108	741	6 582	925
58 029	847	732 084	369	—4 301
651	6 153	628	—9 134	768
204 805	902	9 305		

（六）	（七）	（八）	（九）	（十）
			6 138	316 057
45 261	742	529 703	620 574	—681
973	6 501	461	—9 123	5 243
4 081	936	645	832	7 618
536	58 273	8 231	749	—52 047
812 047	614	70 845	2 901	392
3 962	759 501	6 723	503 874	594
57 096	439	9 034	—81 567	—34 901
582	7 842	521	7 819	782
7 924	586	47 086	—562	190 632
421 083	935	5 238	605	589
671	76 048	961	452	—9 276
6 508	513 902	207	—941	4 807
935	4 129	8 139	3 906	—583
8 017	7 302	710 985	—80 347	1 604
492	8 016	498		

	乘　算		除　算
一	84 × 9 073＝	一	6 408 ÷ 12＝
二	9 753 × 68＝	二	22 496 ÷ 608＝
三	5.036 × 0.316＝	三	74.987 ÷ 9.31＝
四	248 × 107＝	四	34 397 ÷ 53＝
五	7 302 × 82＝	五	135 464 ÷ 287＝
六	14 × 2 154＝	六	81 952 ÷ 394＝
七	49 × 7 491＝	七	7 519 ÷ 103＝
八	0.728 × 4.28＝	八	3.098 7 ÷ 0.456＝
九	6 095 × 65＝	九	77 499 ÷ 79＝
十	367 × 5 019＝	十	13 840 ÷ 865＝
保留两位小数,以下四舍五入(限时 5 分钟)		保留两位小数,以下四舍五入(限时 5 分钟)	

全国珠算技术等级鉴定普通四级模拟练习题（五）

	答题数	对题	等级	初评	复核
加减算					
乘算					
除算					

加减算（限时 20 分钟）

（一）	（二）	（三）	（四）	（五）
803 796	5 162	63 159	4 250	6 318
359 428	83 706	463	605	－ 973
90 647	708 251	8 279	61 937	205 637
17 073	683	70 941	857 462	19 403
6 513	475	285	－ 5 024	－ 3 540
8 470	37 092	3 628	791	264
5 982	1 940	806	－ 813	859
6 251	490 327	1 097	8 379	7 395
7 135	418	590 734	－ 94 586	－ 58 102
864	9 832	472	437	986
148	759	2 560	－ 2 083	－ 4 768
302	2 413	458	706 154	841 621
496	609	906 314	298	479
215	165	571	－ 1 960	－ 2 057
920	584	8 123	312	103

（六）	（七）	（八）	（九）	（十）
42 867	219	256	7 938	150 268
304	60 483	8 479	805 194	749
8 179	796	954	－ 3 209	9 601
783	－ 8 105	40 631	286	－ 71 026
601 928	574 820	785	－ 753	4 932
1 647	651	307 428	519	－ 518
30 492	－ 42 018	810	6 048	－ 23 487
249	6 947	307	－ 40 321	374
7 615	705 264	196	978 464	859
520 374	426	5 263	137	－ 695
506	－ 3 572	6 042	2 619	156 403
9 813	958	9 308	－ 51 426	－ 8 027
125	－ 1 389	72 539	862	7 930
6 908	－ 237	2 475	－ 9 705	253
731	9 102	681	4 057	1 864

	乘　算		除　算
一	2 089 × 85 =	一	467 712 ÷ 928 =
二	54 × 2 061 =	二	0.200 4 ÷ 0.384 =
三	375 × 1 602 =	三	195 349 ÷ 473 =
四	156 × 392 =	四	24 192 ÷ 27 =
五	0.732 8 × 6.48 =	五	365 856 ÷ 592 =
六	8 042 × 74 =	六	5 796 ÷ 36 =
七	4 902 × 63 =	七	6.290 1 ÷ 1.09 =
八	684 × 713 =	八	7 080 ÷ 472 =
九	76 × 3 159 =	九	4 056 ÷ 24 =
十	9.5 × 0.107 8 =	十	27 336 ÷ 402 =
保留两位小数,以下四舍五入(限时 5 分钟)		保留两位小数,以下四舍五入(限时 5 分钟)	

全国珠算技术等级鉴定普通四级模拟练习题（六）

	答题数	对题	等级	初评	复核
加减算					
乘算					
除算					

加减算（限时 20 分钟）

（一）	（二）	（三）	（四）	（五）
905 143	5 924	13 074	694	7 025
867 094	-70 368	861	—381	497
19 257	607 853	6 425	92 437	85 714
50 736	972	840 759	— 5 263	406 273
7 285	431	9 638	408 516	— 3 862
4 357	21 786	741	871	514
6 190	1 659	536	7 258	—681
1 409	826 147	2 513	—64 709	6 938
2 648	390	397	3 950	—58 360
704	4 205	7 602	279 136	926
382	758	970	415	— 2 109
813	3 519	604 209	— 1 064	974 035
962	634	427	297	851
536	9 081	3 152	— 2 083	— 1 790
128	204	15 987	508	243

（六）	（七）	（八）	（九）	（十）
34 026	546	890 526	2 751	406 317
193	8 025	930	769 248	—906
7 045	307	213	—4 817	7 683
304	74 186	7 318	925	29 048
501 872	931	59 704	—503	4 831
8 261	692 713	1 469	892	752
94 680	254	6 843	3 804	—18 594
517	1 862	516	—60 389	526
3 798	618	86 471	906 185	647
729 435	790	5 092	—497	—839
364	95 084	724	5 094	597 204
2 586	407 503	385	7 216	— 2 085
179	3 826	2 641	630	6 913
8 961	5 497	703 158	—41 723	— 1 372
205	2 139	902	135	510

乘　算				除　算			
一	3 859	×	96 =	一	46 200	÷	168 =
二	41	×	1. 902 =	二	0. 039 2	÷	0. 263 =
三	275	×	5 602 =	三	339 677	÷	493 =
四	154	×	736 =	四	60 010	÷	85 =
五	0. 762 8	×	8. 48 =	五	219 429	÷	729 =
六	9 042	×	39 =	六	10 044	÷	54 =
七	37	×	6 125 =	七	4. 290 1	÷	1. 60 =
八	645	×	863 =	八	21 268	÷	409 =
九	5 402	×	43 =	九	12 236	÷	28 =
十	3. 9	×	0. 800 7 =	十	34 122	÷	726 =
保留两位小数,以下四舍五入(限时 5 分钟)				保留两位小数,以下四舍五入(限时 5 分钟)			

全国珠算技术等级鉴定普通四级模拟练习题（七）

	答题数	对题	等级	初评	复核
加减算					
乘算					
除算					

加减算（限时 20 分钟）

（一）	（二）	（三）	（四）	（五）
326 906	209	3 509	936	531 026
419	6 513	862	481 370	592
7 306	874	370 842	－9 134	－4 301
297	8 102	471	5 682	687
50 829	956	5 963	423	9 078
8 345	4 961	619	－758	－58 702
506	327	806 391	9 716	394
6 871	458 903	8 347	579	4 186
382	7 840	705	－54 920	－765
428 501	72 139	654	837 582	874
9 036	675	5 128	408	603 215
458	524	94 307	－8 036	－9 123
67 643	731 805	3 521	841	46 301
5 314	60 149	479	60 215	－984
917	7 832	68 201	－2 601	7 592

（六）	（七）	（八）	（九）	（十）
249	6 081	894	478 305	623 901
8 107	3 702	701 958	5 971	－8 047
953	9 214	8 391	－419	358
5 086	531 902	207	506	6 401
167	68 470	691	842	598
420 812	593	5 283	－87 034	－7 962
7 439	658	48 507	9 603	728
285	7 842	251	6 831	－49 301
67 950	934	3 904	642 705	594
6 293	675 109	6 327	－9 123	329
274 801	461	80 754	497	－72 054
635	38 257	3 128	328	6 817
4 809	396	564	－625	5 243
713	6 105	416	2 901	－681
46 215	427	370 259	－71 658	317 506

乘　算			除　算		
一	1 076 ×	87＝	一	55 022 ÷	902＝
二	495 ×	813＝	二	36 090 ÷	45＝
三	381 ×	1 609＝	三	9.771 7 ÷	3.64＝
四	5 172 ×	67＝	四	14 878 ÷	86＝
五	27 ×	6 521＝	五	369 910 ÷	521＝
六	0.570 4 ×	6.34＝	六	3 451 ÷	203＝
七	43 ×	5 093＝	七	208 848 ÷	687＝
八	6 408 ×	59＝	八	6.832 4 ÷	0.739＝
九	6.9 × 0.805 4＝		九	24 402 ÷	498＝
十	492 ×	734＝	十	8 384 ÷	16＝
保留两位小数,以下四舍五入(限时 5 分钟)			保留两位小数,以下四舍五入(限时 5 分钟)		

全国珠算技术等级鉴定普通四级模拟练习题(八)

	答题数	对题	等级	初评	复核
加减算					
乘算					
除算					

加减算(限时 20 分钟)

(一)	(二)	(三)	(四)	(五)
			830 547	610 932
48	5 194	938	7 195	—7 084
597 081	3 071	38 257	—914	513
6 129	529 306	703	605	4 168
720	253	1 370	842	859
615	681 924	468	—78 360	—6 297
3 852	412	846	4 039	725
74 268	2 637	7 592	1 724	—93 408
593	185	746 019	642 507	941
9 407	48 703	5 968	—9 318	372
6 372	579	104	973	—75 204
84 051	1 690	254 316	286	8 163
1 837	30 482	621	—562	5 742
615	5 869	5 092	2 190	—816
469	704	87 513	—58 613	506 390
704 392	687	2 940		

(六)	(七)	(八)	(九)	(十)
			536 109	74 253
139	825	4 273	9 628	—602
825	72 948	695	210 596	8 031
72 948	213	70 314	—5 013	420
201	501	142	805	—4 186
513	6 157	937	—7 481	793
6 157	240	68 053	—364	9 537
264	3 068	608	638	170 948
4 082	395	2 136	—749	—6 859
391	819 702	429	42 075	415
819 720	6 479	3 591	4 917	214 726
6 479	953 068	504 872	8 536	—105
953 607	6 241	9 680	73 208	6 093
5 748	48 503	6 457	420	—97 538
48 036	4 617	185	—276	862
7 350	134	720 918		

乘　算		除　算	
一	1 302 × 89 =	一	39 354 ÷ 937 =
二	0.547 × 0.326 =	二	455 457 ÷ 471 =
三	569 × 1 084 =	三	44 520 ÷ 53 =
四	78 × 5 602 =	四	0.323 28 ÷ 0.182 =
五	8 427 × 53 =	五	28 900 ÷ 850 =
六	31 × 2 675 =	六	53 061 ÷ 69 =
七	914 × 802 =	七	344 720 ÷ 496 =
八	6 059 × 487 =	八	4.958 7 ÷ 20.4 =
九	2.3 × 0.953 1 =	九	381 762 ÷ 762 =
十	3 042 × 79 =	十	9 044 ÷ 38 =
保留两位小数,以下四舍五入(限时 5 分钟)		保留两位小数,以下四舍五入(限时 5 分钟)	

全国珠算技术等级鉴定普通四级模拟练习题（九）

	答题数	对题	等级	初评	复核
加减算					
乘算					
除算					

加减算（限时 20 分钟）

（一）	（二）	（三）	（四）	（五）
12 645	241 508	7 328	749	9 087
397	46 783	14 906	15 026	−498
8 014	506	853 071	481	16 034
653	85 029	542	−2 065	350 621
274 801	197	675	350 278	−2 139
3 792	5 431	91 327	537	784
90 657	913 026	7 084	−8 704	−657
285	328	308 045	−49 025	4 168
2 749	3 485	273	7 163	−78 205
421 083	6 093	9 614	841 079	394
571	419	562	236	5 297
5 086	584	1 089	6 528	231 506
935	7 320	478	392	952
7 018	972	3 156	−4 193	−3 109
429	1 864	902	−657	683

（六）	（七）	（八）	（九）	（十）
25 146	742	729 073	8 163	516 307
937	5 106	146	652 704	−618
8 104	639	465	−1 392	5 243
653	35 827	2 831	497	−47 025
174 028	641	80 574	−625	7 186
3 962	679 015	6 327	382	392
50 697	943	3 490	9 210	−23 104
285	2 874	512	−75 185	459
4 279	658	76 804	405 738	728
821 043	593	2 358	−149	−385
761	74 806	691	1 957	190 763
8 506	390 215	702	−8 740	−9 267
395	9 412	1 938	506	8 470
1 087	2 307	510 985	582	6 041
942	8 061	439	6 093	859

乘　算			除　算		
一	1 086 ×	87＝	一	144 728 ÷	916＝
二	495 ×	813＝	二	161 588 ÷	203＝
三	381 ×	1 809＝	三	764 841 ÷	847＝
四	5 172 ×	76＝	四	23.143 5 ÷	5.68＝
五	27 ×	6 221＝	五	23 534 ÷	41＝
六	0.470 4 ×	6.34＝	六	9 300 ÷	15＝
七	53 ×	5 093＝	七	0.529 4 ÷	0.649＝
八	6 308 ×	59＝	八	62 280 ÷	72＝
九	9.6 ×	0.805 4＝	九	9 331 ÷	301＝
十	492 ×	724＝	十	6 003 ÷	207＝
保留两位小数,以下四舍五入(限时 5 分钟)			保留两位小数,以下四舍五入(限时 5 分钟)		

全国珠算技术等级鉴定普通四级模拟练习题(十)

	答题数	对题	等级	初评	复核
加减算					
乘算					
除算					

加减算(限时 20 分钟)

(一)	(二)	(三)	(四)	(五)
589 701	5 281	827	840 273	82 501
173	651 028	59 072	—6 194	—3 024
4 318	937	351 204	502	7 906
25 109	8 043	90 751	276 801	1 427
872	714	863	245	—8 956
965	3 285	1 546	—3 137	316 829
6 093	127	2 109	80 329	704
3 502	60 359	634	5 076	261 057
485	3 807	5 086	937	429
8 346	259	863	416	—953
714	16 597	274 351	—7 309	3 814
6 827	4 906	798	194	—635
374	640	5 042	—9 568	873
940 621	952 648	817	453	—6 057
26 058	719	3 749	—61 285	985

(六)	(七)	(八)	(九)	(十)
7 934	4 281	726	840 273	82 501
547	651 028	59 082	—6 194	3 024
283	937	314 204	502	—47 906
1 926	8 043	90 751	276 801	1 427
7 108	714	863	254	—8 956
416	3 825	1 746	—3 187	316 829
53 908	127	2 109	80 329	704
369	60 359	643	5 076	261 057
128 907	3 807	5 086	937	429
5 290	259	863	416	—953
4 625	16 597	274 351	—7 309	3 814
476 058	4 906	798	194	—635
17 492	640	5 042	—568	873
504	952 648	817	453	—6 057
328	917	3 749	—61 285	985

232 / 计算技术与财经技能 □

	乘 算		除 算
一	4 681 × 729 ＝	一	276 452 ÷ 412 ＝
二	158 × 3 907 ＝	二	7.122 6 ÷ 0.76 ＝
三	7 302 × 83 ＝	三	18 216 ÷ 506 ＝
四	0.361 × 4.27 ＝	四	481 584 ÷ 948 ＝
五	89 × 1 467 ＝	五	58 824 ÷ 684 ＝
六	6 301 × 92 ＝	六	14 067 ÷ 27 ＝
七	96 × 3 045 ＝	七	84 000 ÷ 350 ＝
八	0.542 × 0.681 ＝	八	1.272 5 ÷ 0.17 ＝
九	35 × 2 069 ＝	九	179 876 ÷ 932 ＝
十	2 307 × 45 ＝	十	40 272 ÷ 839 ＝
保留两位小数,以下四舍五入(限时 5 分钟)		保留两位小数,以下四舍五入(限时 5 分钟)	

全国珠算技术等级鉴定普通四级模拟练习题答案

序　号		（一）	（二）	（三）	（四）	（五）
	1	1 038 895	1 500 792	1 074 519	628 137	1 308 240
	2	826 094	744 255	664 468	1 019 421	1 342 416
加	3	1 283 110	1 150 887	1 228 125	1 527 760	1 657 890
减	4	759 468	1 432 703	1 637 868	1 059 873	1 536 159
	5	1 493 888	2 433 418	1 275 664	1 178 490	1 013 625
	6	987 568	1 493 736	775 712	1 370 168	1 232 521
算	7	714 000	275 926	953 460	1 445 766	1 304 345
	8	758 062	814 603	1 579 842	1 399 277	456 154
	9	1 153 220	1 497 327	1 091 195	975 310	1 700 710
	10	776 761	1 354 906	1 065 899	430 830	229 480
	1	80 464	164 346	245 532	762 132	177 565
	2	10 422	294 630	2 409.41	663 204	111 294
乘	3	2.64	3.36	0.79	1.59	600 750
	4	166 545	518 592	320 607 .	26 536	61 152
	5	397 264	131 422	86 594	598 764	4.75
	6	107 124	374 119	75 312	30 156	595 108
算	7	479 385	2 340 530	96 696	367 059	308 826
	8	495 718	692 370	254 637	3.12	487 692
	9	196 460	0.26	256 960	396 175	240 084
	10	6.68	104 576	3.95	1 841 973	1.02
	1	902	142	405	534	504
	2	0.19	0.45	0.11	37	0.52
除	3	286	672.48	604	8.05	413
	4	309	718	596	649	896
	5	924	26	638	472	618
	6	108	596	86	208	161
算	7	1.66	0.38	5.99	73	5.77
	8	97	847	85	6.80	15
	9	875	390	146	981	169
	10	94	926	69	16	68

对题量确定等级标准

项　　目	普通四六级鉴定等级对题量		
	六　级	五　级	四　级
加 减 算	6	7	8～10
乘　算	6	7	8～10
除　算	6	7	8～10

全国珠算技术等级鉴定普通四级模拟练习题答案

序 号		（六）	（七）	（八）	（九）	（十）
加减算	1	1 867 644	913 730	1 490 449	829 115	1 614 158
	2	1 553 931	1 361 809	1 311 696	1 313 545	1 709 350
	3	1 507 291	1 369 999	1 152 747	1 299 052	797 712
	4	720 582	1 322 303	1 343 141	1 157 825	1 117 733
	5	1 416 214	1 130 070	955 996	534 918	656 900
	6	1 392 426	844 514	1 926 460	1 100 825	705 695
	7	1 294 281	1 350 151	1 923 091	1 211 839	1 709 088
	8	1 766 892	1 231 534	1 393 290	1 417 335	760 830
	9	1 588 951	979 630	873 049	999 741	1 126 692
	10	1 030 635	824 430	376 788	656 049	607 136
乘算	1	370 464	93 612	115 878	94 482	3 412 449
	2	77.98	402 435	0.18	402 435	617 306
	3	1 540 550	613 029	616 796	689 229	606 066
	4	113 344	346 524	436 956	393 072	1.54
	5	6.47	176 067	446 631	167 967	130 563
	6	352 638	3.62	82 925	2.98	579 692
	7	226 625	218 999	733 028	269 929	292 320
	8	556 635	378 072	2 950 733	372 172	0.37
	9	232 286	5.56	2.19	7.73	72 415
	10	3.12	361 128	240 318	356 208	103 815
除算	1	275	61	42	158	671
	2	0.15	802	967	796	9.37
	3	689	2.68	840	903	36
	4	706	173	1.78	4.07	508
	5	301	710	34	574	86
	6	186	17	769	620	521
	7	2.68	304	695	0.82	240
	8	52	9.25	0.24	865	7.49
	9	437	49	501	31	193
	10	47	524	238	29	48

对题量确定等级标准

项 目	普通四六级鉴定等级对题量		
	六 级	五 级	四 级
加 减 算	6	7	8～10
乘 算	6	7	8～10
除 算	6	7	8～10

参考文献

1　姚珑珑.计算技术.1版.大连:东北财经大学出版社,2002

2　邵振山.计算技术.2版.北京:高等教育出版社,2001

3　陈宝定.现代珠算教材.1版.上海:立信会计出版社,1987

4　李海波.珠算.1版.上海:立信会计出版社,2000

5　赵继武.珠算学教程.1版.北京:中国商业出版社,1990

6　崔栋.珠算与点钞.1版.北京:高等教育出版社,2002

7　李岚.计算技术.1版.北京:学苑出版社,1995

8　朱永茂.计算技术.1版.北京:中国物资出版社,1998